JN151558

ひきこもりの福祉ニーズを探る

中高年齢期に至る生活困難を捉えるアプローチ

矢ヶ部 陽一 著

川島書店

は じ め に

　著者は、ソーシャルワーカーとして地方自治体の社会福祉職（保健所と区役所の機能をもつ福祉保健センター、生活保護ケースワーカー、精神保健福祉センター）や精神科病院等に勤務し、その後大学院博士後期課程に進学した者です。

　ひきこもりの研究を試みたのは、精神保健福祉や生活困窮に関わる支援の実務のなかで出会った40歳から64歳に至る方々の姿や思いが深く心に刻まれていることがきっかけです。私が経験した詳細を述べることは憚られますが、ひきこもりは単に精神疾患や精神障害、そして家族関係のみの問題（もちろん、実際には精神保健の課題は抜きにすることはできないと考えます）で語れるものではないという思いが、本研究の出発点です。

　今日においては、中高年齢期に至るひきこもりは、8050問題として、地域における精神保健福祉、生活困窮、高齢者福祉に跨る課題として認識されるようになったことは周知のとおりです。内閣府（2019）の調査による61.3万人という中高年齢期のひきこもりにある人々の推計は控えめであり、潜在的にはもっと多数の方々が存在するのではないかという指摘もあります。また、厚生労働省によって、ひきこもりの定義そのものの見直しが図られようとする時期にきています。

　一方で、私個人が直面してきた世代的課題とも重なり合うテーマでもあります。日本経済の失われた30年の時期において、受験や就職活動をはじめとする苛烈な競争、就職氷河期での過重な負担、長時間労働による過労等々に直面し、精一杯頑張っているのにも関わらず挫折を経験するなかで、いつひきこもり状態に陥ってしまってもおかしくないという感覚があることも否めません。年齢を重ねた中高年齢期に至るひきこもりにある方々は、このような社会的落し穴ともいえる見えにくい複雑な作用が影響しているのでは、という問いがあります。

　本研究は、社会福祉学に基づく生活困難という視点をとおして、ひきこもりという複雑に絡み合った糸のような状況やニーズを捉える試みを強調するものです。具体的には、支援者に対する全国アンケート調査（量的分析）とインタビュー調査（質的分析）から、ひきこもりの福祉ニーズを可視化する試みです。また、そのニーズの支援展開こそが、今後のソーシャルワークの課題となるのではという

考えに立つものです。

　本書は、非力な私がこれまで執筆した論文をまとめたものであり、読みにくい点が多々あるかと思います。しかしながら、実践から出発した者としては、ひきこもりの地域支援に携わる従事者、関係者、そして何よりひきこもりの当事者やご家族の方々にとって、少しでも腑に落ちるものがあり、お役に立つことができれば望外の喜びです。

　刊行にあたり、川島書店代表取締役の中村裕二様、編集担当の加清明子様よりご支援を賜りました。厚くお礼を申し上げます。

2024 年 8 月

矢ヶ部　陽一

目　　次

はじめに

序章　研究の目的と方法 ……………………………………………… 1

1．研究の目的と仮説設定　1
　1）研究の背景　1
　2）研究の目的と仮説設定　4
2．研究の分析枠組み　6
　1）本研究の分析枠組み　6
　2）用語の定義　9
3．研究の対象と方法　10
　1）研究の対象と方法　10
　2）研究倫理の配慮　13
4．各章の要約　14

第1章　ひきこもりの概念と実態の検討 ……………………………… 17

1．ひきこもり概念の変遷　17
　1）各年代におけるひきこもり概念　17
　2）主要なひきこもり概念の定義　19
　3）ひきこもりの多軸評価　21
2．ひきこもりの高齢化・長期化の実態　22
　1）中高年齢化するひきこもりにある人々の実態数　22
　2）長期化・高齢化に伴うひきこもりの生活上の問題　26
　3）若年齢期ひきこもりとの相違　32
3．先行研究によるひきこもりの要因　33
　1）ひきこもりの個人的要因　33
　2）ひきこもりの家族的要因　35

３）ひきこもりの社会的要因　　37

　４．ひきこもりの認識枠組みの検討　　40

　　１）ひきこもりのシステム的認識　　40

　　２）診断と支援方針による分類認識　　42

　　３）ひきこもりの社会学的認識　　43

　　４）ひきこもりの心理的プロセスの包括的認識　　44

　　５）従来の認識枠組みの批判的検討　　45

第2章　分析視点としての生活困難 ……………………………………… 47

　１．ひきこもりの福祉ニーズを分析する視点　　47

　　１）福祉ニーズの概念　　47

　　２）福祉ニーズの把握方法　　49

　２．生活困難の概念　　52

　　１）社会関係の主体的側面と客体的側面　　52

　　２）社会関係の分析概念　　54

　３．対象認識としての生活困難　　56

　　１）ソーシャルワーク実践の焦点　　56

　　２）実践科学の課題　　58

第3章　福祉ニーズの予備的分析 …………………………………………… 61

　１．生活困難の視点による事例分析　　61

　　１）事例分析の目的と方法　　61

　　２）狭間概念による生活困難の検討　　62

　　（１）事例の概要　　62

　　（２）事例にみられる狭間　　63

　　（３）事例分析による狭間の複合性　　68

　２．生活困難の計量テキスト分析　　70

　　１）計量テキスト分析の目的と方法　　70

　　（１）分析の目的　　70

　　（２）分析対象と方法　　70

　　２）頻出語と特徴語　　72

（1）新聞記事の年次推移　72

（2）新聞記事の頻出語　73

（3）各年別の特徴語　75

3）コーディングによる生活困難要因の出現率　77

4）生活困難要因の関連性　78

3．福祉ニーズの分析課題　79

第4章　福祉ニーズの量的分析 ……………………………………… 83

1．量的調査の目的および対象と方法　83

1）アンケート調査の目的　83

2）アンケート調査の対象と方法　83

3）アンケート調査の内容　85

（1）基本属性の内容　85

（2）質問項目の作成プロセスおよび26の項目内容　85

4）分析方法　86

5）研究倫理の配慮　90

2．量的調査の記述統計　90

1）回答者の基本属性　90

2）質問項目の記述統計　92

（1）ひきこもり本人に関する項目　92

（2）家族に関する項目　93

（3）地域環境に関する項目　94

（4）ひきこもり問題の性質に関する項目　95

3．質問項目間ならびに下位尺度間の関連性　95

1）下位尺度群間の比較　95

2）質問項目ならびに下位尺度間の相関関係　96

3）量的調査の分析結果　97

4．ひきこもりによる悪循環のメカニズム　98

1）探索的因子分析による5因子　98

2）共分散構造分析によるメカニズムモデル　102

3）福祉ニーズの定量的分析と仮説検証　105

第5章　福祉ニーズの質的分析 ……………………………………… 109

1．質的調査の目的および対象と方法　109
　1）質的調査の目的　109
　2）インタビュー調査の対象と方法　109
　（1）インタビュー調査の協力者　109
　（2）インタビューの質問項目　110
　（3）事例の定義と選定基準　111
　3）研究倫理の配慮　111
　4）質的研究を用いる意義　112
2．事例研究　114
　1）事例研究の方法　114
　2）15事例のひきこもり概況　114
　（1）事例1「民生委員の不安」　114
　（2）事例2「母親への依存」　115
　（3）事例3「金銭トラブル」　115
　（4）事例4「就労拒否」　115
　（5）事例5「母親へのネグレクト」　116
　（6）事例6「フードバンクの利用」　116
　（7）事例7「パワハラによる離職」　116
　（8）事例8「ギャンブルによる借金」　117
　（9）事例9「ゴミ屋敷」　117
　（10）事例10「過労による離職」　117
　（11）事例11「アルコール関連問題」　118
　（12）事例12「自殺企図」　118
　（13）事例13「支援困難」　118
　（14）事例14「母親の認知症」　119
　（15）事例15「長期間のひきこもり」　119
　3）ひきこもり事例の特性　120
　（1）事例の困難性　120
　（2）ひきこもりに陥る事例の特性とその支援　121
　4）福祉ニーズの事例分析と仮説検証　123
3．ソーシャルワーカーによる語りの質的データ分析　124

1）質的データ分析の方法　　124

　　2）見えづらい内面的脆弱さ　　127

　　3）生活する力の脆弱さ　　127

　　4）閉鎖的な家族コミュニケーション　　128

　　5）地域における狭間　　132

　　6）一般就労の壁　　132

　4．質的分析による生活困難の構造　　134

　　1）生活困難の質的構造　　134

　　2）福祉ニーズの定性的分析と仮説検証　　137

第6章　福祉ニーズ要因の比較分析 ································ 139

　1．支援者属性による比較分析　　139

　　1）目的および対象と分析方法　　139

　　2）所属と基礎資格による要因認識の比較　　141

　　3）専門職経験年数と現職の担当年数、および担当する

　　　　40歳以上のひきこもり事例数による要因認識の比較　　145

　　4）支援者属性による比較分析の結果　　146

　2．福祉ニーズ要因の比較分析　　151

　　1）分析結果のまとめ　　151

　　2）福祉ニーズ要因の分析と仮説検証　　152

終章　福祉ニーズに基づく実践モデル ······················ 155

　1．定量および定性的分析によるひきこもりの福祉ニーズ　　155

　2．仮説検証の結果　　160

　　1）仮説1の検証　　162

　　2）仮説2の検証　　163

　　3）仮説3の検証　　164

　　4）仮説の統合的検証　　166

　3．実践モデルの提起　　168

　4．ひきこもりの地域生活支援に向けた方策と本研究の課題　　173

おわりに　177

初出一覧　179
引用文献　180
参考文献　192

序章　研究の目的と方法

１．研究の目的と仮説設定

１）研究の背景

　現在、わが国の社会状況として、孤独や孤立の問題にいかに向き合っていくか が問われている。2021（令和３）年、新たに内閣官房に孤独・孤立対策室が設置 され、つながりが実感できる地域づくりに向けた対策が講じられている。2022（令 和４）年４月には、全国の満 16 歳以上２万人を対象にした孤独・孤立の実態調 査が実施され、孤独感が「常に・しばしば」あると感じた人々は 4.5％にのぼっ ている。また、間接尺度であるが、孤独感の測定は、「常に孤独であると感じて いる」と該当する人々は 6.3％だと報告されている（内閣官房孤独・孤立対策担 当室 2022：5-6）。

　社会的孤立は、人づきあいが欠如しているだけではなく、貧困や住環境の劣悪 さ、ソーシャルサポートの乏しさ、孤独感や生活上の不安と密接に関連している （斉藤 2022：22）。わが国においても、孤独や孤立は日常生活に潜む問題であり、 つながりの再生が模索されている。

　周囲とのつながりが断たれ、孤独や孤立が深いひきこもりも、また新たな社会 的な局面を迎えている。2019（平成 31）年３月の『生活状況に関する調査報告書』 （内閣府 2019：11）において、中高年齢期のひきこもりにある人々が 61.3 万人 になることが明らかになった。これまで 15 歳〜39 歳の若年層のひきこもり状態 の実態調査（内閣府 2016：9-11）では 54.1 万人と推計されていたが、中高年齢 期 40 歳〜64 歳のひきこもり状態にある人々の実態が全国的にはじめて表明され た。加えて、2022（令和４）年３月には、東京都江戸川区が 18 万世帯を対象に したひきこもりの大規模調査を実施し、40 歳代（17.1％）のひきこもり当事者 が最も多い割合だったことを示している（江戸川区 2022：10-1）。

　もはや、ひきこもりは若年層のみを対象としたものではなく、中高年齢期を含 むものとなった。中高年齢期のひきこもりの実態が把握された背景には、「8050 問題」等で生じる社会的課題がわが国の社会保障のあり方にも影響を及ぼすと推

察される。川北（2019a：4-6）は、2013（平成25）年度頃から自治体等によって40歳以上の事例が報告されはじめたと述べており、少なくとも近年まで政策・制度的には中高年齢期のひきこもりは着目されてこなかったといえるであろう。さらに、中河内ら（2013）も医療機関のひきこもり外来の統計分析により、2008（平成20）年のリーマンショックを境にひきこもりの開始年齢の上昇やひきこもり期間が短縮してきたこと等のひきこもり様態の構造的変化があることを報告している。

　また、高齢の親と無職の子どもが深刻な生活課題を抱える「8050問題」の観点からは、川北（2019b：131-2）が生活困窮者相談窓口への調査を行い、「状態像が多様であり、支援に時間を要する。本人が問題を感じておらず、家族が支援を受けることに消極的である」という支援の困難性があることを指摘している。原田（2020：36-7）は、「8050問題」の支援として「ひとつの家庭のなかで、高齢者（親）への介護支援と同居するひきこもり本人への支援という2つの支援が必要になり、支援機関の連携が重要になってくる」と述べている。

　加えて、近年になって、ひきこもり当事者と暮らす高齢の親を支援する観点から、地域包括支援センター等に実態調査が行われるようになってきた。川北ら（2019：2-16）は、全国5,100の6分の1にあたる844カ所の地域包括支援センターに「8050問題」等の社会的孤立に関する質問紙調査を行い、263カ所（回収率31.2％）より回答を得ている。その結果、「8割を超える220カ所の地域包括支援センターが8050問題に該当する事例を経験していた」と報告している。辻本ら（2020：4-5）も全国の地域包括支援センター617カ所で調査を実施し、結果として410カ所（回収率66.5％）から回答を得ている。「およそ3分の2の地域包括支援センターが、家族からひきこもりについての相談が寄せられている経験をしていた。他方で、約6割が相談や支援を継続することができていなかった」との現状を指摘している。

　このように、昨今の地域における中高年齢期のひきこもりの存在や「8050問題」が実態化して、これらのニーズについてどう支援を展開していくかが今日的課題になっている。小野（2020：14-5）は、ひきこもり支援の現実として「既存の医療や障害福祉に当てはまらないニッチ（隙間）で、受け皿のないニーズを受け止めており、新たなパラダイム転換が検討される時期にきている」と警鐘を鳴らしている。

　ひきこもりの先行研究においては、林・竹島・羽藤ら（2017：471-481）や古志・青木ら（2017：19-21）の系統的レビューによると、従来の研究は、ひきこもり

による精神症状や自己認識や対人関係の特徴、精神疾患との関連等の当事者の問題行動等についての心理的・精神医学的記述、また家族関係や機能の把握についての知見が蓄積されてきた傾向があると述べている。他方で、ひきこもり当事者がどう他者や社会を認識しているのかという研究、ひきこもりの支援状況の検証を行う研究、そしてひきこもりの形成に深く関わると考えられる社会的要因についての分析はごく限られていることが研究上の課題となると指摘される。これまでのひきこもり研究においては、今日まで増加してきたひきこもりにある人々の治療や援助のための病態的特徴や家族との関係について主に着目されてきた背景があるといえよう。

　ひきこもりの社会的要因については、先行研究においては、斎藤（1998:100-2）による社会的ひきこもり概念が提唱され、個人・家族・社会の相互システム間のストレス関係のなかで、ひきこもりが起こるモデルがはじめて示されている。また、厚生労働省の「ひきこもりの評価・支援に関するガイドライン」においても、ひきこもり評価の基本的視点のひとつとして環境的要因がある（齊藤ら2010:13）。しかしながら、ひきこもりの評価にあたって、ひきこもりという事象について社会的要因がいかに作用しているのかという問いをリサーチした実証的分析は見当たらない（表序－１参照）。近年になって長期化・高齢化が顕著であるひきこもりにある人々とその家族の地域生活支援のためには、個人や家族を取り巻く社会制度や構造等との関係についての分析が求められているといえる。

表序－１　先行研究によるひきこもりの現状と原因

	先行研究による知見	限界と課題
個人的要因	多くの研究によって精神疾患や問題構造、背景にある発達障害等との関連、また対人不安や対人関係等に関わる心理的問題との関連が指摘されている。国際研究からみても、不一致がある。	ひきこもりは精神疾患や精神保健と深く関連はするが、その基準や尺度については議論されている。また、他の要因との関連やそれらを包括する概念定義が課題となっている。
家庭的要因	様々な実践学領域からも、本人と家族の関係性の悪化による家庭機能の低下は共通している。そのため、家族の支援も欠かせない。	家族機能が低下したことによって、ひきこもりになるという因果関係があるとはいえないようである。また、家族支援の効果についても妥当性がある量的検証が課題となっている。
社会的要因	ひきこもりは日本固有の現象と取られてきたが、国際的にも発生している。社会的要因は、その時々の社会情勢や文化に影響を受けているといえる。社会的要因の影響については認められている。	ひきこもりの多義性や概念の変化があることもあり、社会的要因についての研究は限られてきた。とくに社会構造的な要因分析が重要とされる。

2）研究の目的と仮説設定

本研究の目的は、社会関係の分析概念である生活困難の視点を用いて、昨今の地域における中高年齢期ひきこもりの実態や支援状況に基づいた福祉ニーズを明らかにすることである。さらに、これまで実施されてこなかったひきこもりの社会（地域）的要因の実証的分析をとおして、これら福祉ニーズに対応するための実践モデルを提起する。

ひきこもりの先行研究においては、表序－1で示すように、ひきこもりは個人・家族・地域が相互に重なりあう課題を抱えている。個人においては、精神疾患や発達障害による対人交流の困難や自己肯定感の低下等、家族においては家族機能の低下や両親の高齢化による生活上の問題や将来への不安等、地域においては社会情勢によるひきこもり像の変化や「8050問題」の出現等が挙げられる。

このような様々な要因が複合し作用する事象となるひきこもりは、その問題の複雑さゆえ地域での支援が困難である側面をもっている。さらに、自己のケアを放任するセルフネグレクトとも関連があるとされ（川北 2021:46-52）、一般にひきこもり本人や家族から相談が寄せられない傾向があると考えられる。このように、ひきこもりは自ら支援を求めることが少なく、同時に地域での支援も難しい性質を伴うため、公的な福祉サービスのみでは対応できない制度の狭間や社会的孤立あるいは排除に陥りやすい課題を抱えているといえる。

これまでのひきこもりの支援制度としては、厚生労働省によるひきこもり支援推進事業や生活困窮者自立支援制度の展開が図られてきたが、さらに2018（平成30）年に施行された改正社会福祉法において、市町村自治体は包括的な支援体制の整備が努力義務として規定された。この改正によって、ひきこもりも含めた社会的孤立や排除に陥りやすい環境に置かれた人々の福祉ニーズの隙間を埋めるために、新たに地域共生社会をキーワードとした重層的支援体制整備事業が整備された（厚生労働省 2020）。地域住民にとって身近な暮らしの場において、いかに包括的支援システムを構築していくかが今日的課題となっている（宮城 2021:15-7）。今後、「8050問題」等のひきこもりの地域生活支援は、個別援助と地域支援を両輪としそれらを包括した地域福祉の対象としても規定されるといえよう。

本研究においては、わが国におけるひきこもり問題の背景と制度的変遷から、福祉ニーズ支援のために、支援対象者のみならず地域もターゲットとしたコミュニティソーシャルワークの機能が求められると捉える。その具体的な支援内容としては、ひきこもりのニーズキャッチ（問題発見）、ひきこもりの個別支援・家

族全体への支援、ひきこもり支援におけるソーシャルサポートネットワークの組織化と支援ネットワークのコーディネイト等（大橋 2015:27-37）による実践展開とこれらの支援を紡ぐ地域生活支援システムが欠かせないという問題意識をもっている。

そこで、わが国のひきこもりの福祉ニーズ支援のためには、以上のようなコミュニティアプローチの展開が課題となるという観点から、次のように仮説設定した。

【仮説1】アウトリーチは、見えづらいニーズをキャッチする。
【仮説2】アセスメントは、社会関係の狭間を可視化する。
【仮説3】ネットワークは、社会資源の活用を促進する。

研究仮説1のアウトリーチは、何らかの事情から支援を拒否したり、躊躇したり、自ら援助機関を訪れることが難しい「声なき声」を掘り起こすニーズ把握である（田中 2015:120）。アウトリーチの特徴は、「地域に密着した機関が出向く活動であり、利用者の発見と強く結びついている。そして、利用者のアドボカシーの思想が底流にある」（三品 2013:15-6）。本研究では、ひきこもりという地域で潜在化したニーズをキャッチするためには、アウトリーチが基本となると考えた。

研究仮説2のアセスメントは、「情報の収集と分析であり、それらの意味を導き出せるように活用できる事実をつなぎ合わせること」（Johnson & Yanca ＝ 2004:353）であり、コミュニティソーシャルワークにおいては個別アセスメントとも呼ばれる。潜在化されたニーズは、専門職からの気づきからの把握が重要であり、どのような社会関係に囲まれているのかという世帯全体の状況把握を意味している（菱沼 2019:82-8）。本研究では、8050問題をはじめとするひきこもり世帯について、ソーシャルワークの人と環境の相互作用の視点からも、社会関係の狭間に陥る背景についてのアセスメントが欠かせないと考えた。

研究仮説3のネットワークは、ソーシャルワークにおいては、「関係者のつながりによる連携・協働・参画・連帯のための状態及び機能」（岩間 2013:16-7）であり、類型としては専門職ベースのネットワーク、地域住民によるインフォーマルなネットワーク、専門職とインフォーマルサポートを包含するネットワークの3つが挙げられている。コミュニティソーシャルワークにおいては、地域課題を解決するために「地域ニーズや社会資源の把握、地域社会資源のアセスメント、

地域ネットワークの設立等のプロセスを含む地域に出かけ、知らせ、育てる活動」
（田中 2015:168）とされ、地域へのはたらきかけも含むものとなる。本研究では、
社会関係の狭間に置かれたひきこもり支援のためには、このような地域ネットワ
ークによる社会資源の活用や創出を促すことが重要になると考えた。

　仮説検証の意義として、研究仮説1の実証的分析をとおして、支援希求が表明
されないひきこもり本人や地域から孤立化した家庭を支援するためには、支援を
届けるアウトリーチが打開策となることを検証する。研究仮説2の実証的分析を
とおして、ひきこもりにおいて個人の疾患や問題行動のみではなく、ひきこもり
に陥る社会関係の狭間ともいえる要因と構造があることを検証する。とくに、ミ
クロ的要因・メゾ的要因・マクロ的要因の関連性が、ひきこもりという悪循環状
況に作用していることを検証する。また、研究仮説3の実証的分析からは、ひき
こもりの悪循環状況を解消するためには、地域におけるネットワーク形成が求め
られることを検証する。すなわち、ひきこもり本人や家族が置かれる社会関係の
修復や回復のためには、とくに、メゾ・マクロ的要因である地域へのアプローチ
が必要となる。そのためには、ネットワークによる多職種連携や社会資源の活用
や開発等が課題となることを検証する。

　これら3つの仮説検証をとおして、ひきこもりの福祉ニーズを支援する新たな
モデルを提示し、ひきこもりの地域生活支援のための方策を検討する。

2．研究の分析枠組み

1）本研究の分析枠組み

　本研究では、先行研究による現状と原因を踏まえ、おもに支援者が捉える生活
困難の視点から、ひきこもりの福祉ニーズを明らかにする。さらに、福祉ニーズ
の支援モデルを検討するために、予め設定したひきこもり支援のミクロ・メゾ・
マクロ領域に対応した仮説検証を行う。そのため、図序-1に示すひきこもりに
ついての理論的研究、予備的研究、実証的研究という分析枠組みから、理論的研
究による仮説設定、予備的研究による分析課題、実証的研究による仮説検証を実
施した。

　理論的研究として、第1章および第2章において、文献レビューをとおしたひ
きこもり先行研究の限界と課題について明らかにする。とくに、中高年齢期のひき
こもりである人々は61.3万人と推計されており、昨今は「8050問題」等の地域

課題も表出してきている。わが国におけるひきこもりの現状は地域も含み大きく変容し、いまひきこもり研究は個人的要因や家族的要因のみならず、社会的要因の解明が求められている。本研究では、中高年齢期のひきこもりという現象に接近するにあたり、社会福祉学の概念である生活困難の分析視点から、地域の環境要因を含めた社会的要因について分析を行う。

　生活困難とは、地域における社会関係の不調和や欠損が連なる狭間が生じる事象であり、その社会関係のあり様がひきこもりの社会的要因となるものである。そのような福祉ニーズの把握として、先行研究においては、問題状況の程度を把握する福祉ニーズ分析に加えて、福祉ニーズの解決に向けた分析も指摘されている。また、ニーズ分析の手続きにおいては、分析視点として生活困難である社会関係の狭間を具体化することが課題になることを示し、その全体像を把握するためには、ひきこもり支援の従事者への調査をとおしたニーズ把握（おもに規範的ニーズの分析）を選択する研究方法論上の特徴も強調される。

　予備的研究として、第3章において、中高年齢期ひきこもりの先行研究が限られたなかで、予備分析を踏まえたうえで福祉ニーズの分析課題を見出す。予めひきこもりの生活困難の分析を図り、福祉ニーズとなる課題を焦点化している。社会関係を分析するための狭間概念を用いた事例分析、さらにひきこもりに関する新聞記事の計量テキスト分析をとおした事例分析結果の検証を実施することによって、重層的で複合性をもつ福祉ニーズの分析課題を設けた。

　すなわち、〔課題1〕暮らし問題の複雑化がある。〔課題2〕悪循環する状況形成がある。〔課題3〕家庭内での抱え込みがある。〔課題4〕そのために、地域からの孤立が生じている、である。実証的研究の分析過程においては、生活困難の分析視点として、この福祉ニーズの分析課題を参照した。

　さらに、実証的研究として、第4章、第5章および第6章においては、調査研究による実証的な分析を行う。福祉ニーズの分析課題を踏まえたうえで、定量的・定性的な福祉ニーズの把握を試みる。また、仮説で示したコミュニティアプローチであるアウトリーチ・アセスメント・ネットワークを実践する支援者を対象としたリサーチから、仮説検証をとおした支援モデルを検討する。具体的には、ひきこもり支援者への全国調査による量的検証とエキスパート実践者へのインタビューによる質的検証、また、量的調査によるデータの属性比較をとおした検証である。定量的・定性的な4つの研究アプローチから、仮説検証を図る。

　本研究は、ひきこもりの福祉ニーズを分析するにあたって、生活困難という視点から、従来の先行研究では触れられてこなかったひきこもりの社会構造的な側

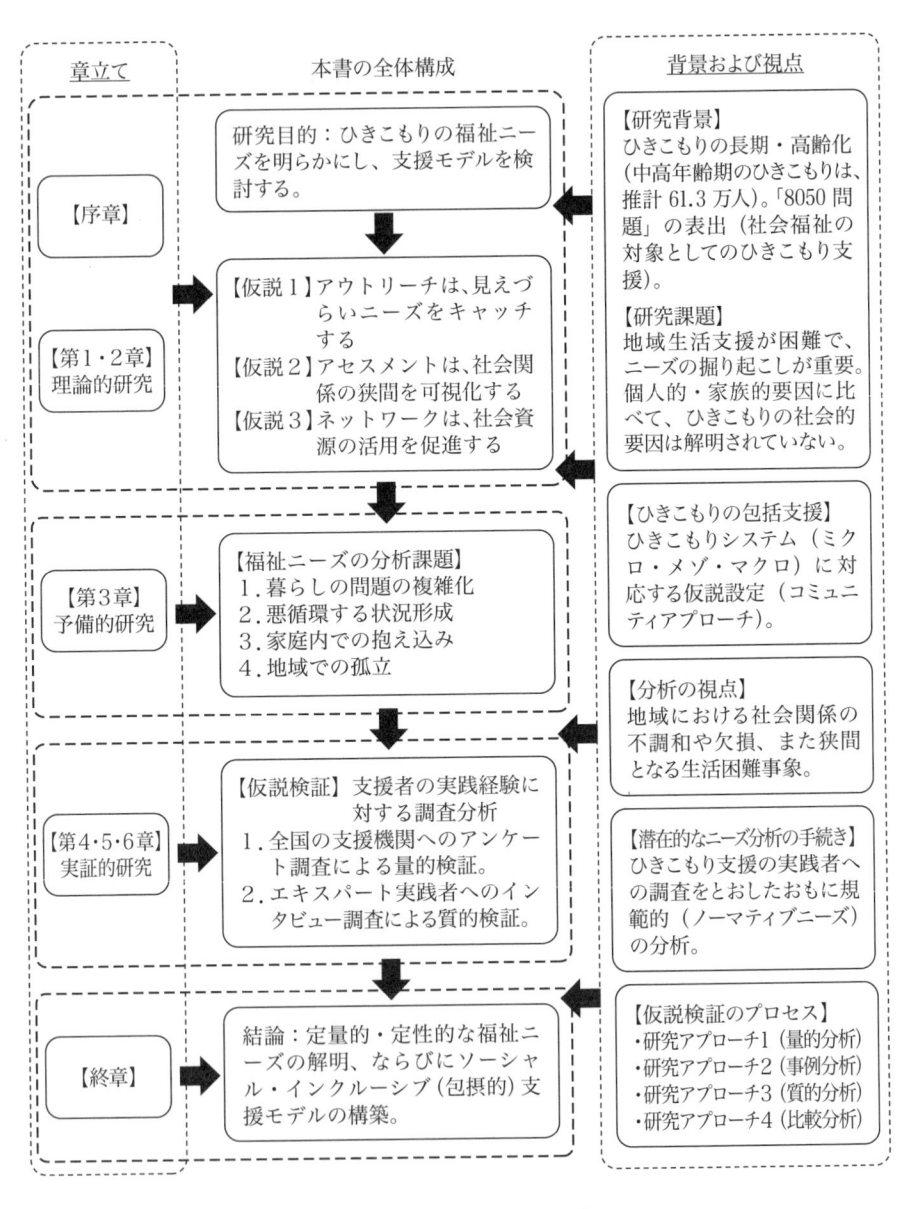

図序－1　本研究の分析枠組み

面を明らかにする分析枠組みとした。以上のように、ひきこもりを包括的に捉えるシステム（ミクロ・メゾ・マクロ）のそれぞれのレベルに対応させたコミュニティアプローチ（アウトリーチ・アセスメント・ネットワーク）による仮説検証を実施することで、新たな支援や解決に向けた展開も含む福祉ニーズの解明を試みるものである。終章においては、定量的・定性的な側面からひきこもりの福祉ニーズを解明し、仮説検証による支援モデル構築を目指すものである。

2）用語の定義

本研究においては、以下のように用語の定義を行う（下線部は、筆者による）。

「ひきこもり」の定義として、厚生労働省のガイドラインでもある齊藤ら（2010:6）を用い、「様々な要因の結果として社会参加を回避し、原則的には6カ月以上にわたって、概ね家庭にとどまり続けている状態」とする。また、「中高年齢期」の定義は、わが国のはじめての実態調査である内閣府（2019：9-11）に準じ「40歳から64歳の年齢」とする。

「ひきこもりシステム」の定義としては、斎藤（1998:100-2）による「個人・家族・社会（地域）による3つの構成単位による相互性あるコミュニケーション不全の状態」とする。ただし、本研究においては、「社会」の構成単位を「地域」として同意語とする。また、「8050問題」については、川北（2019:5-6）を参考にして、「80歳代等の高齢の家族が、50歳代等のひきこもりの子どもと同居し、経済的な困窮や社会的孤立等の生活上の問題がある世帯」と定義する。

「社会関係」の定義は、「生活する個人と環境とが相互に関わり合うなかで、両者間に特定の事柄が意味をもちはじめ形成された関係」（平塚 2010:62）とする。そして、「生活困難」は、社会関係の主体的側面（個人的側面による視点）と客体的側面（制度的側面による視点）の二重構造が規定されている（岡村 1983：63-113）。本研究では同概念を援用するのと同時に、ひきこもりシステム（ひきこもりを構成する個人・家族・社会）の構造性を踏まえ、「①ひきこもりにある個人と家族・地域との社会関係、加えて②家族（世帯）と地域との社会関係、これらが様々な要因によって不調和、欠損、欠落等が生じること」と定義する。

また、ひきこもり支援実践の単位となる「ミクロ・メゾ・マクロ」の位相については、ソーシャルワークにおいては、一般にクライエントに直接関わる場合はミクロ実践、間接的に専門機関、コミュニティと関わる場合はメゾ実践やマクロ実践と表現される（Johnson ＆ Yanca ＝ 2004:275）。しかし、ソーシャルワークにおけるメゾ・マクロレベル実践の定義は、とりわけわが国おいて明確に

示されておらず理論的な枠組みが確立されていない現状がある（石川 2019:25-37; 渡邉 2021:40-2）。そのため、本研究では、先のひきこもりシステム（斎藤 1998:100-2）による構成単位を参照して、「ミクロレベルを個人（ひきこもり本人）、メゾレベルを家族（世帯）、マクロレベルを地域（社会）」と定義する。

そして、「福祉ニーズ」については、本研究では、上記の社会関係と生活困難の定義を踏まえ組み合わせたうえで、「人びとの生活における一定の困難や不全、不調、欠損、総じていえば生活障害であり、具体的には生活機能不全、生活関係－社会関係の不全」（古川 2003:134-5）と規定する。

３．研究の対象と方法

１）研究の対象と方法

本研究の対象と方法は、表序－２に示すとおりである。研究の対象と方法として、①文献レビューならびに事例分析、加えて検証のための新聞記事のテキストマイニング、②全国の支援者に対するアンケート調査による量的分析、③熟練ソーシャルワーカーに対するインタビュー調査による質的分析の３つに区分される。

文献レビューのみでは、ひきこもりの福祉ニーズや社会的要因に関する実証的研究が数少なかったため、はじめにリサーチを行う前の予備的研究として、①にあたる筆者による支援事例の分析を行った。また、同事例分析で得られたひきこもりの社会的狭間の結果について、新聞記事を対象にした計量テキスト分析で検

表序－２　研究の対象と方法

研究目的	研究対象	研究方法
生活困難の視点から、ひきこもりの福祉ニーズについて明らかにする。また、ひきこもりの福祉ニーズについての支援モデルを示す。	文献・自験事例・新聞記事等	文献レビュー
		事例分析テキストマイニング
	全国の生活困窮者自立支援相談機関 329 カ所、ならびに全国のひきこもり地域支援センター 75 カ所に所属する支援者	アンケートによる量的調査
	個人的要件と職務的要件を満たすソーシャルワーカー 8 名	インタビューによる質的調査

証した。

　次いで、仮説検証のためのリサーチにおいては、研究課題のより正しい理解を提供する調査デザインであり、量的・質的データを集めて分析する混合研究（Creswel & Plano Clark ＝ 2010:5-6）を実施した。

　第1に、量的分析においては、アンケート調査を実施した。調査対象は、中高年齢期のひきこもりにある人々への第一線の支援機関として、厚生労働省が制度的にも規定する中核的機関である生活困窮者自立支援相談機関（市町村圏域）、ならびにひきこもり地域支援センター（都道府県圏域）に所属している支援者とした。

　調査方法は、わが国の中高年齢期のひきこもりを支援する専門職支援者への無記名による自記式のアンケート調査である。

　厚生労働省が示している 2020（令和2）年1月1日付の生活困窮者自立支援相談機関から、329 カ所を単純無作為抽出した（全国総数 1,316 の4分の1の 329 カ所）。郵送調査にあたっては、同自立支援相談機関に所属するひきこもり支援を担当する複数名の相談員や就労支援員等にアンケート調査の回答を依頼した（1機関平均5名程の自記式調査質問紙の配布、合計 1,645 名分）。加えて、同省による 2019（平成 31）年4月1日付のひきこもり地域支援センター 75 カ所（全国総数 75 カ所）に配置されているひきこもり支援を担う複数名の支援コーディネーター（1機関平均5名程の自記式調査質問紙の配布、375 名分）にアンケート調査を依頼した。

　アンケート調査の内容は、調査対象である専門職の基本的属性8項目についての回答、および中高年齢期のひきこもりにある人の支援において該当すると考える質問項目（26 項目4件法）への回答である。調査期間は、2020（令和2）年9月 15 日から 11 月 30 日までとして、自記式調査質問紙を合計 404 支援機関、ひきこもり支援を担当する専門職 2,020 名分（1機関平均5名程配布）に向けて郵送依頼した。量的分析においては、最終的に欠損値 71 名を除いた 327 名（有効回答率 16%）の回答をデータ分析の対象とした。

　第2に、質的調査においては、熟練ソーシャルワーカーへのインタビュー調査を行った。調査対象となるソーシャルワーカーの選定は、次のように個人的要件と職務上の要件の2つの要件を設定した。

　個人要件としては、①ひきこもり支援機関に所属していること、②社会福祉士、もしくは精神保健福祉士の国家資格を保持していること、③ 10 年以上の相談援助の実務経験があること、④所属内にて指導的役割を有していること、を条件と

した。また、職務上の要件としては、①生活困窮者支援や地域定着支援、成年後見等の全国的にも先駆的なソーシャルワーク実践を展開している職能団体のA機関（ソーシャルワーカー5名）、それ以外のワーカーとしては、②支援困難事例やスーパーバイザーを担当している生活困窮者自立支援制度に規定されている主任相談支援員（それぞれ別機関に所属する3名）とした。

2020（令和2）年6月〜同年9月に、研究に同意が得られた8名のソーシャルワーカーを対象として中高年齢期のひきこもり事例を提示してもらい、半構造化インタビューを実施した。事例数は、合計15事例である。ソーシャルワーカーへの承諾を得て、インタビューを録音した音声データの逐語録を作成したところ、文字数は115,993文字であった。質的分析においては、ソーシャルワーカーより提供された事例資料およびインタビュー内容の逐語禄をデータ分析の対象とした。

以上のような定量的ならびに定性的なデータ分析をとおして、本研究では次に示す4つの研究アプローチによって仮説検証を実施する（表序−3参照）。研究アプローチ1は、アンケート調査による量的分析（探索的因子分析・共分散構造分析等）である。研究アプローチ2は、中高年齢期のひきこもり15事例の事例研究である。また、研究アプローチ3は、15事例についてのソーシャルワーカーの語りを対象にした質的データ分析（佐藤 2008）である。研究アプローチ4は、アンケート調査の項目回答について、支援者属性による比較分析（分散分析・多重比較等）である。

また、本研究では、ひきこもり支援従事者を対象に調査を実施していることか

表序−3　仮説検証のデザイン

実証的研究	分析対象	分析方法	検証内容
研究アプローチ1	支援者327名の、アンケート回答データ	相関関係・分散分析等 探索的因子分析 共分散構造分析	量的分析による福祉ニーズの要因と要因間の関連性
研究アプローチ2	15事例のひきこもり世帯	事例分析	複数事例によるひきこもり世帯の特性についての事例研究
研究アプローチ3	15事例についてのソーシャルワーカーの語り	質的データ分析	福祉ニーズの要因と構造についての質的分析
研究アプローチ4	支援者327名のアンケート回答データ	比較分析 （t検定・分散分析等）	支援者属性による要因認識の比較分析

ら、支援者が捉える規範的（ノーマティブ）ニーズ（Bradshaw, J. 1977）がデータ分析の中心となっている。しかし、支援者に対する量的（アンケート）調査のみならず、質的調査による事例研究と質的データ分析（佐藤 2008）を組み合わせることで、支援者の規範意識によるバイアスを可能な限り回避するようにしている。

　質的調査においては、ひきこもり事例をデータ分析の対象とすることによって、ひきこもり当事者や家族、また地域状況のニーズ把握が可能となるように研究方法論上の工夫を図った。さらに、ひきこもり支援を受けていない人のニーズ把握と比べる比較（コンパラティブ）ニーズも含めて、福祉ニーズに関する多角的な分析と検証に努めた。

2）研究倫理の配慮

　本調査研究は、日本社会福祉学会の研究倫理指針を遵守している。さらに、調査研究にあたって西九州大学研究倫理委員会の審査を得ている（2020（令和2）年2月10日；承認番号 19KFM32）。

　量的調査は、各支援機関の所属長と回答対象者へ調査目的および内容を文書にて依頼し、本研究への協力は調査対象者の任意であり、回答の有無にあたっての不利益が一切生じないことを説明した。そして、回答データは個人が特定されることがないよう統計的に処理され、研究成果は研究目的以外には使用しないことも明記した。また、アンケート調査用紙は無記名方式であり、調査対象者の回答情報が守られるようにマスキング封筒を同封し、各支援機関による返信をもって調査への同意を得るものとした。なお、2020 年度明治安田こころの健康財団研究助成を受けたが、内容について利益相反はない。

　質的調査にあたっては、対象となるソーシャルワーカー、ならびにその所属機関に調査目的や個人情報保護等の研究倫理について説明した。調査への協力は任意であり、不利益が生じないこと、インタビュー内容について IC レコーダーを用いて録音を行うこと等について、対象となるソーシャルワーカーとその所属機関に書面で同意を得た。また、開示すべき利益相反はない。

4．各章の要約

　序章では、本研究の目的として、生活困難の視点を用いて、中高年齢期ひきこもりの福祉ニーズを明らかにし、その支援モデルを構築するための仮説設定を行った。研究仮説は、（仮説1）アウトリーチは、見えづらいニーズをキャッチする。（仮説2）アセスメントは、社会関係の狭間を可視化する。（仮説3）ネットワークは、社会資源の活用を促進する、である。

　社会的な孤立や排除状態であるひきこもりの福祉ニーズを支援するためには、コミュニティソーシャルワークの観点より、アウトリーチによるニーズキャッチが前提となり、またそのアプローチやシステムづくりのためにはアセスメントやネットワークの機能と展開がキーワードとなることを述べた。また、それらの分析枠組みとして、理論的研究、予備的研究により福祉ニーズの分析課題（ひきこもりの生活困難）を設けたうえで、ひきこもり支援者に対する定量的・定性的な実証的研究をとおして検証するデザインを示した。

　第1章は、ひきこもりの先行研究レビューをとおして、わが国におけるひきこもりの中高年齢化の実態として、「8050問題」等の地域におけるひきこもりの生活上のニーズが表面化している課題を整理した。さらに、国内外の文献レビューから、理論的には、ひきこもりの個人的・家族的要因に比べ社会（地域）的要因の観点からの実証的な研究が不足していることを強調した。それらの論点を踏まえ、わが国における中高年齢期のひきこもり支援のためには、ひきこもりの地域要因に関する実態分析と支援展開が求められることを指摘した。

　第2章は、福祉ニーズ論の概要を踏まえたうえで、福祉ニーズを分析する視点として、社会関係論による生活困難の概念を用いる論拠を述べた。昨今、ひきこもりの実態とその範疇が拡大し複雑化している現状において、社会関係の狭間としての生活困難を対象にすることが、ひきこもりの地域要因や構造の分析になることを示した。また、生活困難を研究対象とすることは、実践科学としてのソーシャルワークの基礎的研究につながることを示した。

　第3章は、福祉ニーズの調査や分析を実施していくうえで、視点として参照するひきこもりの福祉ニーズ（生活困難）の輪郭を示す予備的研究である。狭間概念による事例分析、さらに同事例分析により抽出された要因についての新聞記事の計量テキスト分析によって、福祉ニーズを分析する課題を設けた。すなわち、課題1は、暮らしの問題の複雑化がある。課題2は、悪循環する状況形成がある。

また、課題3は、家庭内での抱え込みがある。そして、課題4は、それらにより、地域からの孤立が生じている、ことがひきこもりの生活困難の要因となることを具体化した。

第4章は、研究仮説を検証するための福祉ニーズの量的研究である。ひきこもり地域支援の中核となる全国の生活困窮者自立支援相談機関（市町村圏域）とひきこもり地域支援センター（都道府県圏域）の支援者を対象にアンケート調査を実施した。その結果、138の支援機関（回答率34%）より回答があり、欠損値を除いた327名（有効回答率16%）を分析データとした。量的調査の分析結果として、下位尺度群間では、「ひきこもり問題の性質」群の平均値と「ひきこもり本人」群の平均値が高く、続けて「地域環境」群の平均値も高かった。また一要因分散分析と下位尺度間の多重比較において統計学的な有意差が認められ、ひきこもりの生活困難として地域環境の要因が影響していることが確認された。

加えて、ひきこもりの悪循環メカニズムを解明するために多変量解析を実施した。はじめに、ひきこもりの生活困難に関わる潜在変数を仮定し、探索的因子分析を行った結果、「閉じた不安定な家庭」、「支援資源の不足」、「関係機関の無理解」、「悪循環するひきこもり状況」、「対人的な不適応経験」の5要因が抽出された。次に、これらの因子がどのようにしてひきこもりの悪循環状況に関連するのかという福祉ニーズの分析課題に基づき、共分散構造分析を実施した。その結果、ひきこもりの悪循環状況に影響を与えるメカニズムモデルを提示した。同モデルの適合度指標は、統計学的に妥当な水準（GFI=.946、AGFI=.918、CFI=.925、RSEA=.052）であった。

第5章は、研究仮説を検証するための福祉ニーズの質的研究である。一定の要件を満たす8名の熟練ソーシャルワーカーを対象にして、半構造化インタビュー調査を実施した。調査対象であるソーシャルワーカーより中高年齢期のひきこもり15事例を提供してもらい、それら事例についての詳細な語りを質的データ分析の対象とした。はじめに、ひきこもり15事例の事例研究の結果、①中高年期からひきこもりになった場合は、とくに失業や借金等の社会的要因の影響がつよいこと、②本人や家族による家庭内からの支援希求がないこと、③ひきこもりという隠された地域課題が、家族のサポートがなくなった後に顕在化すること、④支援につながった事例は、地域連携によるネットワーク型の介入が行われていた、ことが分かった。

次に、各事例についてのソーシャルワーカーの語りを対象にして、質的データ分析を行った結果、41コードと18カテゴリー、5のコアカテゴリーが生成され

た。中高年齢期ひきこもりの生活困難５コアカテゴリーとして、本人要因『見えづらい内面的脆弱さ』と『生活する力の脆弱さ』が示され、さらに環境的要因となる『閉鎖的な家族コミュニケーション』、『地域における狭間』、『一般就労の壁』が抽出され、それぞれのコアカテゴリー間において、負の交互作用が起きている構造が明らかになった。

　第６章は、アンケート（量的）調査による質問項目の定量的データを対象とした支援者属性による比較分析である。

　定量的データによる属性間の比較分析では、質問項目の平均値比較の統計学的な有意差から、とくにひきこもりの地域的要因とその支援として、生活困窮者自立支援相談機関（市町村圏域）が中心となっていることが分かった。さらに、同要因について、職種としては相談員（ソーシャルワーカー）、またひきこもり支援経験がある専門職がより深い認識をもっていることが分かった。

　終章では、第４章から第６章までの実証的研究に基づくひきこもりの福祉ニーズについて示した。定量的・定性的分析に共通するミクロ（ひきこもり本人）・メゾ（ひきこもり世帯）・マクロ（地域）レベルにおける福祉ニーズ要因と構造を明らかにした。とくに、福祉ニーズの特性として、「ひきこもりの悪循環」を生み出す要因として、「家庭内での抱え込み（メゾ）」と「地域での孤立（マクロ）」が影響していた。また、「家庭内での抱え込み（メゾ）」には内的なスティグマがあり、「地域での孤立（マクロ）」には外的なスティグマがある二重構造を示した。さらに、これら福祉ニーズを充足するための研究仮説を総合的に検証した結果、仮説２「アセメントは、社会関係の狭間を可視化する」が中心的仮説となることが見出された。

　以上の定量的・定性的分析によるひきこもりの福祉ニーズの可視化、また仮説検証をとおして、ひきこもりの社会関係の狭間やスティグマ等の福祉ニーズを支援するソーシャル・インクルーシブ（包摂的）支援モデルを提起した。

第1章　ひきこもりの概念と実態の検討

1．ひきこもり概念の変遷

1）各年代におけるひきこもり概念

　ひきこもり概念についての研究は、多くは精神医学、臨床心理学、社会学、教育学等による視点によって理解されてきたといってもよいであろう。本節においては、ひきこもり概念の先行研究について、基本的な視点とされるメンタルヘルスとしての理解、心理的観点による不登校からの連続的理解という2つの側面からみていきたい。

　第1に、メンタルヘルスの認識としての先行研究においては、ひきこもりは精神疾患や精神障害、発達障害からの視点で捉えられ、いかに精神疾患を治療するか、また治療につなげていけるかが追及されてきた。例えば、桜井（2002）は、個人の病理としてのひきこもりについて整理し、ひきこもりの精神病理として、社会恐怖や対人恐怖、人格障害との関連を指摘している。また、須田（2011）は、精神病性と非精神病性のひきこもりについて整理を行っており、精神病性のひきこもりとして、統合失調症、心的外傷後ストレス障害、不安障害、発達障害を挙げている。さらに、非精神病性のひきこもりとしては、パーソナリティ障害を挙げている。他に、近年クローズアップされてきた青年期の発達障害との関連をはじめとして、精神医学的、精神病理学的、発達障害的な視点からの論考は多く、ひきこもりの個人病理や精神疾患としての背景が指摘されている。

　第2に、不登校との関連からは、村澤（2017）は臨床心理学の立場から、登校拒否・不登校が社会問題化し、そこからひきこもり概念に移行した過程について述べている。ひきこもりの若者の多くが不登校やいじめ被害の経験を有し、1990年代の不登校要因として無気力型の傾向があったこと、また1990年代後半にはいじめ問題との関連から不登校に起因するひきこもりという言葉の再定義がされてきたと指摘している。1980年代後半から増加した不登校の無気力傾向とひきこもりの特徴も合致し、不登校の未解決の課題が引き継がれてひきこもりへ移行していった経緯があり、結果的にひきこもり概念は個人の精神保健的問題を重視

する方向へと展開したとする。

　これらの先行研究からは、ひとつの実態として、ひきこもり概念は「不登校」と「メンタルヘルスの問題」との関連が強い事象といえる。確かに、ひきこもりはメンタルヘルスや不登校との関りが深いことは臨床的な事実であろう。そのため、これまでのひきこもり研究は、社会問題化する若年者のひきこもりへの視点が主だったと考えられる。しかしながら、ひきこもりのニーズを他の視点からも捉えることができないのかという問いが考えらえる。

　ここで、関水（2016）による社会学的な視点から、ひきこもり概念の語られ方についてのレビューを取りあげたい。関水（2016）は、ひきこもりの問題設定がどのような時代背景や変遷を得て語られてきたかを分析し、ひきこもり概念に示唆を与えている。わが国においてひきこもりがいかに語られてきたか、すなわち認識され捉えられてきたかを把握するうえで有用だと思われる。表1−1は、関

表1−1　各年代別におけるひきこもり概念

年代	ひきこもりの捉え方	問題の背景
1980年代後半	「ひきこもり」概念の登場	思春期の無気力状態等の報告
1990年代前半	精神科治療の対象となるかという議論	不登校や人間関係との関連、問題行動とみるかという逡巡
1990年代後半	「社会的ひきこもり」概念の提唱	治療対象や社会が生み出すというモデル提起、家族と社会を含めたコミュニケーションのストレスによるものとした
2000年代前半	精神保健福祉もしくは就労支援の対象としての理解	フリーター（約200万人）、若年冷気の失業者（約100万人）の増加等による若者の社会的自立への着目
2000年代後半	若者の社会的自立という問題設定、就労支援施策の進展	ニート（約80万人）政策の拡大（地域若者サポートステーション等の大規模な予算措置）
2010年代前半	精神福保健、就労支援、貧困という3つの問題設定	様々な困難を有するという理解。ひきこもり支援施策の進展（ひきこもち地域支援センター）。リーマンショックによる貧困の拡がり（約200万にのぼる生活保護受給者）
2010年代後半	中高年齢期のひきこもりの表出	生活困窮者自立支援制度による貧困問題の支援開始、8050万台の地域問題
2020年代前半	ひきこもりのパラダイム転換	中高年齢期ひきこもり（64.3万人）の推計。100万人以上といわれる潜在的なひきこもり数

出典：関水徹平（2016）『「ひきこもり」の社会学』左右社、166-240．矢ヶ部陽一（2020）「中高年ひきこもりの生活困難要因に対する計量テキスト分析による検証」『九州社会福祉学』、29-40．を基に筆者作成。

水（2016）の論考をベースに、筆者の考察を加えたものである。

関水（2016）によれば、1980年代にひきこもり概念が登場してから、現在の2010年代後半に至るまでに、ひきこもり概念は3つの文脈で語られてきたとする。それは、①社会的就労を基準とする「就労」の文脈、②人並みの暮らしを基準とする「貧困」の文脈、③メンタルヘルスの正常性を基準とする「精神保健」という区分である。これらの社会的な文脈は、ひきこもりは様々な語られ方がなされてきたこと、多様な視点からひきこもり概念が理解されてきたことを示している。ただし表1−1からは、それらが具体化してきたのは2000年以後であり、そのころからニートや貧困等の社会問題が議論されてきた影響がみられる。そして、2010年代に入ると明らかに中高年齢期のひきこもりが表面化するようになってきている。

このように、現在においてひきこもり概念は、社会的状況にも起因する事象としても認識されているといえるであろう。社会的視点を含んだひきこもりの把握である。しかしながら、また次のような課題が考えられる。それは、実践現場の援助者や支援者の視点からは、実際の支援においてはひきこもりのメンタルヘルスの問題、就労の問題、そして貧困等の問題は複合していることである。以上の3つの文脈によるひきこもりの認識は重要であるが、実践科学である社会福祉学やソーシャルワークの立場からはこれらが示している研究上の文脈をいかにクロスオーバーさせる枠組みを用いることができるかが課題となると考える。

2）主要なひきこもり概念の定義

ひきこもりの概念を検討するとき、ひきこもりという事象をいかに定義するのかが最も基本となる。ひきこもり概念は1980年代後半に登場し、様々な視点から示されてきた概念であるが、現象概念であるがゆえにその境界は一様ではなく、現状において明確な定義はなされていない。

表1−2は、これまでの先行研究において、とくに重要だと考えられるひきこもりの定義である。主に厚生労働省や内閣府が行った調査研究の定義に、関水（2016）の論考を参考にして、筆者が理解の枠組みを加えた表を作成した。

主要な文献や調査からは、ひきこもりという事象をメンタルヘルス的に理解するベースを基本にしつつも、斎藤（1998）による社会的ひきこもり概念の提起後から、ひきこもりシステムとして多面的に把握しアプローチしていくという理解が広がっていったと考えられる。また表1−2によるひきこもり定義の共通項としては、6カ月以上のひきこもり期間という設定に加え、精神病性によるひきこ

表1-2 主要なひきこもり概念の定義

文献	概念の定義	理解の枠組み
斎藤環 (1998)『社会的ひきこもり 終わらない思春期』PHP新書	20代後半までに問題化し、6カ月以上、自宅にひきこもって社会参加しない状態が継続しており、ほかの精神障害がその第一要因とは考えにくいもの。	「ひきこもりシステム」という従来とは異なる理解を促す枠組み。
伊藤順一郎・池原毅和・金吉晴ほか (2003)『10代・20代を中心とした「社会的ひきこもり」をめぐる地域精神保健活動のガイドライン―精神保健福祉センター・保健所・市町村でどのように対応するか―』2000-2002年厚生労働科学研究費補助金「地域精神保健活動における介入のあり方に関する研究」(主任研究者 伊藤順一郎)最終報告書	①自宅を中心とした生活、②就学・就労といった社会参加ができないないしは、③以上の状態が6カ月以上続いている。ただし、④統合失調症などの精神疾患、または中程度以上の精神遅滞(IQ55-50)をもつ者は除く、⑤就学・就労していなくても、家族以外の他者(友人など)と親密な人間関係が維持されている場合は除く。	「ひきこもり」は一概念ではなく、生物学的、心理的、社会的理解が必要な、「精神保健福祉」の対象、という枠組み。
齊藤万比古・宇佐美政英・早川洋ほか (2010)『思春期のひきこもりをもたらす精神科疾患の実態把握と精神医学的治療・援助システムの構築に関する研究(主任研究者 齊藤万比古)』2007-2009年度厚生労働科学研究費補助金こころの健康科学研究事業 成果 報告書	様々な要因の結果として社会参加(義務教育を含む就学、非常勤を含む就労、家庭外での交遊など)を回避し、原則的には6カ月以上にわたって概ね家庭にとどまり続けている状態。なお、原則として統合失調症の陽性あるいは陰性症状に基づくひきこもり状態とは一線を画した非精神病性の現象とするが、実際には確定診断がなされる前の統合失調症が含まれている可能性は低くないことに留意すべきである。	「精神保健福祉」の対象、「就労支援」という枠組みをベースにしつつも、「多軸評価」という「ひきこもり」分類に加えた枠組み。
内閣府(共生社会政策担当) (2010)『若者の意識に関する調査(ひきこもりに関する調査)』報告書	「ひきこもり群」として、「趣味の用事のときだけ外出する」、「近所のコンビニなどには出かける」、「自室からは出るが、家からは出ない」、「自室からはほとんど出ない」としたものの、このような状態に至った理由として「統合失調症または身体的な病気」「妊娠した」が挙げられている者や自宅での仕事や家事・育児をしている者は除いた他に、「準ひきこもり」、「狭義のひきこもり」、「広義のひきこもり」が定義されている。	「ひきこもり」の対象、「就労支援」という枠組みに属しているが、問題的に分類しているといえ、「ひきこもり」の枠組みとしては不明確。
内閣府(共生社会政策担当) (2019)『生活状況に関する調査報告書』	広義の「ひきこもり群」として、「趣味の用事のときだけ外出する」、「近所のコンビニなどには出かける」、「自室からは出るが、家からは出ない」、「自室からはほとんど出ない」とし、このような状態となって6カ月以上、と回答した者。なお、その状態となった理由として「病気、介護・看護、家事育児、自営業等」を除く。	「中高年齢期である40歳～64歳」がはじめて対象とされた枠組み。

※理解の枠組みについては、関水徹平 (2016)『「ひきこもり」経験の社会学』左右社、166-240, の論考を参考にしている。

もり状態は除外されるという特徴がある。

　しかしながら、ひきこもりの概念としての輪郭は必ずしもはっきりしておらず、明確化させること自体が矛盾かもしれない。表1－2のそれぞれの定義が示しているとおり、あくまでひきこもり事象は状況要因に左右され、基本的にメンタルヘルスの視点は欠かせないものの、どのような視点からひきこもり概念を規定するかによって、ひきこもり理解の枠組みは異なってくることが考えられる。その意味において、これまでの先行研究はメンタルヘルス的な視点がもたらす人間観や援助観の影響が主であったといえるであろう。

3）ひきこもりの多軸評価

　ひきこもり概念を考察するにあたって、先行研究の検討からは齊藤ら（2010）の「ひきこもりの評価・支援に関するガイドライン」が示す多軸評価が実践的に有用であり、現在のひきこもり定義におけるひとつの到達点だと捉えている。同ガイドラインは、基本的な背景として精神保健の観点に立つものであるが、これまでのひきこもり先行研究の成果が再構築され、総合する概念規定であると考えられる。

　次の表1－3は、齊藤ら（2010）のガイドラインによる評価の基本的視点と支援の多次元モデルを表にしたものである。

　社会福祉学やソーシャルワークの視点からは、第4軸、第5軸、第6軸に関わる評価や支援の展開が福祉ニーズと対応されるものだと考えらえる。とくに第5軸の環境の評価については、ソーシャルワーク理論や実践がもっとも主題とするものであろう。しかし、第4軸〜第6軸までのこれまでの先行研究の蓄積は少なく、明らかになっていないことが多い。実践現場から機能的に分析することが焦点となっている。

　ただし、同ガイドラインの課題としては、基本的に不登校・ひきこもり状態からの脱却、すなわち学校復帰や進学、あるいは就労をアウトカムとして想定していること、また包括的な支援体制とネットワークの構築を挙げている。また、その限界として、全体として緩やかなエキスパート・コンセンサスというエビデンス水準であることが述べられている。中高年齢のひきこもりの支援に同ガイドラインを当てはめても、同じ課題と限界が指摘できるであろう。同時に、多軸評価と多次元的支援の評価を行っていくうえで、実践現場からの検証を示していくことが必要となると考えられる。

表1－3　ひきこもりの多軸評価と支援の多次元モデル

評価軸	評価のための基本的視点	ひきこもり支援の多次元モデル
第1軸	背景精神障害の診断：発達障害とパーソナリティ障害を除く精神障害の診断。	第一群（統合失調症、気分障害、不安障害などを主診断とする）に特異的な支援。
第2軸	発達障害の診断：発達障害があればそれを診断。	第二群（広汎性発達障害や知的障害などの発達障害を主診断とする）に特異的な支援。
第3軸	パーソナリティ傾向の評価（子どもでは不登校のタイプ分類）：パーソナリティ障害を含むパーソナリティ傾向の評価。子どもの不登校では過剰適応型、受動型、衝動型といった不登校の発現経過の特性による分類が有益。	第三群（パーソナリティ障害（ないしその傾向）や身体表現性障害、同一性の問題を主診断とする）に特異的な支援。
第4軸	ひきこもりの段階の評価。	①準備段階→②開始段階→③ひきこもり段階→④社会との再会段階の評価。
第5軸	環境の評価：ひきこもりが生じることに寄与した環境要因とそこからの立ち直りを支援できる地域資源などの評価。	家族を含むストレスの強い環境の修正や支援機関の掘り起こしなど環境的条件の改善。
第6軸	診断と支援方針に基づいたひきこもり分類：第1軸から5軸までの評価結果やそれに基づく支援計画の見直しなどを総合して、三群にわたるひきこもり分類のどれにあたるかを評価。	多軸評価をもとにした評価と地域連携ネットワークによる支援。

出典：齊藤万比古・宇佐美政英・早川洋　ほか（2010）『ひきこもり評価・支援に関するガイドライン』
2007-2009 年厚生労働科学研究事業「思春期のひきこもりをもたらす精神科疾患の実態把握と精神医学的治療・援助システムの構築に関する研究（主任研究者 齊藤万比古）」報告書，13-25. の内容を筆者が表にした。

2．ひきこもりの高齢化・長期化の実態

1）中高年齢化するひきこもりにある人々の実態数

　結論からいえば、若年齢期に比して中高年齢期のひきこもりにある人々の実態数は不明解な部分が多かった。これまでのひきこもり調査は、青少年施策を目的とした実態分析が主であったからである。しかし、近年はひきこもり地域支援センターの設置や生活困窮者支援制度による支援の展開等によって、中高年齢期のひきこもりが表面化することで、各地方自治体等においても中高年齢期にも着目した調査が実施されるようになってきた。

　KHJ 全国ひきこもり家族会連合会による「家族会における長期高年齢事例の調

査」（2017）では、40歳以上のひきこもりの子どもがいる家族の61事例の分析を行っている。家族会が実施した同調査においては、ひきこもり状態になった平均年齢が22.9歳であり、現在の年齢は40歳代前半が最も多いという結果を得ている。また、ひとつの典型例として、20歳代の就労において何らかのつまずきを経験し、その後長期にわたってひきこもる例があるとしている。一方で、20歳代後半以後にひきこもりが開始されている場合は、職場に定着して働いた経験がある人が多いことを報告している。

　また、自治体による主要調査としては、各地方自治体によって、ひきこもりの実態把握に基づく支援ネットワーク構築を図るため、アンケート調査等を実施している。わが国の地方自治体による中高年齢期のひきこもりに関する最も大規模な調査のひとつは、横浜市による「横浜市子ども・若者実態調査／市民生活実態調査」（2018）である。40歳〜64歳を対象にした標本数3,000（回収率44.2％）の同調査は、有効回答数に占める中高年齢期の割合が0.9％となっており、その推計人数は12,000人という結果を得ている。調査規模や手続きからみて、中高年齢期のひきこもりの推計数において信頼性が高いものだと考えられる。また、同調査による若年齢期を対象標本とした結果においては、若年齢期の割合が1.39％（推計人数15,000人）であり、中高年齢期との差は0.49％となっている。

　他の各地方自治体による調査としては、民生委員や児童委員を対象にした調査が目立つ。大分県の「ひきこもり等に関する調査」（2018）では、民生委員・児童委員1,849人（回収率69.9％）を対象に調査を行い、40歳以上のひきこもり状態である人が占める割合は64.4％で、406人となっている。また、愛知県による「ひきこもりに関するアンケート調査」（2018）では、民間支援団体を介してひきこもり当事者・家族を対象にしたアンケート調査を行い、163人の回答を得ている。その結果、40歳以上のひきこもり状態の人は19.7％（32人）であったとしている。佐賀県による「ひきこもり等に関する調査結果」（2017）では、同じく民生委員・児童委員等1,897人（回収率76.8％）にアンケート調査を行い、40歳以上のひきこもり状態の人が占める割合が71.3％、452人となっている。京都府も「ひきこもり実態調査」（2017）を行い、民生委員協議会や民間支援団体等を対象として調査票を配布した結果、40歳以上のひきこもり状態である人が占める割合が33.2％（376人）という結果を得ている。山梨県による「ひきこもり等に関する調査結果」（2015）では、民生委員・児童委員等2,337人（回収率79.2％）へアンケートを実施し、40歳以上のひきこもり状態の人が占める割合は60.4％で494人という結果が出ている。

さらに、島根県による「ひきこもり等に関する実態調査報告書」（2014）では、1,632人（回収率81.2％）の民生委員・児童委員にアンケート調査を行い、40歳以上のひきこもり状態である人が占める割合が53％、551人となっている。山形県の「困難を有する若者に関するアンケート調査報告書」（2013）では、民生・児童委員、主任児童委員2,426人（回収率83.8％）に調査を行い、40歳以上のひきこもり状態である人が占める割合は47％となり、その人数は755人である。

　これら各地方自治体による調査結果を比較するため、その概要についてまとめたものを表1－4に示す。

　各地方自治体による実態調査が明らかにしていることは、ある一定数の高齢化に至ったひきこもりである人々が確かに存在しているということである。と

表1－4　各地方自治体による中高年齢期ひきこもりの調査結果の概要

各自治体	調査対象	中高年齢期の割合	中高年齢期の人数	調査の特徴
横浜市 (2018)	横浜市内に居住する満40歳以上64歳以下の人	0.9％ （市民が母数）	12,000人 （推計数）	市民を対象にした標本数3,000人（回収率44.2％）の大規模調査
大分県 (2018)	民生委員・児童委員 1,849人	64.4％	406人	民生委員・児童委員への調査（回収率69.9％）
愛媛県 (2018)	ひきこもり支援団体による支援を受けている当事者、家族	19.7％	32人	支援団体をとおした163人の回答
佐賀県 (2017)	民生委員・児童委員 1,897人	71.3％	452人	同様の調査のなかで、最も中高年齢の割合が高い（回収率76.8％）
京都府 (2017)	民生児童委員協議会、民間支援団体への調査依頼（インターネット調査含む）	33.2％	376人	協議会や支援団体等をとおした調査
山梨県 (2015)	民生委員・児童委員等 2,337人	60.4％	494人	民生委員・児童委員への調査（回収率79.2％）
島根県 (2014)	民生委員・児童委員 1,632人	53％	551人	民生委員・児童委員への調査（回収率81.2％）
山形県 (2013)	民生委員・児童委員等 2,426人	60.4％	755人	民生委員・児童委員への調査（回収率79.2％）

出典：各地方自治体によるひきこもりに関する調査結果報告書を基にして、筆者が表を作成した。

くに、横浜市（2018）の調査による 0.9％という割合は、国内で最も大規模であり信頼性があると考えられる。内閣府（2010）による若年齢期のひきこもり推計数 1.76％（推計人数 69.9 万人）と比してほぼ半分の割合ということになる。推計割合を当てはめて比較すると、若年齢期と中高年齢期のひきこもりの割合比は、2：1 である。単純に、若年齢期の推計数約 70 万人の半数である 35 万人が中高年齢の推計数となるというわけではないが、決して少ない人数ではないと考えられる。また、各地方自治体による民生委員・児童委員等を対象にした調査では、ひきこもり全数のうち、中高年齢期の割合が 47％〜 71.3％となっている。民生委員・児童委員等への調査結果からも、ひきこもり状態の高齢化は決して稀有な例ではないといえるであろう。

そして、2019（平成 31）年 3 月に実施された全国調査である「生活状況に関する調査報告書」（内閣府 2019）によって、中高年齢期のひきこもりにある人々が 61.3 万人になることが明らかになった。これまで 15 歳〜 39 歳の若年層のひきこもり状態の実態調査（内閣府 2016：9-11）では 54.1 万人と推計されていたが、中高年齢期 40 歳〜 64 歳のひきこもり状態にある人々の実態が全国的にはじめて表明された。もはや、ひきこもりは若年齢期のみを対象としたものではなく、中高年齢期を含むものとなっている。

このように、中高年齢期のひきこもりの実態が、はじめて実施された全国調査によって示されたが、その性質や具体的な支援ニーズはまだ明らかになったとはいえない。それだけ当事者や家族に対してのアンケート調査では捉えにくい特徴があり、対象を特定することが困難だと考えられる。

上記の各地方自治体によるひきこもり実態調査の対象が、一般市民ではなく民生委員等が多い理由は、ここにあると考えられる。つまり、ひきこもり状態はどうしても恥ずべきものとするスティグマがつきまとってしまい、とくに地方部においては当事者へのアンケート調査による回答や回収には抵抗が伴うと思われる。当事者への統計的な調査の実施からは、ひきこもりの高齢化や長期化の実態を把握していくことには限界があると考えられる。

工藤・川北（2008：77-80）は、ひきこもりの統計について、「暗数」と「定義」という 2 つの問題について指摘している。すなわち、暗数は、間接的に得られたデータの限界がゆえに、その存在を把握できないため数え漏らされた暗数としての人々がいることである。また定義の問題は、広い定義を用いれば適当ではない事例を含み、逆に狭い定義を用いれば適当である事例を除外してしまうことである。ここにも、ひきこもり実態調査の困難さがあると考えられる。スティグマや

暗数、定義等の問題からみても、ひきもりにある人々の実態を把握するためには、量的調査のみではなく、質的調査の活用、とりわけ詳細な事例分析が求められるであろう。

いずれの調査も、このように統計的な把握が難しい性質があり、まだまだ社会資源や支援体制が十分でない現状において、わが国はひきこもりである人々の長期化・高齢化の課題を抱えている。

2）長期化・高齢化に伴うひきこもりの生活上の問題

前述のとおり、ひきこもりの中高年齢期の統計数が着目されはじめたばかりであり、その実態については解明されていないことが多い。ここでは、先程のひきこもり実態調査や近接領域による質的な先行研究を手がかりにどのような生活問題があるかを探りたい。

横浜市による「横浜市子ども・若者実態調査 / 市民生活実態調査」(2018) の結果では、40歳〜64歳のひきこもりにある人は、「どこにも居場所がないと感じることがある」、「人との付き合い方が不器用なのでないかと悩む」という質問項目について統計学的な有意差があったとしている。また、統計的な有意差はみられないが、「職場になじめなかった」、「気分や体調についての問題」、「はっきりした悩みは無いがなんとなく不安である」という特徴がみられるとしている。さらに、KHJ全国ひきこもり家族会連合会による「家族会における長期高年齢事例の調査」(2017) では、家族を対象にして、長期高齢化したひきこもりの事例について聞き取り調査を行っている。その結果として、図1－1のような「家族」、「本人」、「社会」という3つの視点から社会参加への壁がみられると分析している。例えば、家族と社会の壁として「支援機関、窓口の対応に失望」、本人と家族の壁として「本人の暴力などに由来する家族の萎縮」がある、本人と社会の壁として「相談からサービス提供に結び付ける支援の不足」がある等の事例を挙げている。

また、昨今では、ひきこもりにある人々の高齢化に伴う生活上の問題について、ひきこもりのライフプランという経済的シミュレーションを行うファイナンシャルプラン型の援助が試みられている。具体的には、親の資産・負債の洗い出し、収入・支出の確認、資産運用、社会保障制度の活用、住まいや相続関係の金融的知識の習得、成年後見制度の活用等を図ることによって、経済的な安定を見据えることができる生活設計を行うことである。経済的な見通しをもったライフプランを準備することで、当事者や家族の安心感を生み出してもらい、そのこと

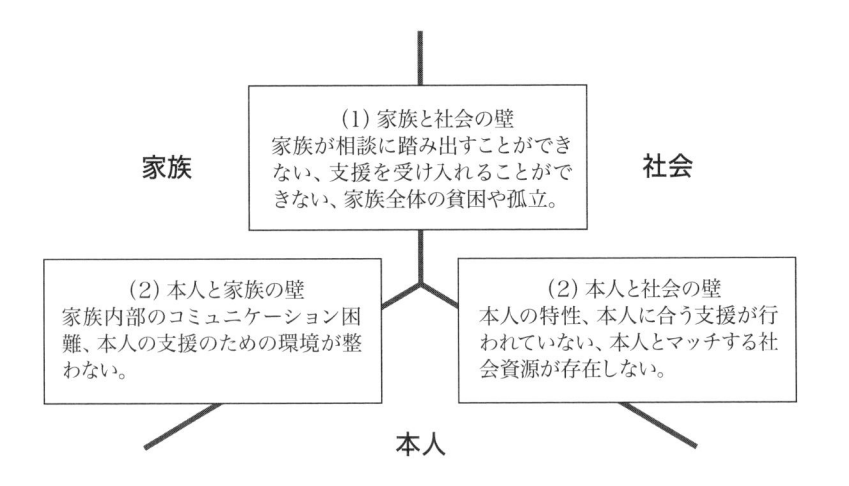

図1－1　家族・本人・社会の間に存在する壁についての見取り図

出典：川北　稔・伊藤正俊・榊原　聡・ほか（2017）『長期高年齢化したひきこもり者とその家族
への効果的な支援及び長期高年齢化に至るプロセス調査・研究事業報告書』報告書.13.

が現在ある生活問題の緩和や解決に向かう道筋を生むことにつながることを意図
したものである。この手法は、生活支援の重要なひとつの側面や方法ともいえる。

　しかしながら、生活上の問題は経済的側面のみというわけにはいかない実情も
ある。それでは、長期化・高齢化したひきこもりである人々の生活上の問題内
容をどうみたらよいのであろうか。また、横浜市の調査結果（2018）によるコミ
ュニケーションや居場所の問題、また KHJ 全国ひきこもり家族会連合会の調査
（2017）がいう本人や家族が抱える壁は、どのような相互の関連が生じているの
か、またいかなるプロセスを経過していくものなのかが問われてくるだろう。

　また、新たに内閣府（2019）による全国的にはじめて実施された中高年齢期の
ひきこもりを対象にした調査によって、約3分の1程度の人が若年齢期から中高
年齢期のひきこもりへ移行している可能性があり、他方で約3分の2程度の人が
中高年齢期になってひきこもり状態に陥っていることが明らかになった。

　さらに、半数の人がひきこもり期間5年以上を超えており、ひきこもりになっ
たきっかけは「退職」、「人間関係」、「病気」の回答項目が上位3つとなっている。
そして、約2割の人が退職したことがきっかけにひきこもりになっており、半数
程度の人が35歳以降は無職であるとされている。また、約3分の1程度の人が
精神疾患の履歴があり、約8割程度の人について就労経験があることが指摘され
ている。加えて、約半数の人が相談することに無力感や抵抗を感じており、支援

を求めることができない現状にあることが示されている。しかしながら、これら
は、全国への無作為抽出による有効回答数 3,248 件（有効回答率 65%）のうち、
ひきこもり状態であった人数 47 人（有効回答数に占める割合 1.45%）を対象に
したものである。40 歳から 64 歳の日本の人口推計 4,235 万人から、推計割合
1.45% を乗じて 61.3 万人という推計を算出している。そこから、推計はともかく、
中高年齢期の問題についてどこまで実態を把握できるか疑義が投げかけられてお
り、現場からの事例を積み上げた検証が必要と指摘されている（近藤 2019:28-
33）。

　また、2021（令和 3）年に、東京都江戸川区は、15 歳以上で給与収入に課税
されていない人等の 18 万世帯を対象に大規模調査を実施した。本調査は、先の
内閣府踏査（2019）とひきこもりの定義は異なるものの、アンケート調査のみで
はなく未回収家庭への訪問調査も行い、回収率 57.2%（10 万 3,196 世帯）とい
う高い信頼性と妥当性をもった調査である。その結果として、ひきこもり当事者
は約 8,000 人（約 1.1%）であることが確認された。そのなかでも、年代は、40
歳代 17.1%、50 歳代 16.6%、60 歳代 9.6% であり、中高年齢期のひきこもりが
高い割合を占めている。ひきこもり期間は、1 年〜3 年が 28.7% であるが、他
方で 10 年以上が 25.7% と二極化していた。また、ひきこもり状態である人々は
複数の困りごと（生活問題）を抱えており、多様な社会資源を準備することが重
要であることが示されている。そして、77,307 件の未回答（42.83%）には、さ
らなるひきこもりのニーズが潜んでいることが述べられている（江戸川区 2022）。

　一方で、高齢の親と無職の子どもが生活上の困難を抱える 8050 問題に関する
調査については、高齢の親への支援の観点から地域包括支援センターをとおした
実態調査が実施されてきている。川北ら（2019）は、全国の地域包括支援センタ
ー 5,100 の 6 分の 1 にあたる 844 カ所に 8050 問題等による社会的孤立に関する
実態調査を行った。263 カ所（有効回答率 31.2%）による回答の結果、「8 割を
超える 220 カ所の地域包括支援センターが 8050 問題に該当する事例を経験して
いた。また、父母は要介護状態や認知症のほかに、経済的困窮、住環境の問題や
地域との交流の欠如といった課題を多く抱えていた。加えて、ひきこもり本人の
課題として、経済的困窮、住環境の問題、金銭支出の問題、父母への虐待等」が
挙げられている。さらに、地域包括支援センターの支援として、「本人との面談
が困難等、支援への糸口がつかむことが容易でない。家族全体への包括的なアセ
スメントや支援体制が必要」という課題が報告されている。

　また、辻本ら（2020）も、全国の精神保健福祉センターを介して地域包括支

援センター617カ所に調査を実施している。410カ所（有効回答率66.5%）による回答の結果、「およそ3分の2の地域包括支援センターが、家族からのひきこもり相談支援を経験していた。その年代として、40歳代が約3割で、50歳代が約4割であった。そして、現在は約6割が相談支援を受けていなかった」と報告されている。また、地域包括支援センターによる支援として、「約4分の1に、ひきこもり本人の介護サービスへの拒否、経済的問題、周囲への過度の要求、虐待・介護放棄がある。さらに、親の要介護状態とともにこれらの問題が顕在化してくる。今後、ひきこもりがある家庭の支援として、経済的問題、自立困難、本人と会うことができない、医療機関等への受診が困難」という課題が挙げられている。

　以上のような調査結果から、明らかに中高年齢期ひきこもりのニーズは表面化しているであろう。今後は、ニーズの把握として量的分析と同時に質的分析を用いていく必要があるだろう。しかし、ひきこもりの長期・高齢化に伴う生活上の問題の把握ははじまったばかりである。先行研究の蓄積が少なく、リサーチとしては探索的なものにならざるをえない状況であるといえる。

　例えば、関連が深い周辺領域の質的研究からは、若年齢期の人々が社会的排除に至るライフコースや生活困窮に陥るメカニズムについてのケース・スタディ等が示唆を与えてくれる。表1−5は、調査内容、方法、結果の概要をまとめたものであり、本研究の質的分析のリサーチにとっても共通性がみられる。

表1−5　社会的排除等のプロセスの事例研究

調査内容	調査方法	調査結果
社会的排除に至るプロセス	生活上の問題（非正規就労、生活保護受給、シングルマザー、依存症等）を抱えた若年齢期のライフコース53件の事例研究	社会的排除に至るリスクとして、①知的障害や発達障害等の「本人がもつ生きづらさ」、②貧困や虐待等の「家庭環境の問題」、③いじめや不安定就労等の「学校や職場の環境問題」を抽出している
生活困窮に陥るメカニズム	全国の地方自治体が把握している生活困窮である支援困難ケース30件の事例研究	生活困窮のパターンとして、①若年層で就労収入が低く、家族の支援が受けられない、②中高年齢期の単身で、経済的支柱の喪失と債務の重なり、③就職困難、④高齢の親と中高年の子との共依存問題、⑤母子家庭の家計管理の不備を抽出している

　出典：社会的排除リスク調査チーム（2012）『社会的排除にいたるプロセス〜若年ケース・スタディから見る排除の過程〜』内閣官房社会的包摂推進室／内閣府政策統括官（経済社会システム担当）．野村総合研究所『生活困窮者の実態に関する調査研究報告書』平成27年度生活困窮者就労準備支援事業費等補助金（社会福祉推進事業分）．の調査概要について筆者が作成とした。

これら社会的排除や生活困窮に陥るプロセスを調査した先行研究は、ひきこもりに伴う生活上の困難形成について類似し、重複する要因があり、調査方法やその知見は応用が可能だと考えられる。また、長期・高齢化するひきこもりの生活上の問題は、重複的な構造をもつため、表1－5の調査結果と同様にある程度のプロセス構造化やパターン抽出が可能になると考えられる。このように、ひきこもりの事例分析を実施していくことが生活実態の解明やひきこもりに陥るプロセス分析につながることが示唆されている。

　では、ひきこもりの福祉ニーズを把握するとき、どのような分析の視点が考えらえるのか。ソーシャルポリシー、すなわち制度政策的な視点に比して、実践科学である援助・支援論から生活上の問題を捉えた研究はあまり見当たらない。

　そのなかでも、平塚（2002:30）は、生活上の問題とニーズを把握して、その解決・緩和、また予防を図る理論的枠組みとして、次のような生活上の問題分類を示している。

　それは、①セルフケアにおける諸困難、②家事遂行・家族成員の世話における諸困難、③重要な他者との関係における問題、④社会的諸変化・移行上の問題、⑤社会関係における諸困難、⑥情緒的反応の苦痛、⑦家族・他集団の不適切な機能、⑧福祉機関等との構造的機能問題、⑨不適切な資源による日常生活活動の困難、⑩人々・集団間の文化的葛藤、⑪その他（心理的問題・行動上の問題）という11の類型である。同類型は、生活上の問題の複雑な作用や機能、また環境と個人の交互作用の理解のための問題把握の枠組みを提示したものである。米国の先行研究の丹念な分析をとおして作成され、ソーシャルワークのアセスメントや評価、事象分析においても活用できる実践に即した数少ない類型理論といえるであろう。

　表1－6は、平塚（2002:30）が示した生活上の問題分類について、主に中高年齢期のひきこもりの先行研究からの知見を対応させたものである。同表からは、類型別にみても、ひきこもりの生活上の問題は他領域にわたり、それぞれに深刻な問題があることがわかる。

　個々の問題を組み合わせると、より複雑な問題が浮かび上がってくることがわかる。これまで、ひきこもりは精神疾患、発達障害や家族関係、就労を含む自立として着目され、それぞれ別問題としてアプローチされることが多かったが、生活上の問題としては、様々な要因が複絡み合って作用しており、複合した問題となることが示される。

表1-6 類型に基づくひきこもりの生活上の問題分類

類型	カテゴリー	ひきこもりによる生活上の課題
1	セルフケアにおける諸困難	疾病や障害等による自律困難。発達障害や精神疾患による情緒や体調管理についての影響や問題。
2	家事遂行・家族成員の世話における諸困難	要介護の親と子の同居。家事や高齢の親等への介護の困難。本人の暴力などに由来する家族の萎縮。コミュニケーションの不和や悪循環。
3	重要な他者との関係における問題	家族・他者との関係上の困難。人とのつき合い方の不器用さ。他者に対する不信や不安。
4	社会的諸変化・移行上の問題	自ら変化することを決定するうえでの困難。職場での失敗体験。職場になじむことができない。
5	社会関係における諸困難	孤立感、友人等の不在、人と関わる機会が少ない、どこにも居場所がないという感覚、つながりの断絶、失職、支援を受け入れることができない。
6	情緒的反応の苦痛	ストレスにより生じる諸感情。情緒的な不安定。はっきりとした悩みはないが、漠然とした不安。
7	家族・他集団の不適切な機能	類型2・3を含むが他者からもたらされる。家族内部のコミュニケーションの困難。高齢の親による本人への理解が困難。家族による状況を変えることへの不安、抵抗感。子育てへの罪責感。
8	福祉機関等との構造的機能的問題	支援機関、窓口のひきこもり理解についての不足、傷つき体験による支援機関、窓口への失望。
9	不適切な資源による日常生活活動の困難	経済的な困難、就労等の困難。本人と合う社会資源がない。サービス提供に至る支援の不足。
10	人々・集団間の文化的葛藤	マイノリティとしての葛藤。
11	その他（心理的問題・行動上の問題）	上記に入らない心理的・行動上の問題。

出典：平塚良子（2002:30）「社会福祉援助活動の対象」米本秀仁・平塚良子他編『社会福祉援助技術論＜上＞』建帛社．の「生活問題の類型」を基にして、筆者が先行研究等により指摘されている生活上の課題を対応させて表を作成した。

3）若年齢期ひきこもりとの相違

　ここでは、中高年齢期のひきこもりにある人々は、若年齢期ひきこもりと比較してどのような違いがあるのかについて考察したい。

　まず推計値においては、若年層のひきこもりにある人々の推計値は約70万人といわれる（内閣府 2016）。他方、はじめて中高年齢期のひきこもりにある人々が61.3万人になることが明らかになっている（内閣府 2019）。

　では、心理社会的な側面の相違はどうであろうか。東京都（2008:81-85）は、多様な実態調査を総合した実証分析をとおして、ひきこもりの状態にある若年齢期の特徴を次のように挙げている。①内的矛盾を有する心理状態、②自己存在に対するこだわり、③自分を押し出す自信のなさ、④他者との争い・対立を避けたい心理、⑤葛藤処理の能力の弱さ、⑥人間関係の脆弱さ、という要因である。いずれの点も現代のひきこもりに潜む心のひずみ、心理的側面の複雑さを表している。また、村澤（2013:93-96）は、若年齢期のひきこもり状態の人へのインタビュー調査から、ひきもりの顕在的要因として、①いじめの影響、②不登校経験の影響、③就労や就職活動の失敗、④一人親家庭のもつリスク、について指摘している。

　これらの調査研究は主に心理的側面に着目したものであるが、それだけ若年齢期においては心理状態の不安定さが今を生き延びる課題となっており、ひきこもり状態に陥る背景として、対人関係に伴う葛藤や挫折、傷つき体験の影響が強いことが示されている。ライフサイクルやイベントの視点からみても、社会的要因よりも心理的要因が前景に出現してくる時期といえるであろう。若年齢期のひきこもりの病理的治療や就労支援において、心理的ケアが第一義的に着目されてきた理由だとも考えられる。

　他方、中高年齢期のひきこもりにおいては、確かに若年齢期と同様な心理的傾向は存在するであろうが、より生活上の問題が状況的に押し出されてくるであろう。当然に、中高年齢期世代は社会的役割として、経済的な自立、職業的な役割、生理的変化、家族との成熟した関係等の年齢に相応する自立が求められる。つまり、社会関係としては、対人関係に加えて多様な生活上の問題が出現し、より複合的な課題が生じてくるといえるであろう。先行研究により検討されてきたように、「人付き合いの不器用さ」、「居場所のなさ」、「家族や社会との壁」等の社会的圧力や排除等がある状況に陥ることが予測される。

　以上のように、ひきこもりの長期・高齢化の生活上の問題の特性として、従来の心理的、対人関係的問題に加えて、社会関係的な課題、すなわち生活上の問題

の複合化等の社会的要因が作用するといえよう。

3．先行研究によるひきこもりの要因

　厚生労働省によるひきこもりの支援・評価のガイドラインにおいて、ひきこもりは「対人関係を含む社会との関係に生じる現象をあらわしている言葉」（齊藤ら 2010:10）といわれているが、これまでの研究においてひきこもりの要因はどのように捉えられてきたのであろうか。

　本節では、本研究の定義でも示したひきこもりシステム（斎藤 1998:100-2）による「個人」・「家族」・「社会」のひきこもりの構成単位に即して、ひきこもりの各要因が先行研究をとおしてどこまで明らかになっているのかを検討する。

1）ひきこもりの個人的要因

　WHO（世界保健機関）による調査の一環として実施されたわが国の 20 歳以上を対象とした半構造化面接によるひきこもりの疫学研究では、ひきこもりの生涯有病率は 1.2％であり、そのなかで 54.5％が精神疾患を経験している（Koyama, A. et al. 2010）とされ、ひきこもりである人の一定数の存在と精神疾患との関連が示されている。

　ひきこもりの個人的要因については多くの研究がある。わが国のひきこもりについての実証的研究を中心にした系統的レビュー（林・竹島・羽藤ら 2017:472-5）では、これまで当事者や家族についての精神医学的記述が多く蓄積されてきたといわれる。例えば、ひきこもりの個人的要因として、「ひきこもり当事者にみられる問題行動（暴力・反社会的行動、生活習慣の問題）や精神症状（抑うつ症状、摂食障害症状、社交不安、意欲低下、強迫行為、対人恐怖等）が生じている。また、心理学的特徴として、自己の弱さやこだわりによる自己認識の特徴、さらに対人関係の回避や対人的技能や経験の不足による対人関係の特徴がある。そして、ひきこもり当事者と面談して診断される精神障害として、ICD-10（国際疾病分類）で示される F4 神経病性・ストレス関連・身体表現性障害、F3 気分障害、F2 精神病性障害、F1 物質使用障害、F6 パーソナリティおよび行動の障害がみられる」とされている。

　さらに、ひきこもりの背景となる精神疾患については、青年期のひきこもりに発達障害がある場合、感覚過敏や初めて体験する場面を避ける傾向があること

（近藤・小林・宮沢ら 2009）、さらに近年は「気分障害や不安障害等の精神疾患のみでなく、DSM-5（精神障害の診断と統計マニュアル）で示される自閉スペクトラム症を含む神経発達症群が背景にあり、ひきこもり状態の発現リスクが上昇するケースが相当数で存在する」（齊藤 2020）との傾向が述べられている。

このように、ひきこもり状態に関わる精神疾患や状態は多種多様である。ただし、斎藤（2015：1566-7）は、ひきこもりは「非特異的な精神症状の１つであることの他に、二次的に様々な精神症状が生じうること、またひきこもり状態が潜在する基礎疾患のカムフラージュとなっている可能性がある」と同時に、過度な医療化に陥らないためには「医療機関を受診した事例でどの程度ひきこもり全体を代表しているのか」を検証する必要があるとも指摘している。

ひきこもりの心理的側面については、蔵本（2008）は、ひきこもり経験者に対して心理尺度による質問紙調査を行い、その特性として「対人交流開始の困難、こだわりの強さ、対人交流維持の困難、感情的冷淡さ・無関心」があるとしている。また、村澤（2018）は、心理社会的な包括的な要因として、ひきこもりに陥る要因と継続する要因を区別する必要性を述べ、そこからひきこもりに陥る要因として自閉症スペクトラム症や不登校体験、いじめ被害を挙げ、同時に継続する要因として自己愛性パーソナリティや強迫性パーソナリティ等による対処行動があり、それらが相互に関連しあうと述べている。

小橋（2020）は、国内と海外におけるひきこもりの個人的要因についてレビューし、国内においては「ひきこもり本人を対象とした研究はあまり多くないが、ひきこもりには自己愛、社会場面や対人関係における恐怖や不安が関連している」ことを示し、他方で海外の研究からは「生物学的および気質的にリスクがあったとしても、ストレスなどの要因によってその大きさは変化する」ことをまとめている。

ひきこもり当事者の心理的特徴の系統的レビュー（古志・青木 2017：15-6）からは、ひきこもり親和性が高い者は、「自己肯定感が低く、人生に対する希望や目標意識が薄く、さらに他者からの視線に過敏であること」、またひきこもりにある人への調査からは「対人関係面で実際にいじめや無視などトラウマとなる経験している場合もあり、対人交流をしていくことに困難を抱えている」ことが挙げられている。しかしながら、このような多様な状態像や背景があるひきこもり事象が一様に個人的要因として扱われる汎用性の限界もみられるとする。

実際に、国際的にもはじめて実施されたシステマティックレビューおよびメタアナリシスによる実証研究において、現段階ではひきこもりと精神疾患との関連

についての系統的レビューは欠けており、文化的影響に起因するかどうかは不明であること、また概念についての研究間の不一致が大きく基準や尺度の統一が課題になる（Pozza, A. et al. 2018）ことが示されている。

以上のように、ひきこもりの個人的要因については、これまで多くの研究によって精神疾患や問題行動、背景にある発達障害の存在等の精神障害との関連、また対人不安や対人関係等に関わる心理的問題との関連があることが指摘される。ただし、個人的要因に関する様々な分野からのレビューからは、現段階ではひきこもりは精神疾患や精神保健と深く関連する問題ではあるが、他の要因との関連やそれらを包括する概念定義が課題となっていると考えられる。

2）ひきこもりの家族的要因

ひきこもりを抱える家族が置かれている現状として、「両親の高齢化」、「消えることのない将来への不安」、「著しい自尊感情の低下」、「適切な状況判断ができない」ことが挙げられている（牟田ら 2017:17-22）。また、古賀（2018:78）は、「ひきこもりが問題化すると、親や家族に何らかの原因をみつけ、援助の担い手として組み込む力学が働いてしまう。子育て過程における過失的要素と育てなおしの援助的要素が家族に二重に襲いかかる」という問題の特殊性があると述べている。当然ながら、ひきこもりを抱える家族の負担は大きい。

一般に、家族は最も身近な存在であり、実践的にはひきこもりの援助や支援にとっても欠かせないキーパーソンになることが多いといえるだろう。ひきこもりの家族ニーズとしては、「家族への相談支援の充実、相談できる相手がほしい、当事者の働ける場所を求める」ことが報告されている（川乗 2017:955）。昨今は、家族支援の手法として、ひきこもり本人を取り巻く生活環境に介入することで、生きづらさを低減し生活の質を高めるコミュニティ強化と家族訓練（CRAFT:Community Reinforcement and Family Training）も期待されている（平生 2020:711）。

では、ひきこもりの家族要因として、先行研究ではどこまで明らかになっているのであろうか。

林・竹島・羽藤ら（2017:475）は、ひきこもりの家族状況や関係のレビューから、「ひきこもりでは家族的要因が関わると考えられており、家族機能が低下していること、また生育史的に家族関係の及ぼす影響もひきこもりに関与すること」を示している。また、日吉（2020）は、ひきこもりの家族要因について5つの領域から広範なレビューを行っている。医学分野（看護学・保健学含む）・心理学

分野・教育学分野・社会学（社会福祉学含む）分野・その他の分野（学際的な分野）の検討から、次のようにまとめている。

　医学分野（看護学・保健学含む）では、治療的視点から、ひきこもりと家族関係の悪化によってその発見が遅れている。また、ひきこもりの問題解決のためには家族支援の必要があり、家族への社会的支援が望まれる。さらに、外来の社会参加プログラムが効果がある。

　心理学分野では、親自身が対応を変えることが必要で、家族支援が重要である。また、早期の障害の発見と対応が重要である。

　教育学分野では、家族の不安・焦燥感等が高い。当事者は他者からの関与を積極的に求めておらず、家族への心理的教育が有効である。

　社会学（社会福祉学含む）では、肯定的に家族を受容して支援する必要性があり、家族会は当事者の親の不安軽減に効果がある。また、家族の居場所も支援に効果がある。公的機関への失望感がある反面、期待も大きい。

　その他の分野（学際的な分野）では、家庭内での対処の限界まで外部機関に支援を求めない傾向がある。心理教育は親子関係の改善と家族の不安軽減に効果があり、当事者への間接的支援にもなる。

　これらのレビュー概要からは、家族支援が求められるのは明らかであるが、その切り口や評価については分野によって異なるように考えられる。日吉（2020）は、ひきこもりの家族要因を横断的に概観した結果、「ひきこもりという現象はある特定の分野からのみでは捉えることは容易でないこと、また課題として量的な研究と当事者の視点からみた家族要因についての研究が不足していること、親の対応が変わっただけではひきこもり状態が改善されるとは言い切れないこと」と述べている。

　また、久保（2019）は、これまで報告されたひきこもりの家族を対象とした12件の介入研究についてレビューを行い、「①多様な理論的背景と方法論に基づき家族介入が実施されている、②多くが親子関係の変化を取り扱っている、③ロールプレイによるグループワークやホームワークを取り入れている」ことを報告している。しかし、家族支援を検証する課題として「①対照群を設定する等の量的研究が少なく、②家族介入の効果を適切に評価するアセスメント指標が十分でない、③家族からの情報のみでは必ずしもひきこもり支援が適切かどうか不明な面がある」ことを挙げている。同レビューでは、先の日吉（2020）が述べたよう

に様々な分野から家族の関係性についての介入が試みられているが、そもそもひきこもりである本人についてのアセスメントが難しく、またこれまでの研究においては介入効果の検証方法にも課題があることが指摘されている。

ひきこもりの家族機能については、親の過保護や育て方がひきこもりに影響するとされることもあるが、ひきこもりの経験がある人とそうでない人の対照群を比較した日本で行われた調査では、子育てスタイルとひきこもりは必ずしも関連しないとの研究もある（Umeda et al. 2012）。また、野中（2020）は、家族システム理論の観点からはひきこもりでない家族に比べて家族関係が機能していないという研究がある一方で、認知行動療法的な観点からは逆に家族関係が機能的であるという研究もあり、家族機能の影響は一貫していないことを示している。そのうえで、「理論的背景の違いばかりではなく、家族が支援を受けるなかで関係が変化していることやそもそもの個人差が大きいことが反映している可能性がある」とも述べている。

以上のように、ひきこもりの家族要因については、先行研究による各学問分野のレビューからもひきこもり本人と家族の関係性の悪化による家族機能の低下は共通していると考えられ、そのための家族支援も欠かせないといえるであろう。しかし、家族機能が低下したことによって、ひきこもりになってしまうという単純な因果関係であるとはいえないようである。また、現状において、家族支援の効果について妥当性ある量的検証が課題になっているということが考えられる。

3）ひきこもりの社会的要因

ひきこもりは、1990 年代中頃から不登校の文脈で関心を集めるようになり、その後の犯罪報道によって取り上げられることで社会的な認知が広がった。そして、2004 年から教育にも就労にも所属しないニート（Not in Education Employment or Training）の概念が登場し新たな社会状況が生まれてきた（石川 2006）。また、孤立無業者と呼ばれる SNEP（Solitary Non Employed Persons）という言葉もある（玄田 2013）。現在は社会問題のひきこもりとして、これまで民間主導が主だった支援が 2000 年末から 2010 年代にかけて行政が乗り出すようになってきたとされる（石川 2015）。

ひきこもりの社会的要因として、中河内ら（2013）は、医療機関によるひきこもり外来 218 名の統計分析により、2008（平成 20）年のリーマンショックの前後を比較し、「ひきこもり期間の短縮、ひきこもり開始年齢の変化、親の初回相談時の当事者年齢の低下、社会参加率の改善等」の継時的変化がみられ、社会的

要因よってひきこもり実態が変化していることを報告している。時代の変遷による社会的背景によって、ひきこもり認識についての様相は異なっている。

　村澤（2013）は、若年層のひきこもりにある人への面接調査をとおして、「いじめられ体験」や「不登校経験」、「就労や就職活動での失敗」、「一人親家庭」といった体験に加えて、社会的に透明な排除プロセスとして十分なケアが受けられず自らの選択の結果排除されていくこと、見えない力によって孤立してしまうことを質的に分析している。斎藤（2014）も、ひきこもり事例の一部はそのまま長期化し高年齢化していく現状を踏まえ、問題を個人に還元するのではなくマクロ的な社会的排除という視点も重要であると述べている。また、野中（2014）は、質問紙による尺度を用いて、ひきこもり状態であった人、過去ひきこもりであった人と統制群（ひきこもり状態でなかった人）の生活の質（Quality of Life）を比較している。その結果、ひきこもり状態は、心理的領域や環境領域、社会的関係等の生活の質の低下に影響を及ぼすことが示唆されている。さらに、ひきこもり本人が高年齢になる程に身体的側面の生活の質が低下することが認められている。ただし、ひきこもり状態にある人の調査対象の母数の少なさやサンプリングが研究方法論上の課題になると考えられる。

　海外のひきこもり研究のレビューからは、ひきこもりは、そもそも日本固有の現象だと思われていたが、各国への精神科医への調査においても様々な文化にまたがって発生していることが確認されている（Kato, A. et al. 2012）。そして、ひきこもりは既存の研究では精神疾患との強い親和性があるが、標準化された定義が不足し診断が確定しているわけではなく、文化的条件に規定される（Tan, M. J. et al. 2021）との報告もある。また、ひきこもりは疾患的側面だけではなく、失業率や世帯収入等の政治経済的な社会要因に影響される（Nonaka, S. et al. 2021）との研究もある。

　社会福祉の観点からのひきこもり研究としては、長谷川（2007）が「社会的ひきこもりがどのような生活問題を生み出すのか。その生活問題がさらに社会的ひきこもり問題をより深化・悪化・複雑化させるのか、その社会的・構造的な悪循環のメカニズムの存在の解明が課題としてある」と述べている。また、山本（2021）は、ひきこもり当事者を個人的要因のみでみるのではなく、今日の社会がもたらす競争主義的な排除、社会的孤立、非正規雇用や貧困等により脅かされている社会的要因があることを指摘している。さらに、平野（2021）は、「マクロ的に見れば、ひきこもり当事者は将来的な福祉対象者といえる。しかし、支援における福祉ニードがわからないことや当事者や家族が支援を拒絶すること、そもそも家庭という生活

基盤や家族という支援があることが社会福祉とのミスマッチになっている」と示している。

　先行研究からも、ひきこもりは、社会的要因によって家族も含めた世帯やその状況に影響を及ぼすと考えてよいであろう。ひきこもりの要因は、個人的・教育的・家族的・社会的の要因ひとつに帰することは難しく（中河内：2008）、また関連する分野が絞りきれないことが問題をより困難なものにしてしまう（中河内ら 2013:237）とされる。また、実証的なひきこもり研究のレビューからは、ひきこもり研究の課題として「社会の視点でひきこもりの人々の理解を深める問題意識は多くの人が共有しているが、社会的要因の作用についての知見はごく限られているのが現状である」（林・竹島・羽藤ら 2017:478）という課題が残されている。

　以上のように、ひきこもりの社会的要因はその時々の社会的背景や文化等に影響を受けているといえるであろう。しかしながら、ひきこもりの多義性や概念の変遷が流動的であったこともあり、その社会的要因についての影響の研究は限られてきた。社会福祉の観点からは、その社会構造的な把握が欠かせないと述べられているが、その取り組みは端緒の段階だといえる。社会福祉の対象である貧困や障害、子ども等に発生する生活困難と同じように社会的要因が作用する一定のメカニズムも考えられる。

　ここまでひきこもりの個人的・家族的・社会的要因について先行研究レビューを行ってきたことを要約すると、次のようにまとめられる（表1－7）。

　①これまでのひきこもり要因の研究としては個人的要因が中心であり、ひきこもりの原因となる精神疾患や問題行動、背景にある発達障害の存在等の精神障害との関連が指摘されている。しかしながら、現段階においても、その基準や尺度については議論がなされている。

　②個人的要因と同じように家族機能を中心に家族的要因についても、多くの分野から研究がなされてきた。しかしながら、家族機能のみによってひきこもりが起因するとは必ずしもいえない。また、ひきこもりにおいて家族支援は欠かせないが、その効果検証については課題が残っている。

　③社会的要因については社会的な世相とリンクしており、その時々によってひきこもり概念や状態像に影響を与えている。ただし、社会的要因がいかにひきこもりに影響を与えているのかという実証的分析はあまり実施されてこなかった。今後のひきこもりの研究においては、社会構造的な要因分析についても求められる。

表1-7　ひきこもりの先行研究による知見と課題

類型	先行研究による知見	限界と課題
個人的要因	多くの研究によって精神疾患や問題構造，背景にある発達障害等との関連，また対人不安や対人関係等に関わる心理的問題との関連が指摘されている。国際研究からみても，不一致がある。	ひきこもりは精神疾患や精神保健と深く関連はするが，その基準や尺度については議論されている。また，他の要因との関連やそれらを包括する概念定義が課題となっている。
家庭的要因	様々な実践学領域からも，本人と家族の関係性の悪化による家族機能の低下は共通している。そのため，家族の支援も欠かせない。	家族機能が低下したことによって，ひきこもりになるという因果関係とはいえないようである。また，家族支援の効果についても妥当性がある量的検証が課題となっている。
社会的要因	ひきこもりは日本固有の現象ととられてきたが，国際的にも発生している。社会的要因は，その時々の社会情勢や文化に影響を受けているといえる。社会的要因の影響については認められている。	ひきこもりの多義性や概念の変化があることもあり，社会的要因について研究は限られてきた。とくに社会構造的な要因分析が重要とされる。

4．ひきこもりの認識枠組みの検討

　これまでみてきたように、ひきこもりは現象概念であり、その捉え方は多様である。わが国においてひきこもりというタームが登場して約30年が経過したなか、本節ではわが国の先行研究において、中心的モデルであると考えられる4つのひきこもり認識枠組みの論考について取り上げる。

1）ひきこもりのシステム的認識

　精神科医である斎藤（1998:97-108）によって、ひきこもりをシステム的に捉えるために提出された認識枠組みモデルである。もともと無気力さ等の個人病理として認識されていたひきこもりについて、実は様々な要因が錯綜しており、「個人」、「家族」、「社会」の3つのシステム的不備によってひきこもりが固定化されるメカニズムがあることを臨床的モデルとした。同氏は「社会的ひきこもり」という言葉を世に広め、わが国のひきこもり論においての中心的役割を果たしているといえよう。

　図1-2のひきこもりシステムの模倣図は、本来の健常なシステムであれば「個人」、「家族」、「社会」というそれぞれのシステムが接点をもって働いているのに

比して、ひきこもりはこの３つのシステムの接点が全く乖離し機能していないことを表している。ここでいう接点とは相互性があるコミュニケーションであり、いわゆるひきこもり本人に対する家族の叱咤激励や社会からひきこもりを隠す抱え込み等の一方的なコミュニケーションではない。それぞれのシステムが、ひきこもり問題に関して接点が失われていることを意味している。

　同ひきこもりのシステム理解は、現在において理論的にも実践的にもひきこりの認識枠組みとして最も妥当な枠組みとして広く受け入れられているであろう。本研究も同モデルを用いて「本人」、「家族」、「社会」というシステム的理解とその相互作用を範疇とする認識の仕方がひきこもりを説明するうえで最も適していると考える。

　しかしながら、同認識枠組みが考案された当時のひきこもり問題は若年齢期が中心であり、同氏も述べているとおり治療経験を中心に導き出された仮説となっている。現在の中高年齢期のひきこもりのある人を含めて検討したとき、当時の対人関係論を中心とした枠組みのみでは説明できないこともある。福祉ニーズの解明としては、同モデルの検証を図っていくこと、また対人関係のみではなく社会的要因である生活上の問題や地域環境を含んだ分析が必要だと考えられる。この認識枠組みをいかに継承し、発展させていくかがまずは理論的課題になると考えられる。

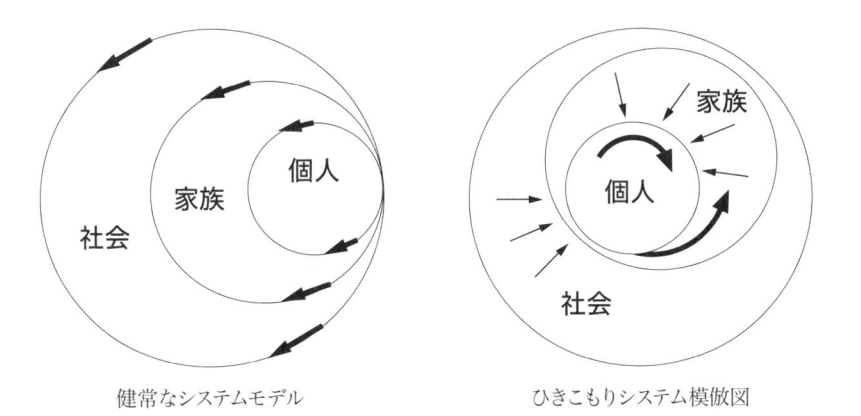

健常なシステムモデル　　　　　　ひきこもりシステム模倣図

図1　2　ひきこもりシステム模式図

出典：斎藤環（1998）『社会的ひきこもり　終わらない思春期』PHP 新書，101.

2）診断と支援方針による分類認識

厚生労働省の研究班によって作成された多次元的評価のためのガイドラインであり、ひきこもりを三分類し精神医学的診断を対応させた認識枠組み研究である（齊藤ら 2010:23-24）。本ガイドラインは、精神保健・医療・福祉・教員等の専門機関の支援を必要としているひきこもり事例を援助することを目的に作成されたものとなっている。現在も、実践現場で広く推奨され、臨床や支援の基本となっている。

ひきこもり評価の基本的視点を第1軸から第6軸までの多軸評価に置くことによって、複合した要因が折り重なるひきこもりの全体像を描きアセスメントを行えるガイドラインである。表1-8のように、ひきこもりの背景にある精神障害の評価を行うことで、その後の適切な支援を選択することができる臨床的モデルといえる。しかし、同ガイドラインは先に指摘したように、医療を中心とした専門家のエキスパート・コンセンサスとして作成されたものであり、とくに第5軸である環境の評価についての詳細は述べられていない。

社会福祉学やソーシャルワークの立場からは、この精神医学的診断によるひきこもりである人々の精神保健的な特性を加味しつつ、社会環境的にはいかなるアプローチをとるべきか、実践の積み重ねとその検証が課題となる。既に精神保健福祉の先行研究で明らかにされているとおり、人と環境の交互作用を捉える生活モデルにおいては精神科的診断の枠組みと対立するものではなく、それを踏まえた上で環境調整を図っていく枠組み認識が必要となる。その具体的な実践分析はまだ十分には明らかになっておらず、今後の検証が待たれる。

表1-8　ひきこもりの三分類と支援のストラテジー

第一群	統合失調症、気分障害、不安障害などを主診断とするひきこもりにおいて、薬物療法などの生物学的治療が不可欠ないしはその有効性が期待されるもので、精神療法的アプローチや福祉的な生活・就労支援などの心理・社会的支援も同時に実施される。
第二群	広汎性発達障害や知的障害などの発達障害を主診断とするひきこもりにおいて、発達特性に応じた精神療法的アプローチや生活・就労支援が中心となるもので、薬物療法は発達障害自体を対象とする場合と、二次障害を対象として行われる場合がある。
第三群	パーソナリティ障害（ないしその傾向）や身体表現性障害、同一性の問題などを主診断とするひきこもりにおいて、精神療法的アプローチや生活・就労支援が中心となるもので、薬物療法は付加的に行われる場合がある。

出典：齊藤万比古・宇佐美政英・早川　洋・ほか（2010）『ひきこもりの評価・支援に関するガイドライン』2007-2009年厚生労働科学研究事業「思春期のひきこもりをもたらす精神科疾患の実態把握と精神医学的治療・援助システムの構築に関する研究（主任研究者 齊藤万比古）」報告書、24.

3）ひきこもりの社会学的認識

　関水（2016:235-241）によって、ひきこもりの社会学的な類型について整理された論考である。先にも述べたり、ひきこもりの問題理解の枠組みよりわが国のひきこもり史をレビューし、現在のひきこもりの捉え方として、メンタルヘルスの正常性を基準とする「精神保健の問題」、社会的自立を基準とする「就労問題」、人並みの暮らしを基準とする「貧困問題」という３つ文脈に分類できることを示した（図１−３参照）。

　社会学的なひきこもりの認識として、第１に、ひきこもりという言葉が誕生した1980年代後半から連なる精神医療、メンタルヘルスを範疇とする「精神保健の問題」の対象領域である。第２は、2000年代後半からの労働市場の変化による非正規雇用と失業の増大を背景とし、ひきこもりや若者の社会的自立という問題を正社員への就労支援に置き換えることに方向性をもつ「就労問題」の対象領域である。そして第３に、2010年代以降に新たに登場した「貧困」という対象領域である。わが国の社会保障モデルが行き詰まりをみせるなかで、社会的自立を想定してひきこもりを捉えることが困難になってきた社会情勢を指摘する。

　図１−３のように、ひきこもりの問題認識について、ひきこもりの認識枠組みを精神保健の問題のみに単一化するのではなく、各時代の社会的価値や状況を含めたうえで、就労の問題や貧困の問題としてひきこもりの構造的認識を検討している。社会的通史と背景の分析を行うことは、これまでのひきこもり論の限界を乗り越えるうえでの理論的課題となる。

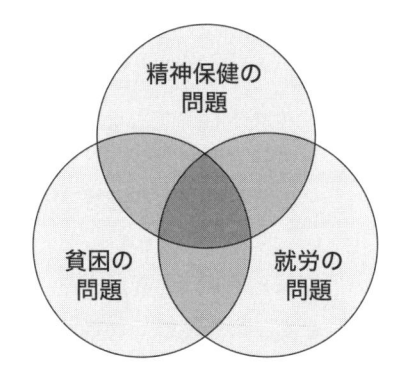

図１−３　ひきこもりの問題認識の類型

出典：関水徹平（2016）『「ひきこもり」経験の社会学』左右社，235-241. の内容から筆者が図式化した。

ただし、社会福祉学やソーシャルワークの立場からは、本モデルは実践分析から抽出されたものではなく、実際に就労や貧困の問題の個別具体的な内容や関係について分析することが必要である。現実としてひきこもりは、明らかに精神保健の問題と就労の問題、貧困の問題が重なりあっているからである。これらの重なり具合、相互の影響について分析を重ねていくことがひきこもりの問題解決にあたっても重要なテーマであると考える。

4）ひきこもりの心理的プロセスの包括的認識

　村澤（2018:29-30）によって述べられたひきこもりの心理学的な包括理解の枠組みの論考である。ひきこもりに関し指摘されてきた精神保健的な問題を対象に、パーソナリティ障害の視点、システム論の視点、発達障害の視点によるひきこもり認識の変遷があることを整理し、さらにひきこもりに陥る要因とそれを継続する要因に分類し、ひきこもり当事者への調査研究よりそれらを心理学的見地として導き出している。

　図1-4のように、ひきこもりに陥る具体的要因として、「いじめられ体験」、「不登校体験」、「就労での失敗」を挙げ、その背景に発達障害である自閉症スペクトラム症の存在を指摘している。また、自尊心や安全感が希薄な当事者が、結果としてひきこもりの長期化に至ってしまう対処行動として、強迫性パーソナリティによるコントロール行動、ジゾイドパーソナリティによる回避行動、自己愛性パーソナリティによる空想的な万能感の活性化の心理的背景の存在について挙げている。

　これら精神保健的な先行研究を総合し、ひきこもりに陥る心理的過程とその対処行動について臨床的知見を得ることは実践的支援の展開にも有用である。しかし、その限界点として若年齢期の心理的内面性に傾斜しており、社会環境的視点からの考察も検討されるべきであろう。

　社会福祉学とソーシャルワークの立場からは、古くて新しい課題である個人的な心理状態にも注視しつつ、その背景にある社会的要因を明らかにし、人と環境の交互作用を分析し可視化を図っていくことが課題となる。これらの論点は、先の「ひきこもりのシステム的認識」、「診断と支援方針による分類認識」、「ひきこもりの社会学的認識」、「ひきこもりの心理的プロセスの包括的理解」と共通するテーマである。

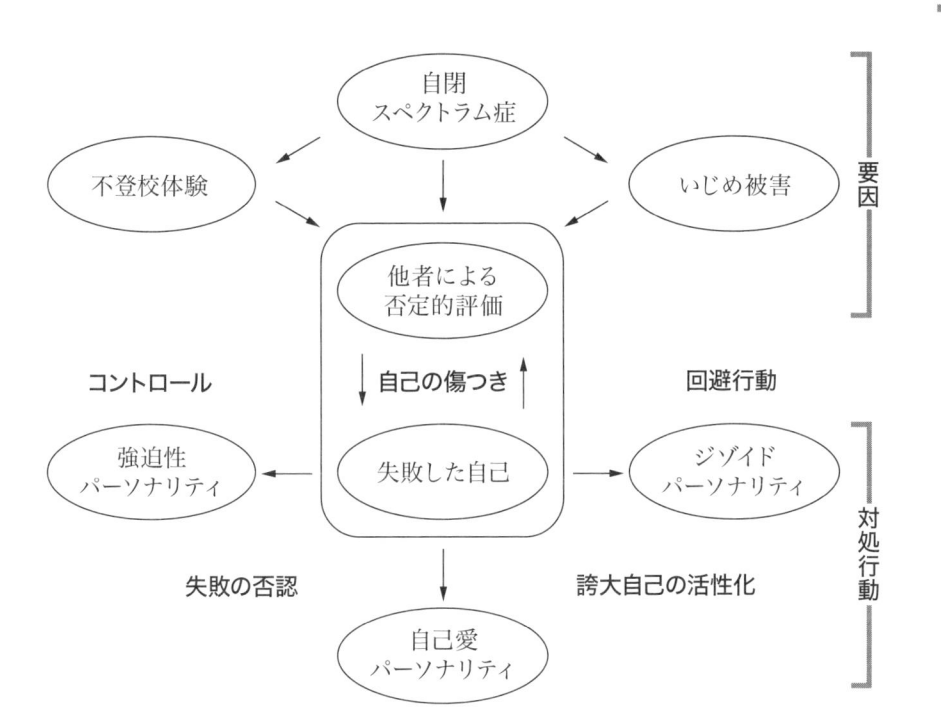

図1-4　ひきこもりと関連する精神保健的概念の相互関係

出典：村澤和多里（2018）「ひきこもりの心理的プロセスについての包括的理解枠組」
『札幌学院大学心理学紀要』第1巻1号，30.

5）従来の認識枠組みの批判的検討

　なぜ、このようにひきこもりという事象は多様に捉えられるのであろうか。それは、ひきこもりは明らかにその時代背景や社会的状況の問題に呼応して、現象概念として布置されてきたからだと考えられる。だからこそ、先行研究でみられた4つの枠組みのような多岐に渡る認識のされ方があり、実際にひきこもり概念も様々な領域に拡がりをみせてきたのであろう。これらの見解に共通するのは、ひきこもりは単一原因論で捉えることはできなく、同時に社会的背景や環境要因を認識する必要があるということである。

　ここまでひきこもりの先行研究である4つの認識枠組みについて検討してきたが、社会福祉学とソーシャルワークの立場からは、次のとおりに検討すべき点が整理できると考える。

　第1に、ひきこもりの背景にはやはり精神保健的な問題と対人関係的課題は全

ての枠組みに共通していると考えられる。ひきこもり事象において、精神保健の側面による理解は欠かせないものであろう。

　しかし他方で、第2に、ひきこもり事象を取り巻く環境の側面、関水（2016:235-241）の言葉を借りれば「就労の問題」や「貧困の問題」等の社会的状況がひきこもりにどのように関連しているのか分析されていない部分が多い。ひきこもりに作用する状況形成（生活上の問題）をより精緻に検討していく必要がある。

　第3に、ひきこもりにおいてメゾ・マクロ領域の社会構造的理解の分析は不十分であるということである。先行研究では精神科医や臨床心理の専門家による精神医学的、心理面的な研究が主となっている。また、社会政策的にはニートに向けた就労支援や生活困窮等の背景要因は指摘されているが、その間に作用する地域の構造的な影響についての実証的な研究は見当たらない。

　このように先行研究の検討からは、ひきこもりを認識し捉える枠組みとして、社会福祉学やソーシャルワークの概念でいう社会状況や環境を含めた認識枠組みを検討していく必要があるといえる。そのことが、ひきこもりを取り巻く貧困や自立のあり方といった社会的環境に焦点を当て、ひきこもりにある人々の福祉ニーズや支援のあり方につながってくると考えられる。以上のような論点は、社会福祉学やソーシャルワークの研究課題だということができるであろう。

第2章　分析視点としての生活困難

1．ひきこもりの福祉ニーズを分析する視点

1）福祉ニーズの概念

ニーズという用語は、一般に「必要や要援護状態」と訳されている。単数形でニード（need）と表されることもあるが、本研究では一般化や普遍化を目指すことから複数系であるニーズ（needs）を用いている。

福祉ニーズについて、社会福祉の実践領域においては、個人が生活していくうえで、社会生活の基本的欲求（岡村　1983:78-82）の充足が基盤となるとされている。後に述べるように、この個人の基本的欲求と社会制度との間の社会関係が充足されないときに、一定の福祉ニーズが形成される。一方で、社会福祉の政策的には、「社会的ニードとは、ある種の状態が、一定の目標なり、基準からみて乖離の状態にあり、そしてその状態の回復・改善等を行う必要があると社会的に認められたもの」（三浦　1987:59）とされる。個人がもつ欲求のみではなく、そこに生まれる未充足、要援護性という状態が社会的な対応が求められる場合に福祉ニーズとなる。

前者の実践領域においては、多様なニーズ実態を帰納的に共通するニーズとして整理されており、後者の政策領域においては、個々のニーズに共通する社会的な要援護性として整理される（三浦　1987:59）。さらに、実践領域と政策領域で捉えられる福祉ニーズを論じるにあたっては、古川（2007）は、「①社会を構造的に把握し、その接点を重視する、②生活問題という枠組みを前提に、福祉ニーズを論じる、③そのような福祉ニーズをサービスとの対応関係において把握する」という再構成の必要性を指摘している。このように、社会福祉の基本は福祉ニーズ把握となるが、そこには歴史的な蓄積と議論が展開されている。

同時に、福祉ニーズは、多様な性質に基づく分類がなされる（坂田　1996:113-25）。望ましい状態と比して問題状況の乖離の程度を把握する診断的ニーズ（Thayer, R.　1973）、解決策の必要を表わす処方的（サービス）ニーズの分類、充足手段として貨幣的ニーズと非貨幣的ニーズの区別がある。加えて、ニーズ水準

として、第1水準として利用者数、第2水準としてマンパワーの必要性、第3水準として有形無形の資源に分類されるニーズ水準、等が福祉ニーズを分類する諸概念として挙げられる。岩田（2003:15）も、社会福祉のニーズは、「前提にある生活困難やその社会問題化と、これを解決するものとして期待されている具体的な福祉制度や活動の両方が反映されると考えらえる」と述べている。

　また、福祉ニーズの類型については、Bradshaw, J.（1972）により、福祉ニーズが顕在化する形態に関して4つの次元に分類されている。本人が何らかの生活上の困難を感知・自覚した「感知されたニーズ（Felt Needs）」、本人より相談機関やサービス提供機関等に支援の求めが表明された「表明されたニーズ（Expressed Needs）」、また、第3者の支援者等が社会的価値や基準等に照らしてニーズがあると判断した「規範的ニーズ（Normative Needs）」、ある2人の人が同じ状態である場合に、1人がサービスを受けているのに比して、もう1人がサービスを受けていなく支援が必要である「比較ニーズ（Comparative Needs）」である。

　さらに、他のニーズ類型としては、表面に姿を現していてニーズを観察できる状態を顕在的ニーズ、逆に表面には現れてこないため、ニーズが観察できず何らかの方法により把握できる状態を潜在的ニーズ（平岡 2011:428-9）という。加えて、この潜在的ニーズに背景となる社会・制度的要因として次の4点が指摘されている。「①ニーズを充足しうる制度やサービスが存在しない。②ニーズを充足しうる制度やサービスがあってもその存在が知られていない、もしくは知られていても内容や期待される効果が理解されていない、③ニーズを充足しうる制度やサービスがあっても、実際には個別のニーズに合ってない。④制度やサービスの利用にスティグマがともなう」（平岡 2003:136-8）とされる。

　以上のように、これまで多様な福祉ニーズの概念や類型が蓄積されている。今後のニーズ論の課題として、岩崎（2005:83）は、「ニーズを充足する主体に応じて、対応しうるニーズの性質や合意のプロセスを考察し、サービス提供の正当性を明らかにしていく必要があろう」と述べているが、本研究ではひきこもりの地域生活支援の観点から、福祉ニーズに対応する支援供給について考察していくものである。具体的には、実践領域における潜在的ニーズを調査の対象とするものであり、福祉ニーズの類型としては「診断的ニーズ」、「処方的（サービス）ニーズ」を可視化するものである。すなわち、コミュニティソーシャルワークによる福祉ニーズである「地域自立生活に向けた何らかの福祉的援助の必要性」（鷹野 2015:108）を基本的なニーズ理解として用いている。また、ひきこもり支援

の実践事例を対象とした調査を行うことから、社会関係論による生活困難（岡村1983）を分析視点として設定している。そのため、本研究における福祉ニーズについては、実践領域と政策領域における福祉ニーズ論を再構成した「人びとの生活における一定の困難や不全、不調、欠損、総じていえば生活障害であり、具体的には生活機能不全、生活関係－社会関係の不全」（古川 2003:134-5）と規定している。

２）福祉ニーズの把握方法

　ひきこもりは現象概念と呼ばれ、図２－１のように様々な形態をとり、また多様な分野にまたがるものである。第１章でレビューしてきたとおり、個人・家族・地域（社会）という単位をクロスオーバーし、時系列的にも思春期や発達障害から中高年齢期の課題、家庭の高齢化、家族全体の孤立化への拡がりをみせている。そして、これらの生活上の問題を支援する分野も若者支援、学校教育、子ども家庭福祉、障害福祉サービス、就労支援、高齢者支援へと拡がりがある。そのため、原因論や単一の枠組みによる理解では追いきれない複雑さがあるといって

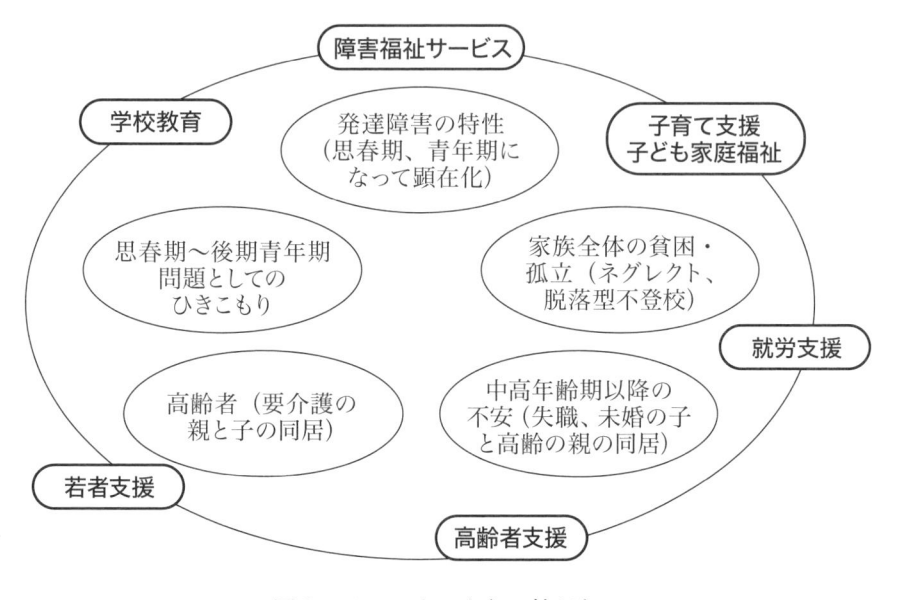

図２－１　ひきこもりの拡がり

出典：川北　稔・伊藤正俊・榊原　聡・ほか（2017）『長期高年齢化したひきこもり者とその家族への効果的な支援及び長期高年齢化に至るプロセス調査・研究事業報告書』報告書, 10. の図を基にして、筆者が若干修正を行った。

よいであろう。同図のような幅広い捉え方がされるひきこもりを措定するにあたっては、一定の理論的枠組みや分析視点の設定が必要になる。

近年、ひきこもり像が拡大するなか、平野（2021:27-28）は、ひきこもりは社会福祉の対象になるとしつつも、これまで社会福祉の対象としてミスマッチが生じていた理由について次のように述べている。わが国におけるひきこもりは歴史的に、「①ひきこもりを公的に対応すべき福祉問題ではなく、当事者の精神病理や家族病理、あるいは社会病理として捉えてきた。②ひきこもりが児童では教育問題、青少年では若者問題、中高年齢期では家族の扶養・介護問題として位置づけられ、社会福祉からすると関連分野であった。③現に生活に困窮している、介護サービスを提供しなければならないという福祉的緊急度（切迫度）が相対的に低いと認識されてきた」と述べている。そのうえで、社会福祉として、「①ひきこもり支援における福祉ニーズがわからない、②当事者や家族が支援を拒絶する、③家族という生活基盤、家族という支援者がいる」ことが支援上の問題点となっていると指摘する。

また、このような性質をもつひきこもりも含めて、近年の社会福祉の対象をめぐる状況を把握するため、古川（2008:93-4）は、「社会的バルネラビリティ」という概念を提起している。バルネラビリティは「傷つきやすさ」とも解されており、簡潔に社会的バルネラビリティとは、「現代社会のありように関わって、人間的存在としての個人や家族のウェルビーイング（福祉）が脅かされ、あるいはそのおそれのある状態」と説明される。例えば、秋元（2007:28-9）は、バルネラビリティの類型として、①貧困、②高齢者、③子ども、④障害、⑤社会的スキルの欠如、⑥マイノリティを挙げている。これらのバルネラビリティの類型は、図２－１と照らし合わせて理解することができる。

社会的バルネラビリティは、現代社会特有の生活問題に対応する形で提起された概念である。昨今、社会問題となっている虐待、ワーキングプア、ニート、社会的つながりの欠如、社会的排除、障害者の尊厳等といった福祉的事象を捉えるための新しい概念枠組みであるといえる。同様にひきこもりという概念にも、社会的影響のインパクトや個人や家族の福祉が脅かされるという実態において、社会的バルネラビリティに含まれるといってよいであろう。つまり、社会福祉の新たな実践対象に含まれる。さらに、従来の福祉サービスの申請主義では、このような社会的バルネラビリティにある人たちのニーズは把握しづらく、アウトリーチによるアクセスが重視される（大橋 2019:24-6）。

さらに、坂田（2012:127-8）は、社会福祉の対象者に関わる問題論とニーズ論

をめぐる議論のなかで、上記のバルネラビリティ類型のような社会問題が及ぼす影響が個々人によってどのように異なるのか、またそこに陥った人々の状況や脆弱性はいかなるもので、どうバルネラビリティが形成されるのか問われるとしている。社会福祉学に属し、その価値や規範を実践していくソーシャルワークにおいても、社会的バルネラビリティという現代社会を反映する概念を用いつつ、支援実践の対象として中高年齢化するひきこもりの生活上の問題やプロセスを解明していくことが重要だと考える。

　以上のような社会的バルネラビリティの性質をもつひきこもりニーズについて、近年の社会的孤立や排除に起因する新たな問題として、社会状況や福祉制度の状況の変化とリンクする社会関係に関する福祉ニーズへの対応が課題となってきている（鷹野 2015:110-1）。古川（2003）は、社会福祉の対象としての福祉ニーズ論は、その対象の社会経済的な形成の過程よりも、課題状況の実態的、具体的な把握を重要視していると述べている。具体的には、ひきこもりの課題状況を実態的に把握する福祉ニーズ論の系譜に、岡村による「個人や集団の社会生活上の困難」（1983:79）を社会福祉固有の対象領域として捉える視点があるとしている。すなわち、岡村（1958;1983）による社会関係論である。

　また、福祉ニーズの把握については、Bradshaw, J.（1972）による「感知されたニーズ（Felt Needs）」、「表明されたニーズ（Expressed Needs）」、「規範的ニーズ（Normative Needs）」、「比較ニーズ（Comparative Needs）」による4次元を組み合わせて総合的に判断することが求められる（坂田 1996:120-5）。しかしながら、ひきこもりの福祉ニーズは、上述の社会的バルネラビリティをもつ本人や家族のニーズの自覚や表明、そして支援希求が少ないことが挙げられる。すなわち、ひきこもりの渦中にある当事者や家族への接近や調査が困難な性質を伴っている。また、ひきこもり回復者やその家族に対しての調査は散見されるが、生活困難という視点からみた場合にサンプリングの妥当性や信頼性にバイアスが付加される可能性もある。そのため、包括的かつ全体的なニーズ把握としては、第3者による「規範的ニーズ（Normative Needs）」と「比較ニーズ（Comparative Needs）」の側面からも福祉ニーズを把握することが求められるといえよう。

　本研究では、ひきこもり福祉ニーズ把握にあたっては、まず第1に、「規範的ニーズ（Normative Needs）」や「比較ニーズ（Comparative Needs）」の把握が妥当であると考えた。それら福祉ニーズの把握・分析として、調査研究による実証的分析を実施することで、①問題状況の乖離についての程度を把握する福祉ニーズ分析を行う。そして、②仮説検証により、その問題状況の解決に向けた支援モ

デルを含むニーズ分析を試みる。

　さらに、ソーシャルワークの観点からも、地域におけるひきこもり支援の実践（生活困難の把握）のなかから、福祉ニーズの実態的・具体的把握を行う実践の科学化（岡本 2010:13-4）に意義があると考える。福祉ニーズの把握において、支援実践からの帰納法的理論（廣野 2003）と位置づけされる社会関係論を用いた実証的研究より、ひきこもりの福祉ニーズを抽出する。

2．生活困難の概念

1）社会関係の主体的側面と客体的側面

　前節でも述べたが、岡村（1983:78-82）による福祉ニーズの把握は、表2－1のように、人々の社会生活は社会制度との関連において維持されるものとする。それらを充足するものとして、①経済的安定、②職業的安定、③家庭的安定、④保健・医療の保障、⑤教育の保障、⑥社会参加ないし社会的協同の機会、⑦文化・欲求の機会、を社会生活の基本的欲求として整理している。

　このような社会生活の基本的欲求を充足するために、人々が社会制度との間を取り結ぶ関係を社会関係と呼称した。つまり、人々の生活は「主体者である個人だけでもなく、生活環境たる社会制度でもなく、両者が交渉しあい、関連しあう相互作用そのもの」（岡村 1983:83）であり、この両者の関係が社会関係であるとした。そして、この社会関係が十分に充足されないときに生活困難が生じると

表2－1　社会生活の基本的欲求

社会関係の基本的欲求		対応する制度の代表例
a 経済的安定	⟺	産業・経済・社会保険制度
b 職業的安定	⟺	職業安定制度・失業保険
c 医療の機会	⟺	医療・保健・公衆衛生制度
d 家族的安定	⟺	家庭、住宅制度
e 教育の機会	⟺	学校教育、社会教育
f 社会的協同	⟺	司法、道徳、地域社会
g 文化・娯楽の機会	⟺	文化・娯楽制度

出典：岡本栄一・岡本民夫・小田兼三・ほか『社会福祉原論』ミネルヴァ書房，75.
　　　の表を筆者が一部修正した。

理論化した。

　この岡村（1983）による社会関係論は、人間生活の本質的条件として、個人が上記の社会生活の基本的欲求を充足するために、社会制度との間に取り結ぶ関係を社会関係と定義し、その個人のもつ社会関係が「客体的・制度的」側面と「主体的・個人的」側面という二重の構造をもつことを明らかにした。つまり、社会関係の客的側面と主体的側面と規定されるものである。

　客体的側面は各制度から個人に向かって要求される役割期待であり、主体的側面はひとりの生活者としてこれら無数の社会関係を生活行為として切り結ぶことを意味している。しかしながら、社会福祉を必要としている人々は様々な事情や状況によって役割遂行を実行することができない場合が往々にして存在する。社会福祉に関わる援助や支援の機能は、この社会関係の不調和や欠損・欠落等に起因する生活困難を解決・緩和するものとした。

　図２−２は、社会関係の主体的側面と客体的側面について図示したものである。稲沢（2017:54-6）は、岡村理論の社会関係の主体的側面にこそ、社会福祉固有の視点が位置づけられるものであり、社会関係の困難を生活困難として把握するところに社会福祉固有の対象領域が開けるとしている。

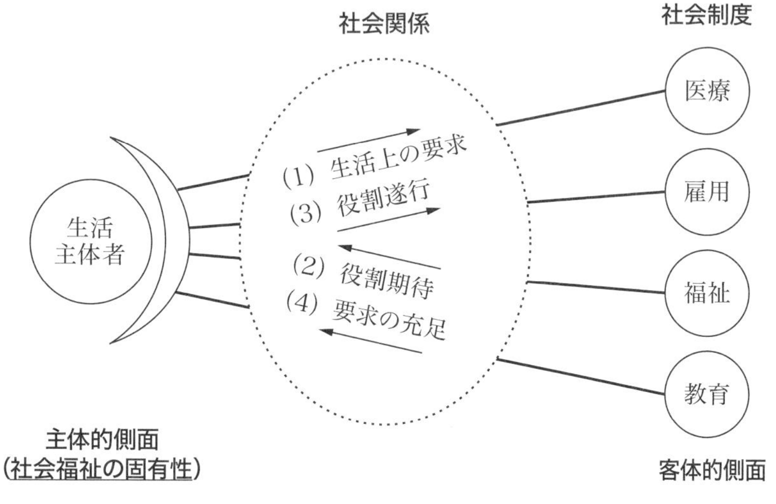

図２−２　社会関係の主体的側面と客体的側面

出典：稲沢公一（2017）『援助関係論入門　「人と人との」関係性』有斐閣アルマ，55.
　　　の図を基にして、筆者が若干の修正を加えた。

社会福祉の問題把握の視点として、上野谷（1990:68-78）は、「社会的存在として個人の基本的欲求を充足させるためには、専門分化された制度を、個人の側、すなわち生活者の立場に立って、統合して捉えなおす視点が必要である」とし、この社会関係の主体的側面が社会福祉の対象となると述べている。

松井（1992:23-4）は、この社会関係の主体的側面と客体的側面を捉える岡村理論において、どのように社会福祉の機能を分析すべきかについて述べている。ひとつは、社会諸制度の間の不整合について社会福祉はどのような機能を果たすかという機能である。もうひとつは、生活者の社会的な要求について社会福祉はどのような機能を果たすかという機能であり、社会と個人との間の調整と充足に力点を置く理論としている。

この社会関係の主体的側面をひきこもりの福祉ニーズと置き換えると、現状において、①ひきこもり支援にどのような不整合があるのか、また②ひきこもりに陥っている当事者や家族にどのような支援の要求が考えらえるのか、と解される。つまり、生活困難を分析の視点とすることによって、このような2つの論点を明らかにすることが本研究の視点となる。

2）社会関係の分析概念

ソーシャルワークをはじめとする支援実践においては、対象としての社会関係の複雑さ、また対象を捉える視点設定の困難から、社会関係論による生活困難の分析はなされてこなかった現状があると考える。生活困難を分析するためには、より具体的な概念設定が欠かせない。

それらの点を踏まえ、平塚ら（2005）は、従来の社会関係論のみでは説明しつくすことができない生活困難[1]をより具象化し、そこにある社会的現実と複雑な構造、ならびに機能を分析する概念として狭間概念を構築した。いわば社会関係論の新たな発展形といえる。狭間という概念を用いることよって、対象者の複雑な生活事象の解明と社会的排除に至る巧妙なメカニズムを可視化する枠組みを提起している。

狭間概念は、生活困難事象を認識するための概念として論証されたものである。そもそも狭間とは、制度の狭間として捉えられることが多いが、実際は制度の欠陥のみではなく、保健、医療、福祉にまたがる場（構造）と過程、そこに織りなされる多様な諸価値に着目した多様で複雑な社会関係の喪失様態を示したものである。

狭間の定義について、平塚ら（2005）は、「利用者自身がむしろ専門職をはじ

め家族や地域の人々、多様な社会制度と関係を切り結ぶ社会関係上の不適切な構造と機能、価値の問題が生活困難を経験し、生活破綻のリスクをさらに抱えさせられるようなメカニズム」としている。

また、狭間の意味として、「狭間に至らしめる社会関係の喪失様態は、クライエント、クライエントにとっての重要な他者（家族）、クライエント等に直接的・間接的に関与する関係機関及びその関係者（ソーシャルワーカー、他職種）、その他から構成される多極構造のなかでの価値の対立（衝突）や価値葛藤、これらの複合等から生じるものであること」が指摘されている。

狭間概念の特徴として、岡村（1983）が示した社会関係論のみでは説明しつくすことができない生活困難をより具象化し、そこにある社会的現実と複雑な構造と機能を分析する概念として構築されたものといえる。狭間という概念を用いることよって、クライエントの複雑な生活の解明と社会的排除に至る巧妙なメカニズムを可視化することができる。

ひきこもりをはじめ社会的な弱さを抱えた人々が陥る狭間は、目に触れにくくその認識は容易には理解され難いであろう。だからこそ、狭間概念を用いる必要があるといえる。本研究のひきこもりという複雑な生活困難を分析する際にも、生活困難に対する新たな視点と分析手法を見出せる概念だと考える。

表2－2は、狭間概念の類型を示したものである。

表2－2　狭間概念の類型

類型1	資源配分やサービス供給に関する制度上の未整備等の欠落による関係
類型2	制度上の欠損による関係
類型3	制度機構（機関・組織）の諸価値観の葛藤・逆機能
類型4	ソーシャルワーカーや他専門職、関係者による逆機能
類型5	ソーシャルワーカーと関連機関との関係（協力、連携、協働）
類型6	クライエントとクライエントにとって重要な他者（家族等）との関係
類型7	直・間接的にクライエントに関係する人々のクライエントに対する社会的排除
類型8	クライエント自身の自己破壊的行為による関係遮断・切断的関係
類型9	クライエント自身の主体性の発揮
類型10	複合型
類型11	その他

出典：平塚良子・根笈美代子・橋本美喜子・ほか（2005）「保健・医療・福祉の狭間におかれる人々の生活困難に関する研究」『社会福祉教育年報』第25集，467-468．より各類型を表とした。

実践事例より抽出された狭間概念は、従来の個人による社会関係の不調和や欠損・欠落を捉えるのみではなく、例えば類型４の支援者による逆機能、類型６の対象者にとっての重要な他者（家族等）の社会関係、類型７の家族も含む地域からの社会的排除、類型８のクライエント自身の関係遮断等も社会関係の対象としている。

　ひきこもりの生活困難においても、ひきこもり本人自らが支援を望まない場合（セルフネグレクト）もあり、また8050問題をはじめとして家族へのアプローチや支援も求められる社会的な現実がある。従来の社会関係論の限界をカバーするうえでも狭間概念による分析は福祉ニーズを明確化できると考えられる。

3．対象認識としての生活困難

1）ソーシャルワーク実践の焦点

　現在のソーシャルワーク定義の国際的な到達点としては、国際ソーシャルワーカー連盟（IFSW）と国際ソーシャルワーク学校連盟（IASSW）によって2014（平成26）年に新しく改訂された「ソーシャルワーク専門職のグローバル定義」であるといえよう。

　「ソーシャルワークは、社会変革と社会開発、社会的結束、および人々のエンパワメントと解放を促進する、実践に基づいた専門職であり学問である。社会正義、人権、集団的責任、および多様性尊重の諸原理は、ソーシャルワークの中核をなす。ソーシャルワークの理論、社会科学、人文学、および地域・民族固有の知を基盤として、ソーシャルワークは、生活課題に取り組みウェルビーイングを高めるよう、人々やさまざまな構造に働きかける。」（IFSW & IASSW 2014）
　（下線部は筆者による）

　また、国際ソーシャルワーカー連盟（IFSW）による前定義「ソーシャルワーク定義」は、以下のとおりであった。

　「ソーシャルワーク専門職は、人間の福利（ウェルビーイング）の増進を目指して、社会の変革を進め、人間関係における問題解決を図り、人びとのエン

パワーメントと解放を促していく。ソーシャルワークは、人間の行動と社会システムに関する理論を利用して、人びとがその環境と相互に影響し合う接点に介入する。人権と社会正義の原理はソーシャルワークの拠り所とする基盤である。」（IFSW 2001）（下線部は筆者による）

　前定義の「人と環境の接点への介入」というキーワードは新定義からは消失したとはいえ、ソーシャルワークは本質的に生活課題を対象とすることは疑いようがない。ソーシャルワークは、人権や社会正義、多様性等を尊重する社会福祉的価値の実現を志向するのと同時に、価値と実践を両輪とした実践科学であり、生活課題とその背景にある社会構造を把握し専門職としての介入の視点を方向づけると理解できる。Howe, David（2009:12）は、「基盤に立ち返ると、ソーシャルワークのすべては、個人、家族、グループ、社会が互いに相互作用し合っている場に関心をもち、そこで行動を起こしているのである」とソーシャルワーク対象の本質を述べている。また平塚（2014:22-3）は、ソーシャルワークの実践構造の第一次的な基盤として「対象認識（視点）」と「価値（目的）」が合わせ鏡となって連動的な起点となることを示している。

　しかし課題もある。支援ニーズの多様化や多職種連携による対人援助のボーダレス化の進展において、岡本（2002：55）が述べるように、ソーシャルワークは「何を対象に、いかなる視点から、どのような方式で、どんな手法で問題や福祉事象をとらえていくのかが不明確になりつつある」という固有の対象認識や存在意義の論拠が希薄となっている現状がある。それは、社会的に弱い立場に置かれた人々の援助や支援をミッションとしてきた実践的価値に応じて、諸科学の摂取と応用を図りいち早く実践に転化させてきた歴史的背景があるとはいえ、ソーシャルワークの対象認識の曖昧さと不安定さを表している。また、古川（2004:31）は、「アメリカうまれのソーシャルワーク理論を紹介、解説し、わが国の社会福祉に適用し、定着させることに、あるいはわが国の社会福祉のなかにソーシャルワークなるものを定着させ、育成することに多大なエネルギーを費やしてきた」と指摘し、固有のディシプリンによる対象認識の不十分さが露呈していることを指摘している。

　ひきこもりの福祉ニーズの視点からは、ソーシャルワーカーはひきこもりの何を対象に実践を行っているのかという問いとなる。端的には、先の「ソーシャルワーク専門職のグローバル定義」でいう生活課題であることにはおおよそ間違いないであろう。しかし、では生活課題に介入する実践科学的なエビデンスを求め

られたときに、根拠を示せるだろうか。生活課題の特性、またその構造にどのような問題が潜んでいるのかを明らかにしない限り、ソーシャルワーク独自の対象認識としての根拠は示せないであろう。いくら実践として有効であったとしても、ソーシャルワークの対象認識が脆弱であれば、論理性ある実践的な根拠を提示することは難しいという課題も伴う。

2）実践科学の課題

そもそもソーシャルワークとは、社会福祉が必要である人々への援助活動であるといわれている。ソーシャルワーク基本辞典によると、ソーシャルワークとは、暫定的であるが、「ソーシャルワークの定義についてはかならずしも統一されていないが、基本的には、社会福祉の制度体系として具体化されてくる一定の社会福祉機関・施設を基盤にして、そこに配置される専門的教育・訓練を受けた職員（ソーシャルワーカー）によって、社会福祉サービスを利用する者もしくは利用することを必要としている者に対応して進められていく援助活動であるということができよう」（日本ソーシャルワーク学会 2013:141）と定義されている。

しかし一方で、ソーシャルワークの輪郭を示すことには限界がある。なぜなら、ソーシャルワーク実践の対象となる人々は、これまで示してきたように個人と社会との関係のあいだに横たわる社会関係と呼ばれるなかにおいて、社会的な隙間に置かれている状況に陥っているからである。ソーシャルワーク実践の境界性についての難しさがあり、個人と社会の境界領域に介入する実践科学という性質だからこそだと考える。

平塚（2009:16）は、ソーシャルワークの境界として、「その時々の社会的現実により実践対象が変化する側面が必ず存在することを意味する」、それゆえ「ソーシャルワークの境界の性質は可変性を備える。また、ソーシャルワークは特定の領域を自在に超えて機能することも意味する」と論述している。また、Turner, J（1999:562）は、米国のソーシャルワークの理論として 27 に至る理論モデルを挙げている。わが国において、現実的にソーシャルワーカーが 27 もの理論を実践できるかどうかは別にして、同書においては理論の果たす本質的な機能として、現象を説明し予測することであると解説している。ソーシャルワークがいかに複雑な福祉的事象に対応するため多様な理論を生み出してきたか伺える。

このようなソーシャルワーク理論史において論争の的であった個人か、社会か、という二分背反した援助対象を克服するために、Germain, Carel.B & Gitterman,

Ａ（1996:37）は、生態学を取り入れたライフ（生活）モデルを生み出した。図２－３に示すように、個人と環境を一体的に捉える理論枠組みである。ソーシャルワーク実践の目的を「人間のニーズと環境的資源との間の適合の程を高める（elevate the level fit）」として、ワーカーが生活ストレッサーに機能する関連図を描いている。同図は、生活上の問題を起こす生活ストレッサーを「困難な人生の転換期とトラウマ的出来事」、「環境のプレッシャー」、「機能不全家族／集団／コミュニティの過程」から構成されるものと定義し、その生活過程における人と環境との複雑な交互作用（transaction）のなかで、複雑な生活問題がもたらされるとしている。そして、これらの生活上の転換期や出来事、また環境圧力に介入することで生活ストレッサーを軽減、消失させていくことだと理解されている。

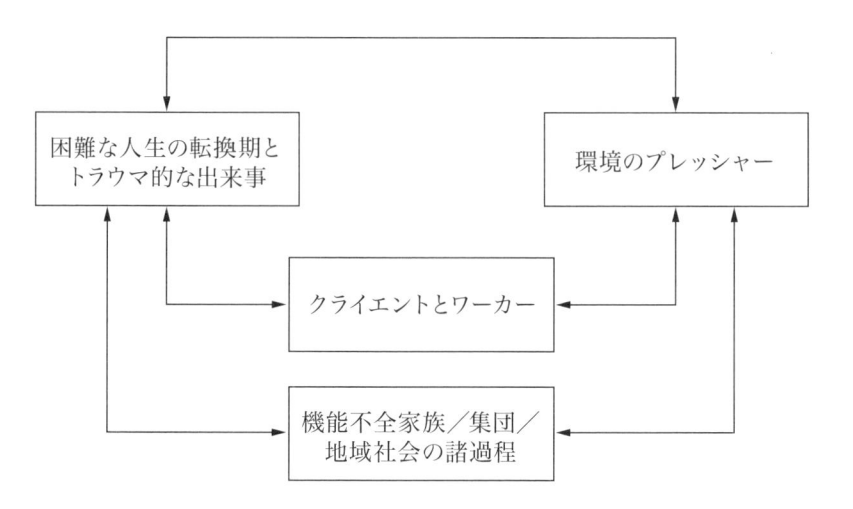

図２－３　ライフモデルによる支援対象の認識（アセスメント）

出典：Carel B.Germain・Alex Gitterman（1996）The life model of social work practice advances in theory & practice second edition（＝2008:37, 田中禮子他監訳『ソーシャルワーク実践と生活モデル（上）』ふくろう出版, 37.

　ソーシャルワーク理論におけるひとつの到達点となるライフ（生活）モデルは、生態学をアナロジーとして生活上の変化、環境の圧力、不適当な対人的過程を捉えている。すなわち、人と環境との交互作用（社会関係）を対象とするものである。ソーシャルワークは、「個人と個人をとりまく環境との関係の構築する科学であり、この関係のありようとしての個人の社会生活に困難が生じた場合に多次

元的な方法を用いて介入することを主要な機能としている」（平塚 2010:61）であり、本研究において分析視点としている生活困難は、ライフ（生活）モデルによる人と環境の交互作用と同じ対象認識であると仮定する。

これまでみてきたとおり、人と環境の交互作用（社会関係）は、ソーシャルワークの歴史上の課題でもあった。そして、今もなお「ソーシャルワークは人と環境を全体として統一的に捉える特徴があるが、この人と環境の全体を焦点とすることは今日においても研究課題となっている」（窄山 2012）。ソーシャルワークは実践対象の拡大や多様化に対応するための理論導入に比して、実践分析やその科学化は遅れてきた反省があるといわれる。

とくに、生活困難をアセスメントする実践科学であるソーシャルワークの課題として、社会関係がどのように相互（交互）作用し、生活上の困難となるのか、またそれがどういう性質をもつものかを明らかにしていくことが重要になる。本研究の分析対象であるひきこもりの生活困難は、どのような要因と構造があるのか、またそこにどのような関連性があるのか、これらの課題について実証的分析を試みることは、ソーシャルワークの基礎的研究にもつながると考える。

注
1）生活困難の認識論として、社会関係の不調和、欠陥、制度の欠落のみでは捉えきれない多様で複雑な社会関係が存在することを指摘した。仮にサービス等の社会資源を使用していても、社会関係の狭間に陥る可能性もあることを例示している。

第3章　福祉ニーズの予備的分析

1．生活困難の視点による事例分析

1）事例分析の目的と方法

　本章では、生活困難を具体的に分析する視点より、中高年齢ひきこもりの事例分析をとおして生活困難に至る過程や構造について検討する。

　研究方法としては、自験例である中高年齢期ひきこもりの一事例を対象にして、生活困難の分析概念である狭間概念を用いて事例分析を行うものである。本事例は、2007（平成14）年から2010（平成22）年までに筆者が担当したソーシャルワーク実践の一部事例である。

　事例分析においては、日本社会福祉学会による研究倫理規定の研究ガイドラインに基づいている。記述においては、個人や関係者が特定できないように匿名化と修正を行っている。従って、事例分析の目的と文脈を損なわないようにしながらも、事例を加工しており、仮に近い関係者が本文に触れても決して不利益を被らず、かつ不信感を与えないように事例の記述においては細心の注意を払っている。

　事例分析に用いる狭間概念（平塚ら　2005）は、類型1「資源配分やサービス供給に関する制度上の未整備等の欠落による関係」、類型2「制度の欠損による関係」、類型3「制度機構（機関・組織）の諸価値観の葛藤・逆機能、類型4「ソーシャルワーカーや他専門職、関係者による逆機能」、類型5「ソーシャルワーカーと関連機関との関係（協力・連携・協働）、類型6「クライエントとクライエントにとって重要な他者（家族等）との関係」、類型7「直・間接的にクライエントに関係する人々のクライエントに対する社会的排除」、類型8「クライエント自身の自己破壊的行為による関係遮断・切断的関係」、類型9「クライエント自身の主体性の発揮」、類型10「複合型」、類型11「その他」となる。

　本事例分析は、「対象事例に対する説明のみならず、一般知見を拡張したり、ある新規の類型の存在を指示する働き」（米本　2002:13-17）があり、また「概念を量産するよりも、概念の転用によってデータを分析し表現できるのであれば、

それは既存の概念やモデルの一般性を高めることになる」（三毛 2009:76-87）という意義をもつ。また、林（2005）による事例研究には実践から理論を生み、理論の精緻化を実践で図るという実践の科学化が包含されるという指摘に基づいている。例え一事例の分析においても、普遍化や一般化に向けた研究意義があると考える。

2）狭間概念による生活困難の検討
（1）事例の概要

40歳代の単身男性（以下、クライエントと表記する）となる。見た目には穏やかな印象を受ける方である。数カ月前に転居してきてから生活保護を受給しており、現在は無職となっている。高齢化が進んだ集合住宅に居住しており、家事や炊事は一人で行いながら暮らしているが、役所での手続きや買い物以外は他者と関わらない6カ月以上のひきこもり状態が続いている。

生活保護担当ケースワーカー（以下、生活保護担当CWと表記する）からの情報では、親類とのつきあいは途絶えているが、兄との関係は細々と保てている。現在は近隣との交流もなく、買い物等以外は自宅にひきこもった生活を送っている。ただし、生活保護担当CWや近隣との関係は思わしくなく、近隣との関係の話になるとクライエントは怒りを表すこともあるとのことであった。

生活歴としては、ここ1～2年の職業歴はない。それまでは職を転々としてきているが、とくに大きな疾患はなく、通院等もない。しかし、何時からかはっきりしないが「隣人が嫌がらせをしてくる」という訴えがあり、ここ数年は近隣とのトラブルもあって居住地を変更している。その時々の詳細な情報については不明である。現居住地に移っても、程なくして「自治会の人が自分を罠にかけようとしてくる。自分は疎外されている。」との発言がみられ、近隣住民との関係も悪化していき、確執が深まっていった。

生活保護担当CWとしては就労指導を実施する必要性もあるが、それ以上に近隣地域から本人に対する苦情が寄せられており、自宅からの退去が迫られている状況が懸念となっている。福祉事務所としては、援助困難ケースとして扱われているとのことであった。このままでは、クライエントとの援助関係、また近隣地域との関係性も保つことができないため、筆者（以下、SWrと表記する）が担当する精神保健福祉相談に至る経過となった。

なお本事例は、以前にSWrが、精神保健福祉相談の視点より事例研究を実施したものであり、ひきこもり状態からいかに精神科医療の治療につなげるかとい

う受診援助プロセスとその方法、技術について考察を行ったことがある（矢ヶ部 2011）。しかし、改めて狭間概念の視点から同事象を捉えてみると、表3－1の ようにこれまで形とされていなかったクライエントの生活困難の諸相が浮かび上 がってくる。

表3－1　事例分析における狭間の概要

狭間の類型	事例との対応関係	狭間の概要
類型1	—	—
類型2	○	援助希求のなさによる制度的限界
類型3	○	生活保護制度の運用価値との葛藤
類型4	○	トラブルによる援助関係者からの忌避
類型5	—	—
類型6	○	親族との関係が途絶えている
類型7	○	近隣関係者からの拒否と孤立
類型8	○	クライエント自らの関係遮断
類型9	○	周囲への被害感によるひきこもり生活
類型10	○	上記類型の複合
類型11	○	隠された障害に対する援助の不在

（2）事例にみられる狭間

本節においては、狭間概念を用いてクライエントへの援助展開のなかで生じて いる狭間となった状況とその構造についてエコマップを示しながら分析する。

①「関係者や関係機関とのあいだに生じている狭間」（類型3・4・6・7が該当）
クライエントは親族とも疎遠であり、唯一つながりがあるのは兄のみである。 しかし、唯一のキーパーソンといえる兄とも行政関係者の依頼により関わりが続 いているのみで決して良好な間柄とはいえなかった。過去の経過から、兄に支援 を期待することは難しい関係性である。

当初、生活保護担当 CW としては、目立った疾患もないことから就労に向け た指導や援助を展開する援助計画であった。しかし、訪問や面接のたびに話題に なるのは、近隣住民との確執についてであった。なかなか就労に向けた方向に話 が進まなかった。福祉事務所の立場上、生活保護担当 CW としても援助方針に ついて葛藤を覚えはじめていた。

程なく近隣との関係は悪化し始め、援助ニーズとしてクライエントの精神疾患が疑われるようになった。コミュニケーションをとることが困難であることから、周囲から精神科治療を受けることが求められる事態が生じてきた。また、近隣住民、自治会からも「自治会のルールが理解できていない。何を考えているかわからない。」と周囲との孤立を深めていく状況であった。

福祉事務所のなかでも、クライエントと関係がとりづらく、近隣との関係も悪化していることから、いわゆる困難ケースという認識がなされるようになっていった。

この状況は、狭間として、図3-1のように、類型3「制度機構（機関・組織）の諸価値間の葛藤・逆機能」、類型4「ソーシャルワーカーや他専門職、関係者による逆機能」、類型6「クライエントとクライエントにとって重要な他者（家族等）との関係」、類型7「直・間接的にクライエントに関係する人々のクライエントに対する社会的排除」がはたらいていると考えられる。

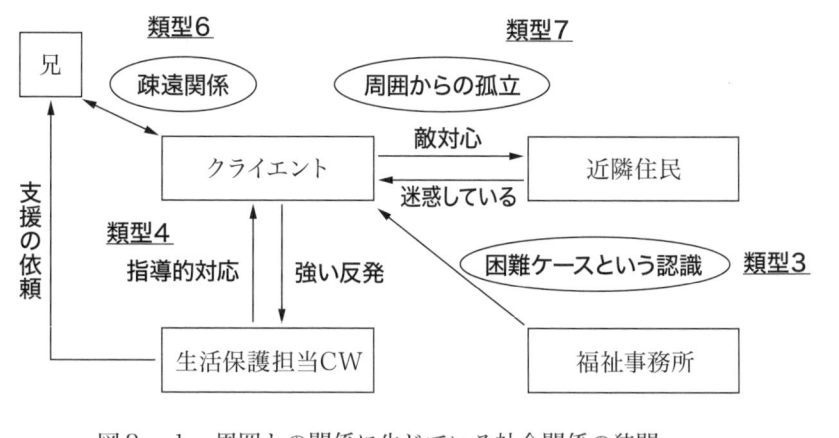

図3-1　周囲との関係に生じている社会関係の狭間

②「クライエント自身が形成する狭間（類型8・9が該当）」

生活保護担当CWが同席するなか、クライエントとSWrとの初回面接が行われた。周囲から精神疾患が疑われていたが、クライエントとの面接で印象的だったのは、真剣な表情で「近所や警察の人が自分に嫌がらせをしてくる。安心して眠ることができないし、気が滅入っている。本当に困っている。」という切実な語りであった。実際、クライエントの自宅を訪れたときは、身を守るように厳重に施錠され、外から見えないように隙間なくカーテン等で空間が遮られていた。

クライエントの語りとしては、「近隣の人たちが嫌がらせをするように感じるので、自分は外に出ることはできない。周囲を警戒しながら、自分を守らなくてはいけない」、「なるべく近隣の人たちとも接することは避けている」ことを強調していた。周囲との対峙によって、感情的にも強く害している様子が伺えた。そのような状況があり、ますます周囲を遠ざけ自身の殻に閉じこもるような生活を送る日々となっていった。

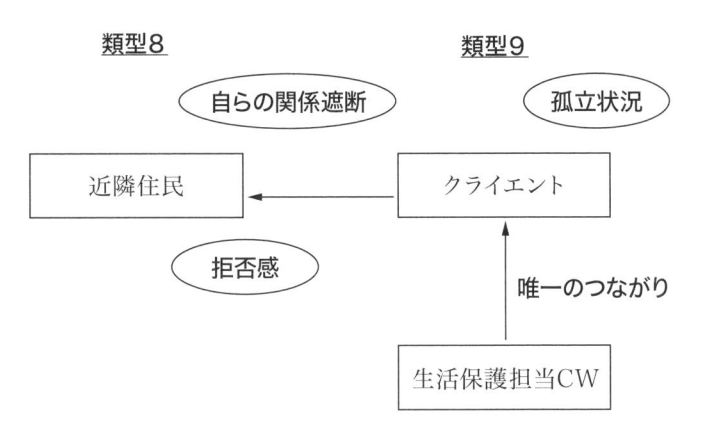

図3－2　クライエント自身が生じさせる社会関係の狭間

ここでの狭間は、図3－2のように、類型8「クライエント自身の自己破壊的行為による切断的関係」、類型9「クライエント自身の主体性の発揮」による他者を遮断した生活実態があげられる。

③「退去要求の圧力としての狭間（類型3・4・7・8が該当）」

その後数カ月たつと、クライエントの自治会ルールを逸脱した行動、近隣への迷惑行為が散見されるようになり、自治会より居住管轄の公的機関に苦情が寄せられるようになった。やがてその声は日に日に大きくなり、クライエントは居住管轄機関より公式に自宅からの退去要求が迫られる事態となってしまった。

福祉事務所にも同様の苦情が、近隣・居住管轄機関より寄せられ、生活保護担当CWとしては関係者による板挟み的なジレンマを深めていった。生活保護実施機関の担当としては、当然に近隣とのトラブルを解決に向けて生活保護制度に基づく援助指導を行うわけであるが、一方でクライエントとしては自身を守るという思いに基づく対処行為をとっており、それらのすれ違いが生活保護担当CW

とクライエントとの関係もますます悪化する事態となっていった。また、クライエントの同様のトラブルは初回ではなく、前居住地においても似たようなトラブルを抱え孤立状態に陥っていたことがあるとのことであった。

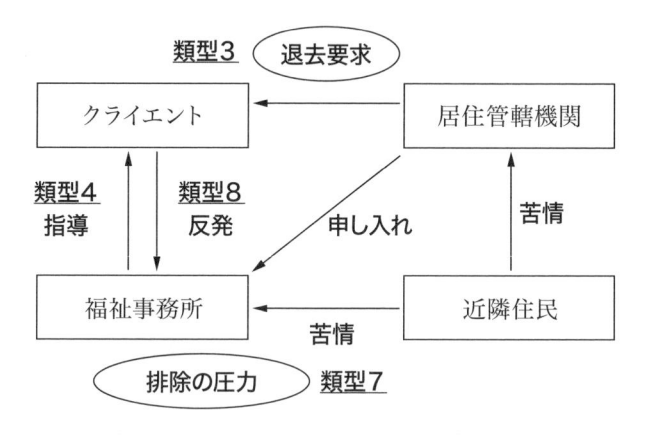

図3-3　地域からの排除圧力としての社会関係の狭間

　狭間としては、図3-3のように、類型3「制度機構（機関・組織）の諸価値間の葛藤・逆機能」、類型4「ソーシャルワーや他専門職、関係者による逆機能」、類型7「直・間接的にクライエントに関係する人々のクライエントに対する社会的排除」、類型8「クライエント自身の自己破壊的行為による関係遮断・切断的関係」が生じている。

　④「制度的限界と見過ごされてきた障害による狭間（類型2・類型3・類型11が該当）」
　生活保護担当CWとしては、当初は就労指導という方針、近隣とのトラブルが表出してからは生活指導や受療指示を実施していた。一般に、福祉事務所の指示としては、①健康に問題がなければ、就労に向けた指導や援助、②健康に懸念があれば、検診にて診断を受けるという流れが制度的運用としての原則になるため、生活保護担当CWの援助を間違いということはできないと考えらえる。
　しかし、本事例においては、生活保護受給時には目立った疾患はないと把握されていたが、実際には何かしらの精神的疾患が疑われる状態であった。また、クライエント自身も受療や治療が必要と感じていない困り感のなさがあり、生活保

護担当 CW は二重の困難要因に置かれた状況であった。そして時間の経過とともに、近隣との関係悪化、退去圧力等が進み、クライエントを取り巻く環境が悪化する事態に陥っていった。

さらに、以前にも似たようなトラブルを経過してきていることから、恐らくこれまでにも受療が必要だとされる状況や関係者の認識はあったと考えられる。援助を受ける機会は幾度かあったであろう。しかしながら、適切な援助や治療の導入が困難であったという経過や背景が推測される。クライエントの精神疾患に対する援助機会がなかったという見方も可能となる。

クライエントが置かれた状況として、客観的には精神科受療が求められるが、逆にクライエントの主観としては近隣を含む周囲から排除されているという認識が生じている。その相反する状況に介入する援助システムの不在は、制度的限界としてひとつの要因として挙げられるであろう。

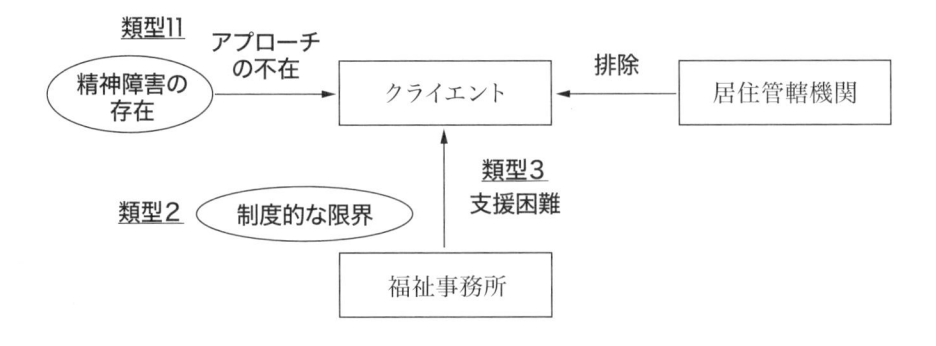

図3-4　生活保護制度の限界による社会関係の狭間

狭間として、図3-4にように、類型2「制度の欠損による関係」、類型3「制度機構（機関・組織）の諸価値間の葛藤・逆機能」、類型11「その他（見過ごされたきた障害）」が形成されている。

なお、本事例の転機としては、精神保健福祉相談を担当する SWr が受診援助として介入し、精神科治療を受療することによって、クライエントの情緒も安定し近隣とのトラブルも沈静化していった。その後、治療も継続し比較的安定した在宅生活につながるようになった。ソーシャルワーク実践によって、一時的にせよ狭間は消失したと考えられる。

（3）事例分析による狭間の複合性

　本節では、狭間概念を用いて中高年齢期のひきこもり事例について分析を試みた。本事例の狭間の全体的構造として、近隣とのトラブル・拒否、対応困難という状況、制度との衝突、適切なアプローチ不足といった要因が複雑に絡み、社会関係の軋轢や不調和としてクライエントの孤立を招き、さらに社会的排除となる状況に陥ってしまったことが考えられる。

　図3－5は、本事例の狭間の複合性を図示したものである。同図からは、狭間は単一で断片的なものではなく、連続し相互に関連している性質をもっているといえる。本事例の狭間としては、見過ごされてきた障害と社会的な排除の様態が作用していることが考えられた。さらに、以上の狭間には、これまで分析してきた近隣トラブルや退去要求、困難ケースという関係者の認識等、様々な要因が複雑に作用していることがみてとれる。平塚ら（2005）が指摘するように、社会関係の喪失様態は様々な要素から構成される多極構造のなかで、価値対立や葛藤、そして論理性の不一致、社会的排除形態等が複合して成立している。

　また、本事例の狭間の特徴として、精神障害に関する支援が置き去りにされてきたという要因が挙げられるであろう。ソーシャルワーク実践において、Germain, Carel. B（=1992:23-42）が生態学的な変数として「時間」という要素を挙げたとおり、狭間の形態は過去から形成される性質も含むといえるであろう。

　本事例の検討においては、生活困難を引き起こしている狭間の複合性は、悪循環ともいうべき相互作用を生み、さらなる社会関係の喪失を招いていることが考

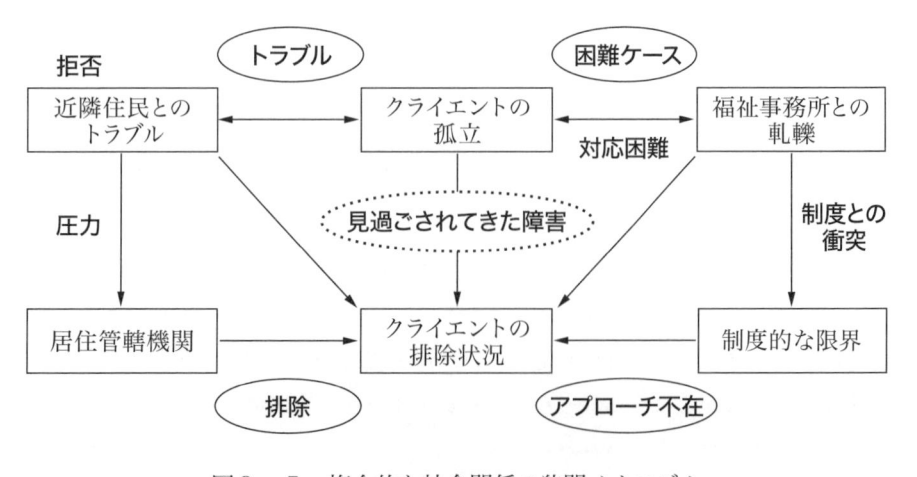

図3－5　複合的な社会関係の狭間メカニズム

えられた。さらに、ひきこもり状態に陥る狭間の要因とその階層的なメカニズムの一端について分析できたと考える。

このように、狭間概念を用いて事例分析することで、クライエントの症状や援助困難に囚われるのみではなく、社会関係の喪失様態としてひきこもり状態に追いやられた事例の状況とその要因が示唆された。

本事例分析において、中高年齢期ひきこもりの生活困難要因について示唆された点は、次のとおりである（下線部は、筆者による）。

・ひきこもりには、自身が形成する狭間と周辺関係による狭間が相互に作用して孤立化していく。どちらか片方の要因のみとはいえない。
・過去からアプローチしづらい障害の存在等の要因があり、負の要因の相互作用によって、様々な暮らしの問題（生活上の問題）が複合する狭間がある。そして、悪循環ともいうべき状況がさらに狭間を生み出していく。

以上のような狭間概念を用いた生活困難の様態から、第1に、援助が困難となる障害等の存在が要因となり社会的排除が形成され孤立化していくこと、また第2に、外的・内的な狭間が悪循環し、より複合した狭間が生み出される背景があることが指摘できた。これらの要因によって、ひきこもりに陥っていることが考察された。

本事例分析の課題として、精神障害の影響が強い稀有なケースとして受け止められることが考えられる。しかし、厚生労働省のガイドラインが示しているとおり、ひきこもりと精神障害の間接的な関連性は明らかにされており、本事例のひきこもり状況が一般化に値しないわけではないと考える。また、可視化された狭間概念を用いて本事例を分析することで、生活困難を形式化して示唆を得たことは意義があると考えられる。しかしながら、一事例の分析のみでは、信頼性や妥当性として限界がある。次節においては、本事例分析で得られた生活困難要因について検証を試みる。

２．生活困難の計量テキスト分析

１）計量テキスト分析の目的と方法
（１）分析の目的

　前節の事例分析によって、社会関係を阻害するメカニズムとして中高年齢期ひきこもりの生活困難としての次のような要因が示唆された（下線部は、筆者による）。

　・中高年期のひきこもりには、「孤立」化する状況がある。
　・そこには、「暮らしの問題」と「悪循環する状況」が複合している。

　ここでの目的として、新聞記事におけるひきこもりの記事掲載を分析することで、中高年齢期のひきこもりの社会的位置づけがどのような変遷を得るものかを分析する。さらに、新聞記事による頻出語の計量分析から、事例研究から示唆された同要因の妥当性と信頼性を検証し、中高年齢期ひきこもりの生活困難の課題設定を試みる。

（２）分析対象と方法
①分析対象

　本分析においては、新聞記事を研究対象とした。新聞記事はわが国の現状を幅広く、また時系列的に社会的動向や背景を反映している媒体であり、加えて一定の信頼できる情報が掲載されているため、社会関係に起因する生活困難の分析にも有効だと考えた。また、研究倫理的にもひきこもり当事者等への聞き取りが容易には実施できないことも考慮した。

　記事内容は３大全国紙の１つであり、国際的にわが国を代表する言論新聞である朝日新聞を選択している。記事収集においては、朝日新聞記事データベースである「聞蔵Ⅱ」を利用した。

　検索キーワードは、ひきこもり当事者の主体的側面を捉えるために、「ひきこもり」と「当事者」とした。データベースを用いて取集できる最も過去の記事である 1985 年から 2019 年までの期間において、同検索キーワードのヒットは 449 件であった。そこから、データを一件ずつ確認し、ひきこもり内容に関する記述がないイベントや講演会の告知等の広報的記事については除外した。最終的に 270 件の新聞記事を分析対象とした。

②分析方法

分析方法として、新聞記事から収集した大量のテキストデータ分析の妥当性と信頼性を担保するため、樋口（2014:19-29）が開発した「KH Coder 3」を用いて計量テキスト分析を実施した。また、テキストマイニングによって得られたクロス集計の統計学的検定にあたっては、「Bell Curve for Excel（version3.20）」を用いた。

計量テキスト分析は、これまでの内容分析手法でいう量的側面であるCorrelational アプローチと質的側面である Dictionary-based アプローチ双方の長所を取り入れた接合的アプローチである（樋口 2014:18-19）。即ち、分析者が作成した基準に従ってテキストを分類し（質的側面）、さらに対象となるテキストを計量的に把握することができる（量的側面）研究手法である。

また、テキスト型データの適用にあたって質的データを計量的に分析することによって信頼性、客観性の向上を図り、データ探索も実施することができる（樋口 2014:5-7）。なお同分析法は、従来の内容分析がもつ解釈的側面、もしくは数量的側面、どちらかひとつを追求するという欠点を補う方法といえる。新聞記事という膨大なデータを分析にするにあたって、①恣意的な手作業を省くことで、分析者のもつ理論や問題意識の影響を極力受けない形でデータを要約・提示できる、②コーディングルールを作成することで、明示的に理論仮説の検証や問題意識の追及ができる（樋口 2014:28-29）という利点をもっている。

しかしながら、中高年齢期ひきこもりの生活困難要因を分析するにあたって、新聞記事の計量テキスト分析という研究方法論上の制約と限界がある。一般に新聞記事は世論を映し出す媒体であり、当然その内容は社会における流行性、また取材や執筆による主観性を含むものだと考えられる。本調査の結果は、他の量的研究や質的研究をとおして多角的な追検証が求められることを考慮すべきである。

本研究は、日本社会福祉学会研究倫理規定にもとづく研究ガイドラインに従っている。データ分析にあたっては新聞記事を対象としたものであるが、事件や障害等の語句の引用にあたっては記事の文脈を離れた社会的に不適切な用語使用とならないように細心の注意を払った。

２）頻出語と特徴語

（１）新聞記事の年次推移

定めた手続きに従って抽出した270件の新聞記事件数の年次グラフを図３−６に示す。

検索キーワードの出現は2000（平成12）年の７件が発端となる。この時期は、ひきこもり状態の青年が容疑者となる事件報道が連続して起きたことが契機となり、ひきこもりが社会的な問題として認知されはじめたといえよう。年次件数はその後、2014（平成26）年までは15件未満で推移しているが、2015（平成27）年以降は15件を超えている。

新聞記事の年次推移の社会的背景には、関水（2016:166-247）によるひきこもりの問題理解の枠組みを参考にすると、1990年代から主流となるメンタルヘルス問題としての認識に加え、2000年代後半のニートや若者の社会的自立としての問題認識、そして2010（平成22）年以降に徐々に表出してきた貧困問題という認識が合流してひきこもりの理解が展開されてきたと推察できる。これらひきこもりの問題認識の変遷に応じるかのように、制度的には2006（平成16）年に若年層の対人関係や就労を支援する機関である「地域若者サポートステーション（サポステ）」、2009（平成21）年にはひきこもり状態にある人の専門的支援を実施する機関である「ひきこもり地域支援センター」が創設されている。

図３−６において最も特徴的な推移は、新聞記事の2015（平成27）年以降の増加数である。同年はわが国において貧困が広がり切迫した社会的状況から生活困窮者自立支援法が施行された年度であり、全国的に市町村単位で自立支援相談支援機関が制度化された。地域単位の支援ニーズの掘り起こしによって、徐々に8050問題等のひきこもりを取り巻く困窮状態や生活問題の相談が寄せられるようになったといえるだろう。また、2019（平成31）年は97件とこれまでになく急増している。この年は川崎市や東京都練馬区のひきこもり状態の中高年が渦中となった事件が報道され、社会的注目が増したことが記憶に新しい。社会を揺るがす事件に抽出された新聞記事数も呼応している。

中高年齢期ひきこもりへの社会的注目は、社会的事件による報道の影響も大きいであろうが、実際には2010（平成22）年前後から家族や家庭、地域等にわたって広範に貧困や困窮等の生活困難が浸透していき、ひきこもりの高年齢化や生活問題が表面化していったと考える。

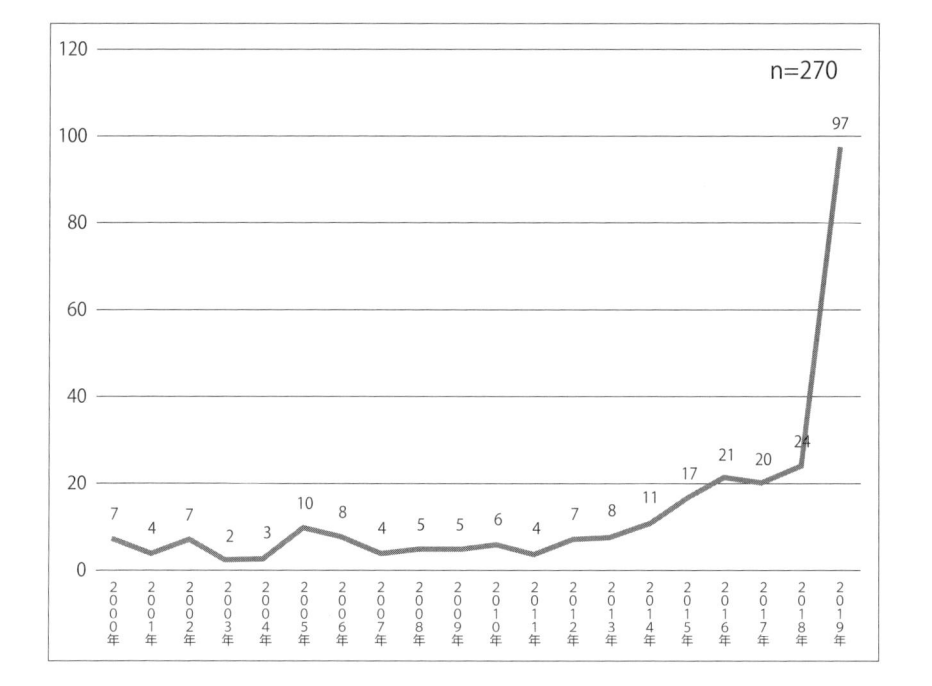

図3－6　抽出された新聞記事の年次推移

（2）新聞記事の頻出語

　計量テキスト分析にあたっては、抽出語等リストを確認し使用しない語の指定（例「個人の固有名詞」等）の前処理を行い形態素解析について実施した。表3－2は、調査対象全ての新聞記事のなかで出現回数の上位100の頻出語である。最上位の頻出語は、「支援」929回、「人」849回、「当事者」707回、「家族」635回、「社会」542回であった。このような「人」や「家族」、「社会」、「支援」という頻出語は、ひきこもりの理解にあたって社会関係との関連がつよいことを示唆しているだろう。また、他の上位頻出語として、「相談」460回、「関係」208回、「生活」200回といった形態素も目立つ。ひきこもりにある人の社会関係に介在するニーズがあることを示していると考えられる。

　さらに「参加」348回、「話す」299回、「思う」280回、「考える」235回等の当事者の主体的行為を表す頻出語も見られる。ひきこもり当事者の能動性をいかに促進することができる環境を形づくるかが重要かを示していると考えられる。また、「状態」254回、「精神」202回、「障害」190回、「事件」177件といったひきこもりの状態像や社会的状況を意味する頻出語も多い。これらの語群は直接的

にひきこもり要因となるようなニュアンスであり、同時に消極的な要因を示していると考えられる。

　頻出語は、ひきこもりにある人にとって社会的支援ニーズを表す形態素と解されるものもあるが、他方でひきこもりの直接的要因となる形態素、ひきこもり当事者の行為を表す形態素、社会資源等のひきこもりと間接的に関連する形態素等の多岐に及ぶ意味合いをもって構成されている。以上のような頻出語は、ひきこもりにある人の置かれた生活困難にとって共通の要因として把握できると考えられる。

表3-2　新聞記事の頻出100語

抽出語	回数	抽出語	回数	抽出語	回数	抽出語	回数	抽出語	回数
支援	929	若者	218	生きる	167	働く	125	高齢	105
人	849	全国	215	子	162	NPO	124	悩み	105
当事者	707	出る	214	仕事	160	就職	121	母親	105
家族	635	言う	210	福祉	160	自律	120	日本	104
社会	542	女性	210	地域	159	午後	119	委員	103
親	484	関係	208	本人	151	居場所	117	認知	103
相談	460	精神	202	東京	146	声	117	電話	102
自分	391	開く	200	感じる	145	語る	115	紹介	98
参加	348	生活	200	行く	144	専門	115	部屋	98
経験	334	男性	198	団体	143	代表	115	情報	97
話す	299	会	194	持つ	140	施設	114	高校	96
登校	283	学校	194	家	137	体験	114	抱える	95
思う	280	受ける	192	県内	137	知る	113	講演	94
問題	266	障害	190	前	135	家庭	112	国	94
状態	254	活動	184	就労	133	推計	110	対象	94
子ども	250	事件	177	心	132	人間	107	窓口	90
引く	237	多い	177	言葉	128	大学	107	求める	89
センター	236	必要	173	今	128	法人	107	大阪	88
考える	235	交流	171	聞く	126	ネット	106	不安	88
調査	223	県	167	見る	125	機関	105	指摘	87

（3）各年別の特徴語

表3－3は、2000（平成12）年～2019（平成31）年において各年別の新聞記事のなかで、各年においての特徴的な形態素（以下、特徴語とする）として抽出された上位5語を示したものである。ここでは、ひきこもりの特徴をみるために、上位に位置する特徴語に着目して考察する。

2000年代前半においては、2000（平成12）年「少年」、2001（平成13）年「援助」、2003（平成15）年「発足」、2004（平成16）年の「ニート」といった特徴語が示唆的である。この時期は社会的にひきこもりが注目されはじめ、ひきこもり少年による事件、専門職による援助展開や当事者が語るひきこもる意味、家族による自助グループの発足が活発になってきたことが背景にあると考えらえる。そういった意味では、ひきこもりはコミュニケーションの不全として捉えられていた感がある。しかし一方で、ひきこもりは2000年代中頃からは徐々に就学や就職にもつかない「ニート」問題と結びついていく。

2000年代後半の特徴語においては、2005（平成17）年「ニート」、2007（平成19）年「アスペルガー」、2009（平成21）年「若者」が抽出されており、ひきこもりは若者の自立的課題であるとの言説が提起され、また発達障害との関連が社会的に認識され始めたと考えられる。ところが、2010年代前半になると、特徴語はまた異なる社会的様相を帯びてくる。2012（平成24）年と2014（平成26）年に「認知」、2012（平成24）年「件数」、2013（平成25）年「センター」という特徴語が出現する。

これはひきこもり状態である人への認知傾向について着目され、そのアプローチ技法である認知行動療法との関連が考えられること、また2009（平成21）年にひきこもり地域支援センターが設置され支援体制が新たな展開を迎えたこと、若年齢期のひきこもりにある人が推計69.9万人（内閣府 2010:2-4）であると発表されたこと等の社会的背景の影響があると考えらえる。この時期になると、社会のひきこもり観の多様化が指摘できる。

2010年代後半は、2017（平成29）年「ネット」、2018（平成30）年「家族」、2019（平成31）年「人」、「支援」という特徴語が目立っている。ネットインフラの充実によりひきこもりにある人による新たな発信が進んだこと、また中高年齢期のひきこもりにある人の推計が61.3万人（内閣府 2019:11）に上ると推計され、明確にひきこもりの高年齢化が判明してきたことが挙げられる。

ひきこもりに関する各年の特徴語の経緯をまとめると、2000年代前半の社会的注目、2000年代後半の若者自立としての認識、2010年代前半のひきこもり観

の多様化、2010年代後半のひきこもりの高年齢化として整理することができる。新聞記事の分析からは、2010年代後半から「家族」、「支援」といった特徴語がみられ、中高年齢期のひきこもりの存在が徐々に顕在化していったと考えられる。また、2015年代以降からは、「人」や「当事者」、「社会」に関わる特徴語が増加していることから、これら社会的要因が生活困難に近接するキーワードとなるこ

表3-3　各年における特徴語（上位5語）

2000年			2001年			2002年			2003年		
特徴語	全体頻度	Jaccard	特徴語	全体頻度	Jaccard	特徴語	全体頻度	Jaccard	特徴語	全体頻度	Jaccard
少年	31	0.046	援助	23	0.051	引く	33	0.061	発足	19	0.060
母親	102	0.044	不全	39	0.045	地域	24	0.057	ステップ	11	0.047
社会	511	0.031	コミュニケーション	12	0.035	子ども	39	0.047	引き	11	0.047
日本	94	0.027	対人	43	0.035	精神	43	0.035	監督	13	0.044
言う	207	0.026	本	9	0.032	関係	64	0.029	閉じこもる	21	0.038

2004年			2005年			2006年			2007年		
特徴語	全体頻度	Jaccard	特徴語	全体頻度	Jaccard	特徴語	全体頻度	Jaccard	特徴語	全体頻度	Jaccard
ニート	63	0.136	ニート	63	0.064	生徒	41	0.051	アスペルガー	15	0.058
ホームレス	14	0.051	若者	200	0.048	セミナー	17	0.046	症候群	14	0.052
就職	114	0.039	引く	213	0.032	登校	259	0.039	遅れ	9	0.029
教育	55	0.034	会	173	0.030	体験	106	0.029	成人	20	0.027
日本	94	0.032	問題	246	0.030	回復	40	0.028	組織	28	0.026

2008年			2009年			2010年			2011年		
特徴語	全体頻度	Jac card	特徴語	全体頻度	Jaccard	特徴語	全体頻度	Jaccard	特徴語	全体頻度	Jaccard
作業	33	0.042	若者	200	0.051	引く	213	0.060	学生	20	0.048
コーヒー	8	0.042	引き下げ	10	0.034	映画	51	0.044	姉	11	0.043
話	86	0.031	選挙	12	0.030	NPO	117	0.031	医師	40	0.030
事務	34	0.027	国会	15	0.027	部屋	91	0.030	男子	6	0.030
通う	36	0.027	時代	56	0.026	会	173	0.030	教授	83	0.029

2012年			2013年			2014年			2015年		
特徴語	全体頻度	Jaccard	特徴語	全体頻度	Jaccard	特徴語	全体頻度	Jaccard	特徴語	全体頻度	Jaccard
認知	94	0.099	センター	218	0.050	認知	94	0.075	経験	313	0.050
件数	39	0.088	県	147	0.048	ゴミ	39	0.069	夫	53	0.047
LGBT	22	0.067	相談	417	0.044	支援	783	0.063	大学	101	0.045
教委	20	0.064	関係	35	0.044	地域	153	0.054	当事者	669	0.043
報告	46	0.059	応じる	58	0.039	生活	193	0.041	家族	576	0.038

2016年			2017年			2018年			2019年		
特徴語	全体頻度	Jaccard	特徴語	全体頻度	Jaccard	特徴語	全体頻度	Jaccard	特徴語	全体頻度	Jaccard
登校	259	0.042	ネット	104	0.100	家族	576	0.062	人	757	0.080
支援	783	0.041	交流	153	0.061	当事者	669	0.054	支援	783	0.077
当事者	669	0.038	当事者	669	0.530	支援	783	0.047	家族	576	0.061
人	757	0.036	支援	783	0.051	人	757	0.044	社会	511	0.051
自分	370	0.032	親	455	0.050	参加	338	0.043	相談	417	0.043

※KH Coderは、Jaccard係数により類似性を算出して特徴を抽出している。

とが推察できる。

3）コーディングによる生活困難要因の出現率

次に、本節の研究目的で示した生活困難のキーワードである「孤立」、「暮らしの問題」、「悪循環状況」について計量テキスト分析により検証を行った。

表3－4の上部の表は、生活困難の要因を抽出するために定めたコーディングルールである。同キーワードを認識コードとして、各認識コードに対応するコーディングのための形態素を作成した。コーディンググール作成にあたっては、KH Coder による関連語検索（Jaccard 係数の類似性）[1]、並びに頻出語と特徴語を参照するのと同時に、妥当性を図るため中高年齢期のひきこもり支援に携わるソーシャルワーカー2名（相談援助経験年数18年および10年）によるコーディングルールについての確認と助言を受けて形態素を作成した。

同コーディングルールに従って抽出した生活困難要因と5年毎の年代群を対応させたクロス集計表が表3－4の下部である。年代群を5年毎とした理由としては、これまで見てきた新聞記事数の年次推移、特徴語の分析から、一定のひきこもりの時代的背景の移行が確認でき、比較単位としての妥当性もあると考えたからである。また、各年代群における生活困難要因の出現率についてカイ二乗検定、ならびに残差分析を実施した。

表3－4　生活困難のコーディングルールおよび各年代群の出現率

認識コード名	コーディングした形態素
孤立	孤立、孤独、高齢、中高年、親、家族、社会、地域、長期、一人、自立、事件
暮らしの問題	生活、暮らし、関係、障害、年金、仕事、就労、保護、制度、家庭、家計、ゴミ屋敷
悪循環状況	状況、状態、感情、精神、暴力、暴言、依存、不安、心配、困窮、貧困、偏見

認識コード名	2000年～2004年	2005年～2009年	2010年～2014年	2015年～2019年	X²値, df, p値
孤立	170 (53.6%)	150 (51.2%)	249 (51.8%)	1412 (51.9%)	X²=37.0626 df=6 p<.001
暮らしの問題	77 (24.3%)	93 (31.7%)*	166 (34.5%)***	681 (25.0%)***	
悪循環状況	70 (22.1%)	50 (17.1%)	66 (13.7%)***	628 (23.1%)***	
全体	317 (100.0%)	293 (100.0%)	481 (100.0%)	2721 (100.0%)	

残差分析の結果：*p<.05, **p<.01, ***p<.001

まず、2000 年〜 2004 年群と 2015 年〜 2019 年群の比較について、「孤立」、「暮らしの問題」、「悪循環状況」はほぼ同じ割合であるのに、2015 年〜 2019 年群の「暮らしの問題」と「悪循環状況」において有意差がみられる背景については、社会のひきこもり観の変化があると考えられる。先に各年別の特徴語にて、2000 年代前半はひきこもりの社会的注目が集まった時期であり、2010 年代後半はひきこもり高年齢化の時期であると述べたが、その背景にはひきこもり問題の社会的性質の変化があると考えられる。ひきこもりの社会的認識は、2000 年代の若者自立の問題認識から、2010 年代に入るとひきこもりの中高年齢化を含む問題認識に移行していったと推測できる。本調査結果は、2010 年以降のひきこもり問題は中高年齢期のひきこもりに伴う「暮らしの問題」や「悪循環状況」が社会化するようになった、そのようにして、有意に出現率が高い結果になったと解釈する。

　次に、生活困難要因をみていくと、「孤立」においては各年代群において生活困難要因の 50％を占めているが統計学的な有意差はみられなかった。ひきこもり事象においては、ある意味「孤立」は避けられない事象であるが、有意差がなかったことから年代とは関連がないことが考えられる。

　「暮らしの問題」においては、これも各年代群では生活困難要因の 25％程を占めている。2005 年〜 2009 年群（ p <.05）、2010 年〜 2014 年群（ p <.001）と 2015 年〜 2019 年群（ p <.001）において有意に出現率が高かった。残差分析の結果からも、対人関係、経済的問題、就労、仕事、障害等の暮らしの中での問題は既に 2005 年以降からひきこもり問題として社会化しており。2010 年以降は切っても切れない事象と考えることができる。

　「悪循環状況」においては、各年代群の割合は一定していなかった。2010 年〜 2014 年群（ p <.001）と 2015 年〜 2019 年群（ p <.001）において有意に出現率が高かった。本節のコーティング内容である貧困、困窮、不安、依存、精神等の悪循環状況は、2010 年以降から社会的にみられることが考えられる。これまで先行研究でも繰り返し述べられてきたが、貧困や生活困窮等の社会的問題は中高年齢期ひきこもりの生活困難要因としても影響を与えていると考えられる。

4）生活困難要因の関連性

　岡村（1983:97-99）が社会関係は複数性を帯びていることを全体性の原理として示したとおり、生活困難の要因である「孤立」や「暮らしの問題」、「悪循環状況」もそれぞれに固定し独立している要因ではなく、社会的に相互に作用してい

ることは疑いようはないといえるであろう。

　これら要因間の関連として、表3－4下部の表による残差分析の結果からは、「暮らしの問題」と「悪循環状況」が連鎖的な要因となっていることが示唆される。2008（平成20）のリーマンショックを境に、わが国のひきこもり開始年齢の有意な上昇等の構造変化が起こったという報告もある（中河内ら 2013）。2010年以降は顕著な有意差となっていることから、中高年齢期ひきこもりはこの生活困難2要因がひきこもりに陥る契機やひきこもりの長期・高齢化に影響していることが危惧される。つまり、中高年齢期ひきこもりには「暮らしの問題」と「悪循環状況」が同時に作用していると考えられる。分析結果からは、中高年齢期ひきこもりの生活困難として「暮らしの問題」と「悪循環状況」の形成要因があり、これらの要因は相互に関連していると示唆された。

3．福祉ニーズの分析課題

　本章では、中高年齢期ひきこもりの福祉ニーズの分析課題を検討するために予備的分析を行った。具体的には、①自験例の事例分析による生活困難要因の抽出、②同事例分析から示唆された要因について、新聞記事を対象としたテキスト計量分析よる検証を実施した。

　その結果、事例分析からは、①中高年期のひきこもりには、「孤立」化する状況がある。また、そこには、②「暮らしの問題」と「悪循環する状況」が複合している、ことが示唆された。さらに、これらの要因について計量テキスト分析による検証からは、2010（平成12）年以降からは「暮らしの問題」と「悪循環する状況」の出現率が統計学的に有意になっており、そこにはわが国の社会的要因が影響されることが示唆された。

　また、中高年齢期ひきこもりの世帯に関する先行研究において、原田（2020:36-7）は、1つの家庭にひきこもり者の支援と高齢の家族への支援の2つの支援があることを指摘している。すなわち、中高年齢期ひきこもり世帯には、ひきこもり本人と認知症や介護等による高齢化を迎えた家族の生活上の問題があることを示している。また、福定（2021:53-4）は、このような世帯の生活困難を対象にした質的調査から、地域とは断絶した家庭内の固い境界をもつことを指摘している。さらに、世帯の社会的脆弱性を尺度化し量的分析を行い、そこにはセルフネグレクトや社会的不適応、社会的孤立の要因があることを指摘している

（福定ら 2021）。

　以上の予備的分析による生活困難要因と主要な先行研究のレビュー（原田2020；福定 2021；福定ら 2021）を踏まえて、本研究では中高年齢期ひきこもりの福祉ニーズの分析課題を以下のように考えた。

〔課題1〕暮らし問題の複雑化がある。
〔課題2〕悪循環する状況形成がある。
〔課題3〕家庭内での抱え込みがある。
〔課題4〕そのために、地域からの孤立が生じている。

　次の図3－7で示すように、対人関係や障害等の個人的要因として、中高年齢期のひきこもり状態にある人には、家族関係や地域関係の社会的要因として、課題1「暮らしの問題の複雑化」と課題2「悪循環する状況形成」が相互に作用している。その作用によって課題3「家庭内での抱え込み」があり、課題4「地域からの孤立」が生じていることを表している。

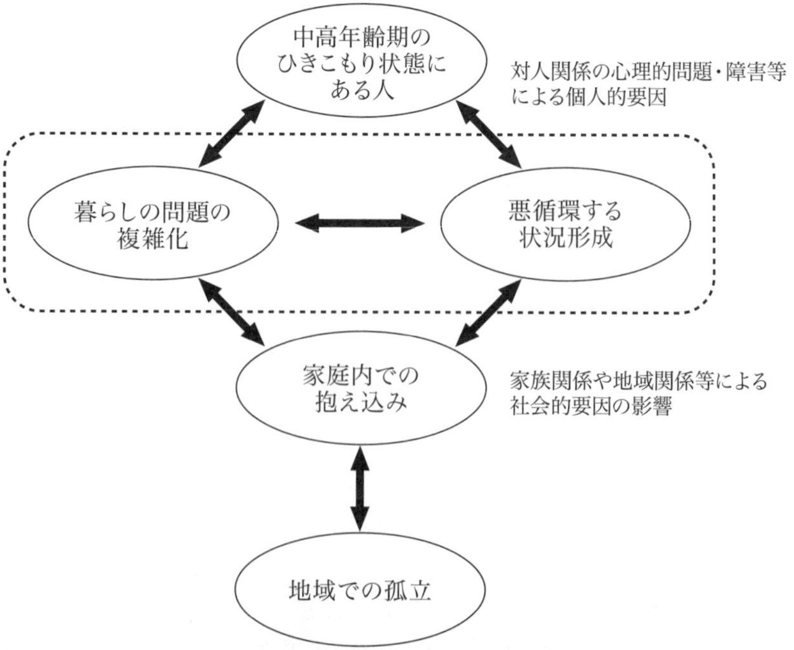

図3－7　福祉ニーズの分析課題

次章以降では、ひきこもりの福祉ニーズを明らかにするため、この福祉ニーズの分析課題を参照しながら、量的調査と質研調査による混合研究を試みる。

注
1 ）KH Coder では、Jaccard 係数により形態素（語句）間の距離である集合の類似度を算出
　　する。同係数は階層的クラスター分析、共起ネットワーク分析等に用いられる。

第4章　福祉ニーズの量的分析

1．量的調査の目的および対象と方法

1）アンケート調査の目的

　本章では、中高年齢期のひきこもり支援に携わる専門職に対するアンケート調査をとおして、福祉ニーズの分析課題である「暮らしの問題の複雑化」、「悪循環する状況形成」がどのように「家庭内での抱え込み」に作用しているのか分析する。

　量的分析により、第1に、ひきこもりの生活困難を測る尺度をとおして、ひきこもりシステムにおける要因間の関連を検討する。第2に、量的データの多変量解析によって、中高年齢期のひきこもりという悪循環状況のメカニズムについて検討する。

2）アンケート調査の対象と方法

　アンケート調査の対象は、厚生労働省によって制度的に規定されるひきこもり支援機関である生活困窮者自立支援相談機関およびひきこもり地域生活支援センターである。ひきこもり支援施策の全体像として、市町村域においては生活困窮者自立支援相談機関が最も身近な相談機関として位置づけられている。また、県域においてはひきこもり地域支援センターがひきこもりに特化した相談機関となっている。地域における中高年齢期のひきこもり支援においても、生活困窮者自立支援相談機関、ならびにひきこもり地域支援センターが中核的な支援機能を担っているといえる。

　アンケート調査の郵送にあたって、同省が示している2020（令和2）年1月1日付の生活困窮者自立支援相談機関の全国総数1,316から、4分の1にあたる329カ所を単純無作為抽出して質問紙を郵送した。加えて、同省による2019（平成31）年4月1日付のひきこもり地域支援センターの全国総数75カ所にも質問紙を郵送した。

　調査回答として、生活困窮者自立支援相談機関に所属するひきこもり支援を担当する複数名の相談員や就労支援員等に回答を依頼した。生活困窮者自立支援相

談機関においては、1機関平均5名程、合計1,645名分に自記式調査質問紙を配布した。また、ひきこもり地域支援センターに所属し、同センターでひきこもり支援を担う支援コーディネーター等に回答を依頼した。ひきこもり地域支援センターにおいては、1機関平均5名程、合計375名分に自記式調査質問紙を配布した。

　なお、支援者へのアンケート回答は、担当している「ひきこもり」事例全般について問うものであり、個別特定の事例を想定したものではない。ひきこもり支援実践のなかで困難だと考える側面について回答してもらった。また、本調査において支援者を対象とした理由は、ひきこもりである本人を対象とする調査が困難という理由も挙げられるが、ひきこもり支援に関わる第一線の地域実践をとおして中高年齢期ひきこもりの生活困難を捉える視点も調査研究を行う意義があると考えるからである。

　表4－1に示すように、調査の方法は、無記名による自記式アンケート調査である。各機関の所属長宛てに調査の目的等を記した依頼書と調査票を郵送した。

　自記式調査用紙を合計404支援機関、ひきこもり支援を担当する専門職2,020名分に質問紙調査の回答を依頼した。質問紙は、1機関平均5名程に配布した。記入した調査票はマスキング封筒に回答者が厳封し、各機関毎に返信用封筒を投函してもらい回収を行った。調査期間は、2020（令和2）年9月15日から同年11月30日までの2.5カ月間とした。

表4－1　アンケート調査の対象と方法

	生活困窮者自立相談機関（市町村域）	ひきこもり地域生活支援センター（県域）	合計数
調査依頼	全国総数1,326カ所から、単純無作為抽出した329カ所（4分の1）	全国総数の75カ所	404カ所
調査回答者	ひきこもり支援を担当する複数名の相談員や就労支援員等（1機関平均5名程に配布）	ひきこもり支援を担うひきこもり支援コーディネーター（1機関平均5名程に配布）	2,020名分
有効回答率	138カ所（34%）より返送があり、327名（16%）の有効回答		
調査期間	2020（令和2）年9月15日から同年11月30日までの2.5カ月		

注：生活困窮者自立相談機関への調査依頼は、厚生労働省による2020（令和2）年1月1日付の相談窓口一覧。ひきこもり地域支援センターへの調査依頼は、同省による2019（平成31）年4月1日付の設置状況リスト。

3）アンケート調査の内容

（1）基本属性の内容

調査対象である支援者の基本的属性として、性別（2カテゴリー）、年齢（5カテゴリー）、最終学歴（5カテゴリー）、専門職経験年数（4カテゴリー）、現職の担当年数（4カテゴリー）、担当する40歳以上のひきこもり事例数（4カテゴリー）、所属機関（2カテゴリー）、職種（4カテゴリー）、基礎資格（8カテゴリー）について選択肢から1つ選んでもらった。ただし、職種と基礎資格については複数回答となっている。

（2）質問項目の作成プロセスおよび26の項目内容

先行研究による既存の尺度等が見当たらないなかで、中高年齢期ひきこもりの生活困難を把握するにあたり、わが国におけるひきこもり認識の主要研究である斎藤（1998:100-2）によるひきこもりシステム「本人」「家族」「社会（地域環境）」という認識枠組みを基本的視点として、さらに「ひきこもり問題の性質」を加えた4つの枠組みを設けた。

これら4つの枠組みにおける下位の質問項目作成にあたっては、先のひきこもりを捉える「本人」「家族」「社会（地域環境）」の枠組みに対応させて、ソーシャルワークにおける生活問題の検討（平塚 1994:34-8）、さらに同研究を欧米の先行研究（Goldberg, E. M. et al. 1985:178 ; Minahan, A. et al. 1987:173）を渉猟し発展させた平塚（2002:29-31）の生活問題の分類を援用し、生活困難を測る質問項目に組み合わせて作成した。また併せて、わが国における中高年齢期のひきこもりにある人々についての大規模実態調査（川北ら 2017:13-4；横浜市 2018:17-21）、中高年齢期のひきこもりについての先行実態調査等のレビュー（矢ヶ部 2019:64-70）も参考にした。もうひとつの枠組みである「ひきこもり問題の性質」については、事例研究による中高年齢期ひきこもりの問題性質（矢ヶ部ら 2019: 1 - 7 ）の結果を参考にして3つの質問項目を作成した。

以上のように、質問項目作成にあたっては、ひきこもりを捉える4つの枠組みに対してソーシャルワークにおける生活困難に関わる先行研究、中高年齢期ひきこもりの先行研究、そして事例研究で得られた知見を基にして生活困難を測る質問項目を構成した。

また、作成した質問項目の内容的妥当性を図るため、ひきこもり支援経験があるソーシャルワーカー10名の協力を得て質問項目について検討してもらった。さらに、ひきこもり支援機関に所属する支援員10名に同質問項目のプレテスト

を実施した結果を踏まえ、最終的にひきこもりに伴う生活困難の４側面とする「ひきこもり本人」についての質問11項目、「家族」についての質問５項目、「地域環境」についての質問７項目、「ひきこもり問題の性質」についての質問３項目による中高年齢期のひきこもりの生活困難を測る26の質問項目とした。

　26の質問項目の内容（平均値と標準偏差を含む）については、表４－２のとおりである。ひきこもり本人についての質問は11項目、家族についての質問は５項目、地域環境についての質問は７項目、ひきこもり問題の性質についての質問は３項目となっている。なお、質問項目12と質問項目14は、１点～４点の度数データが反転する逆転項目である。

　質問項目の回答分布については、表４－３の通りである。生活困難を測る質問項目として、調査対象となった支援者のアンケート回答が事前に「ややあてはまる」、「とてもあてはまる」の度数割合がある程度大きくなることを推測している。しかしながら、「全くあてはまらない」の回答分布として、質問項目13「家族は、暴力等による本人への萎縮はありますか」は、21.1％の割合であった。また、「あまりあてはらまらない」の回答分布として、質問項目12「家族は、本人がひきこもることへの理解がありますか（逆転項目）」は41.0％、質問項目14「家族は、支援者に対する協力はありますか（逆転項目）」は、62.1％、質問項目18「他の支援機関が、ひきこもりへの理解が不足していると感じますか」は、41.3％という割合を示していた。

4）分析方法

　調査データとして138支援機関（回答率34％）より返送があり、支援者399名（回答率20％）から回答を得た。26の質問項目（４件法）から１項目でも無回答がある、また回答全般が極端に１や５に集中して明らかに信憑性に欠けると考えられる項目があった場合は欠損値とした（小塩　2018:20；酒井　2011:122-3）。最終的に、欠損値71名を除いた327名（有効回答率16％）による26の質問項目の回答をデータ分析の対象とした。

　データ分析の単位は、26の質問項目を通して中高年齢期のひきこもり支援に携わる専門職が捉えるひきこもりに伴う生活困難についての度数データである。各質問項目の回答にあたっては、「全くあてはまらない」「あまりあてはまらい」「ややあてはまる」「とてもあてはまる」（４件法）による１点～４点のスケールとして生活困難が大きいと想定される程に高い得点となるように配点した（逆転項目が２項目あり）。

表4－2　26の質問項目（平均値と標準偏差）

n=327

質問項目	平均値	標準偏差
［ひきこもり本人についての質問項目］		
質問項目1　本人は、気分や感情をコントロールすることに問題を抱えていますか	3.17	0.70
質問項目2　本人は、体調を維持することに問題を抱えていますか	2.89	0.75
質問項目3　本人は、家族との関係に支障はありますか	3.39	0.72
質問項目4　本人は、友人や他者との関係に支障はありますか	3.60	0.61
質問項目5　本人は、コミュニケーションに不器用さはありますか	3.66	0.53
質問項目6　本人は、過去に学校になじむことができなかった経験がありますか	3.23	0.70
質問項目7　本人は、過去に職場になじむことができなかった経験がありますか	3.41	0.66
質問項目8　本人は、現在どこにも居場所がないという気持ちをもっていますか	2.87	0.73
質問項目9　本人は、今の状況を変えたくないという気持ちをもっていますか	2.80	0.73
質問項目10　本人は、はっきりした理由はないが不安感を感じていますか	3.20	0.70
質問項目11　本人は、自ら決定することの難しさがありますか	3.18	0.71
［家族についての質問項目］		
質問項目12　家族は、本人がひきこもることへの理解がありますか	2.61	0.68
質問項目13　家族は、暴力等による本人への委縮はありますか	2.31	0.88
質問項目14　家族は、支援者に対する協力はありますか	2.14	0.65
質問項目15　家族の経済的な困難がありますか	2.88	0.74
質問項目16　家族自身が孤立しているように感じますか	2.54	0.41
［地域環境についての質問項目］		
質問項目17　本人や家族が、支援機関の対応に失望した経験がありますか	2.60	0.68
質問項目18　他の支援機関が、ひきこもりへの理解が不足していると感じますか	2.63	0.69
質問項目19　他の支援機関と連携することの難しさを感じますか	2.74	0.72
質問項目20　アウトリーチによる支援が不足していると思いますか	3.12	0.74
質問項目21　医療機関等の治療のための資源が不足していると思いますか	3.01	0.79
質問項目22　居場所等の安心して集う資源が不足していると思いますか	3.34	0.71
質問項目23　就労支援等の働くための資源が不足していると思いますか	3.32	0.75
［ひきこもり問題の性質についての質問項目］		
質問項目24　支援することに対する負担感を感じますか	2.90	0.80
質問項目25　いくつかの問題が重なり合っていると思いますか	3.81	0.47
質問項目26　問題が悪循環して、より複雑な問題になっていると思いますか	3.50	0.47

注：質問項目12と14は、逆転項目である。

表4－3　質問項目の回答分布

単位：名（％）

質問項目	回答カテゴリー			
	全くあてはまらない	あまりあてはまらない	ややあてはまる	とてもあてはまる
質問項目1	3 (0.9)	49 (15.0)	165 (50.5)	110 (33.6)
質問項目2	9 (2.8)	84 (25.7)	167 (51.1)	67 (20.5)
質問項目3	8 (2.4)	21 (6.4)	135 (41.3)	163 (49.8)
質問項目4	2 (0.6)	15 (4.6)	96 (29.4)	214 (65.4)
質問項目5	2 (0.6)	3 (0.9)	99 (30.3)	223 (68.2)
質問項目6	5 (1.5)	37 (11.3)	163 (49.8)	122 (37.3)
質問項目7	4 (1.2)	20 (6.1)	141 (43.1)	162 (49.5)
質問項目8	3 (0.9)	101 (30.6)	159 (48.9)	64 (19.6)
質問項目9	8 (2.4)	102 (31.2)	165 (50.5)	52 (15.9)
質問項目10	4 (1.2)	40 (12.2)	168 (51.4)	115 (35.2)
質問項目11	3 (0.9)	49 (15.0)	160 (48.9)	115 (35.2)
質問項目12	10 (3.1)	134 (41.0)	157 (48.0)	26 (8.0)
質問項目13	69 (21.1)	110 (33.6)	125 (38.2)	23 (7.0)
質問項目14	43 (13.1)	203 (62.1)	74 (22.6)	7 (2.1)
質問項目15	15 (4.6)	67 (20.5)	187 (57.2)	58 (17.7)
質問項目16	12 (3.7)	102 (31.2)	171 (52.3)	42 (12.8)
質問項目17	13 (4.0)	129 (39.4)	162 (49.5)	23 (7.0)
質問項目18	9 (2.8)	135 (41.3)	152 (46.5)	31 (9.5)
質問項目19	15 (4.6)	92 (28.1)	183 (56.0)	37 (11.3)
質問項目20	4 (1.2)	60 (18.2)	155 (47.4)	108 (33.0)
質問項目21	7 (2.1)	79 (24.2)	144 (44.0)	97 (29.7)
質問項目22	4 (1.2)	34 (10.4)	137 (41.9)	152 (46.5)
質問項目23	6 (1.8)	37 (11.3)	129 (39.4)	155 (47.4)
質問項目24	15 (4.6)	77 (23.5)	161 (49.2)	74 (22.6)
質問項目25	3 (0.9)	2 (0.6)	50 (15.3)	272 (83.2)
質問項目26	2 (0.6)	13 (4.0)	132 (40.4)	327 (55.0)

(n=327)

注：％は小数点以下第二を四捨五入したため、100％とならない場合がある。

本章においては、生活困難に関わる要因の量的変数である26質問項目の記述統計、ならびに下位尺度（ひきこもり本人、家族、地域環境、ひきこもり問題の性質）の差の比較ならびに相関関係について分析を実施した。これらの統計解析においては、IBM SPSS27 Statistiscs Base を使用した。また、対応ありの一要因分散分析においては Anova 4 を利用した。

　そして次に、生活困難に関わる背景因子を抽出するために探索的因子分析を実施し、次いで抽出された生活困難の各潜在変数についての因果関係の解明を図るため共分散構造分析を実施した。

　探索的因子分析は、関連した観測変数の背後に共通して影響する潜在的概念や要因を推定する統計的分析手法（平井 2017:191）であり、ひきこもりの生活困難の背景因子を抽出するために用いた。また、共分散構造分析は、観測データの背後にある様々な要因の関係を分析する手法であり、観測によって得られたデータである観測変数と数値として直接には観測できない構成概念との複雑な関係をパス図で表現できる特徴をもつ統計的分析手法（豊田 2019:2）である。本研究では、探索的因子分析によって抽出した因子の関連性を分析するために用いた。

　まず、探索的因子分析にあたっては、研究上の分析課題（図3－7）を踏まえながら、統計学的に固有値の変化を1.00の基準にしたスクリープロット等（小塩 2018:156）を考慮し因子数を検討したところ、5因子構造が妥当であると考えられた。次いで、主因子法のプロマックス回転による探索的因子分析を行った。因子負荷量0.35以上（小塩 2015:136）を基準にして十分な因子負荷量を示さなかった質問項目を除外し、項目の意味と内容を考慮しながら繰り返し因子構造を検討した。その結果、12項目を除くいずれも因子負荷量0.39以上の計14項目の質問項目から構成される5因子を抽出した。なお、Kaiser-Meyer-Olkin（KMO）による標本妥当性は0.72であり、探索的因子分析を実施するデータ数は確保されていると判断した（平井 2017:204）。

　さらに、抽出された生活困難に関わる同因子について、要因間の関連性を分析するため共分散構造分析を行った。予め設けた福祉ニーズの分析課題(図3－7)を踏まえ、潜在変数である各因子の関連性を検討しながら解析を行った。同時に、有意水準5％未満で有意でなかった因果関係の方向性を示すパス図を除き、パス係数の推定値等を参考にして潜在変数間のパス図の修正を繰り返した。このように分析においては、理論的な整合性と統計学的な妥当性を検討しながら多重指標モデルを探索した。その結果得られたモデルについては、データ適合性を示す指標を用いて検証した。

なお、探索的因子分析においては、IBM SPSS27 Statistiscs Base を使用し、共分散構造分析では IBM SPSS27 Amos を用いた。また、有意水準は 5 ％未満とした。

5）研究倫理の配慮

　アンケート調査は、各支援機関の所属長と回答対象者へ調査目的および内容を文書にて依頼した。本研究への協力は調査対象者の任意であり、回答の有無にあたって不利益が一切生じないことを説明した。また、回答データは個人が特定されることがないよう統計的に処理され、研究成果は研究目的以外には使用しないことも明記した。回答は無記名方式であり、調査対象者の回答情報が守られるようにマスキング封筒を同封し、各支援機関による返信をもって調査への同意を得るものとした。

　本研究は、日本社会福祉学会の研究倫理指針を遵守している。また、アンケート調査にあたって、西九州大学研究倫理委員会の審査を得ている（2020（令和2）年2月10日；承認番号 19KFM32）。なお、2020 年度明治安田こころの健康財団研究助成を受けたが、内容について利益相反はない。

2．量的調査の記述統計

1）回答者の基本属性

　中高年齢期のひきこもり支援に携わる支援者 327 名の基本属性については、表4－4で示すとおりである。

　割合をみると、性別は男性 37.6％、女性 62.4％であり女性が多い回答となっている。年代は、40 歳代 33.6％、次いで 50 歳代 21.4％の割合が高かった。30 歳代も 21.1％となっており、20 歳代は 7 ％で少数である。最終学歴は、4 年制大学卒業 57.2％の割合が最も高かった。また、専門学校卒業が 13.1％であった。専門職経験年数は、10 年以上が 41.3％、次いで 5 〜 9 年が 22.6％の割合が高かった。5 年以上の専門職経験年数者が 63.9％となっている。

　また、現職務の担当年数は、5 年以上が 29.7％、次いで 1 〜 2 年が 27.8％の割合が高かった。3 年未満の現職務の担当年数が 44％となっている。40 歳以上のひきこもり事例の担当件数は、5 ケース未満 72.8％、次いで 5 〜 9 ケース16.2％の割合が高かった。所属機関については、生活困窮者自立支援相談機関が74.6％であり、ひきこもり地域支援センターが 25.4％であった。

表4－4　回答者の基本属性

n=327

	カテゴリー	度数 (%)		カテゴリー	度数 (%)
性別	男性	123 (37.6)	所属機関	生活困窮者自立支援相談機関	244 (74.6)
	女性	204 (62.4)			
年齢	20歳代	23 (7.0)		ひきこもり地域支援センター	83 (25.4)
	30歳代	69 (21.1)			
	40歳代	110 (33.6)	(複数回答)	カテゴリー	度数 (%)
	50歳代	70 (21.4)	職種	相談員	245 (74.9)
	60歳代以上	55 (16.8)		就労支援員	42 (12.8)
最終学歴	専門学校	43 (13.1)		心理士	26 (8.0)
	短期大学	33 (10.1)		その他	23 (7.0)
	4年生大学	187 (57.2)		無回答	2 (0.6)
	大学院	32 (9.8)	基礎資格	社会福祉士	110 (33.6)
	その他	31 (9.5)		精神保健福祉士	54 (16.5)
	無回答	1 (0.3)		公認心理師	28 (8.6)
専門職経験年数	3年未満	73 (22.3)		臨床心理士	25 (8.0)
	3～4年	39 (11.9)		保健師	24 (7.3)
	5～9年	74 (22.6)		介護支援専門員	48 (14.7)
	10年以上	135 (41.3)		相談支援専門員	31 (9.5)
	無回答	6 (1.8)		その他	91 (27.8)
現職務の担当年数	1年未満	53 (16.2)		(その他の主な内訳)	
	1～2年	91 (27.8)		社会福祉主事	23 (7.0)
	3～4年	83 (25.4)		キャリアコンサルタント	17 (5.2)
	5年以上	97 (29.7)		介護福祉士	15 (4.6)
	無回答	3 (0.9)		保育士	9 (3.8)
担当する40歳以上のひきこもり事例数	5ケース未満	238 (72.8)		産業カウンセラー	9 (3.8)
	5～9ケース	53 (16.2)		教員免許	9 (3.8)
	10～14ケース	11 (3.4)		無回答	61 (18.7)
	15ケース以上	23 (7.0)	注：複数回答の総数は一致しない。		
	無回答	2 (0.6)			

複数回答として、職種は相談員74.9%。次いで就労支援員12.8%の割合が高かった。また、心理士が8％、その他が7％となっている。なお、質問紙の回答にあたっては、相談員とソーシャルワーカーを同じカテゴリーの相談員としてカウントしている。

2）質問項目の記述統計
（1）ひきこもり本人に関する項目

ひきこもり本人についての質問項目において、質問項目4「本人は、友人や他者との関係に支障はありますか」の平均値3.60、質問項目5「本人は、コミュニケーションに不器用さはありますか」の平均値3.66、質問項目7「本人は、過去に職場になじむことができなかった経験がありますか」の平均値3.41、質問項目3「本人は、家族との関係に支障はありますか」の平均値3.39、質問項目10「本人は、はっきりした理由はないが不安感を感じていますか」の平均値3.20が高かった。下位尺度「ひきこもり本人についての11質問項目」の平均値は3.22であった（表4−5）。

また、ひきこもり本人についての質問項目群について対応ありの一要因分散分析を実施した。結果は、$F_{(10, 3260)} = 68.54$、$p<.001$ にて有意であった（表4−6）。

表4−5　ひきこもり本人項目の記述統計

n=327

	ひきこもり本人についての質問項目	平均値	標準偏差
質問項目1	本人は、気分や感情をコントロールすることに問題を抱えていますか	3.17	0.70
質問項目2	本人は、体調を維持することに問題を抱えていますか	2.89	0.75
質問項目3	本人は、家族との関係に支障はありますか	3.39	0.72
質問項目4	本人は、友人や他者との関係に支障はありますか	3.60	0.61
質問項目5	本人は、コミュニケーションに不器用さはありますか	3.66	0.53
質問項目6	本人は、過去に学校になじむことができなかった経験がありますか	3.23	0.70
質問項目7	本人は、過去に職場になじむことができなかった経験がありますか	3.41	0.66
質問項目8	本人は、現在どこにも居場所がないという気持ちをもっていますか	2.87	0.73
質問項目9	本人は、今の状況を変えたくないという気持ちをもっていますか	2.80	0.73
質問項目10	本人は、はっきりした理由はないが不安感を感じていますか	3.20	0.70
質問項目11	本人は、自ら決定することの難しさがありますか	3.18	0.71
下位尺度	ひきこもり本人についての11質問項目	3.22	0.35

表4－6　ひきこもり本人群の一要因分散分析

Source	SS	df	MS	F	P
ひきこもり本人群	265.46	10	1.33	68.54	0.000
誤差	1262.54	3260	0.39		
全体	1961.12	3596			

（2）家族に関する項目

　家族についての質問項目においては、質問項目15「家族の経済的な困難がありますか」の平均値2.88、質問項目16「家族自身が孤立しているように感じますか」の平均値2.74、質問項目12「家族は、本人がひきこもることへの理解がありますか（逆転項目）」の平均値2.61が高かった。しかし、下位尺度「家族についての5質問項目」の平均値2.54にみられるように、他の下位項目より相対的に低かった（表4－7）。

　また、家族の質問項目群について対応ありの一要因分散分析を実施した。結果は、$F_{(4, 1304)} = 64.94$、$p<.001$ にて有意であった（表4－8）。

表4－7　家族項目の記述統計

n=327

	家族についての質問項目	平均値	標準偏差
質問項目12	家族は、本人がひきこもることへの理解がありますか（逆転項目）	2.61	0.68
質問項目13	家族は、暴力等による本人への委縮はありますか	2.31	0.88
質問項目14	家族は、支援者に対する協力はありますか（逆転項目）	2.14	0.65
質問項目15	家族の経済的な困難がありますか	2.88	0.74
質問項目16	家族自身が孤立しているように感じますか	2.74	0.72
下位尺度	家族についての5質問項目	2.54	0.41

表4－8　家族群の一要因分散分析

Source	SS	df	MS	F	P
家族群	122.93	4	30.73	64.94	0.000
誤差	617.07	1304	0.47		
全体	1016.58	1634			

（3）地域環境に関する項目

　地域環境についての質問項目においては、質問項目22「居場所等の安心して集う資源が不足していると思いますか」の平均値3.34、質問項目23「就労支援等の働くための資源が不足していると思いますか」の平均値3.32、質問項目20「アウトリーチによる支援が不足していると思いますか」の平均値3.12、質問項目21「医療機関等の治療のための資源が不足していると思いますか」の平均値3.01が高かった。下位尺度「地域環境についての7質問項目」の平均値は2.97であった（表4－9）。

　また、地域環境の質問項目群について対応ありの一要因分散分析を実施した。結果は、$F_{(6, 1956)}$ = 83.69、$p<.001$にて有意であった（表4－10）。

表4－9　地域環境項目の記述統計

n=327

	地域環境についての質問項目	平均値	標準偏差
質問項目17	本人や家族が、支援機関の対応に失望した経験がありますか	2.60	0.68
質問項目18	他の支援機関が、ひきこもりへの理解が不足していると感じますか	2.63	0.69
質問項目19	他の支援機関と連携することの難しさを感じますか	2.74	0.72
質問項目20	アウトリーチによる支援が不足していると思いますか	3.12	0.74
質問項目21	医療機関等の治療のための資源が不足していると思いますか	3.01	0.79
質問項目22	居場所等の安心して集う資源が不足していると思いますか	3.34	0.71
質問項目23	就労支援等の働くための資源が不足していると思いますか	3.32	0.75
下位尺度	地域環境についての7質問項目	2.97	0.44

表4－10　地域環境群の一要因分散分析

Source	SS	df	MS	F	P
地域環境群	194.48	6	32.41	83.69	0.000
誤差	757.52	1956	0.39		
全体	1398.27	2288			

（4）ひきこもり問題の性質に関する項目

　ひきこもり問題の性質についての質問項目においては、質問項目25「いくつかの問題が重なり合っていると思いますか」の平均値3.81、質問項目26「問題が悪循環して、より複雑な問題になっていると思いますか」の平均値3.50が高かった。質問項目24「支援することに対する負担感を感じますか」の平均値は2.90であり、他の2項目に比べ低かった。下位尺度「ひきこもり問題の性質についての3質問項目」の平均値は3.40であった（表4－11）。

　また、ひきこもり問題性質の質問項目群について対応ありの一要因分散分析を実施した。結果は、$F_{(2,652)} = 250.95$、$p < .001$ にて有意であった（表4－12）。

表4－11　ひきこもり問題性質項目の記述統計

n=327

ひきこもり問題の性質についての質問項目		平均値	標準偏差
質問項目24	支援することに対する負担感を感じますか	2.90	0.80
質問項目25	いくつかの問題が重なり合っていると思いますか	3.81	0.47
質問項目26	問題が悪循環して、より複雑な問題になっていると思いますか	3.50	0.61
下位尺度	ひきこもり問題の性質についての3質問項目	3.40	0.47

表4－12　ひきこもり問題性質群の一要因分散分析

Source	SS	df	MS	F	P
ひきもり問題の性質群	139.48	2	69.73	250.95	0.000
誤差	181.19	652	0.28		
全体	539.76	980			

3．質問項目ならびに下位尺度間の関連性

1）下位尺度群間の比較

　4の下位尺度間について対応ありの一要因分散分析を実施した。結果は、$F_{(3,978)} = 210.05$、$p < .001$ で有意であった。また図4－1が示すように、「ひきこもり問題の性質群」、「ひきこもり本人群」、「地域環境群」、「家族群」の順に平均値が高く、ライアン法を用いて多重比較を行ったところ、4群尺度間いずれの比較においても有意であった（$p < .001$）。

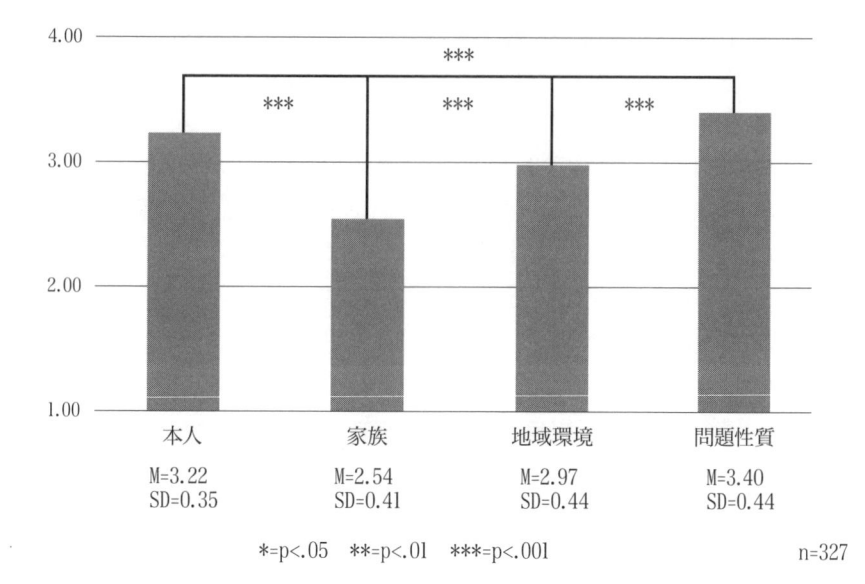

*=p<.05　**=p<.01　***=p<.001　　　　　n=327

図4－1　　下位尺度群における平均値の比較（一要因分散分析および多重比較の結果）

2）質問項目ならびに下位尺度間の相関関係

　生活困難を測る26の質問項目間についてピアソンの相関係数にて検討したところ、比較的強い相関として、質問項目22「居場所等の安心して集う資源が不足していると思いますか」および質問項目23「就労支援等の働くための資源が不足していると思いますか」r=.539（p<.001）、さらに質問項目25「いくつかの問題が重なり合っていると思いますか」および質問項目26「問題が悪循環して、より複雑な問題になっていると思いますか」r=.561（p<.001）等が挙げられた（表4－13）。

　また、4の下位尺度についてもピアソンの相関係数にて検討した。4群尺度間のいずれの相関関係においても有意であった（p<.001）。そのなかでも、「ひきこもり本人の項目群」と「家族の項目群」r=.378（p<.001）、また「地域環境の項目群」と「ひきこもり問題の性質の項目群」r=.364（p<.001）に弱い相関があった（表4－14）。

表4－13　比較的強い相関がある項目

比較的強い相関がある質問項目	ピアソンの相関係数r
1 「本人の気分感情の困難」および 2 「本人の体調維持の困難」	.423***
2 「本人の家族との関係困難」および 13 「暴力等による本人への委縮」	.430***
4 「本人の他者関係の困難」および 5 「本人のコミュニケーションの不器用さ」	.411***
15 「家族の経済的な困難」および 16 「家族自身の孤立」	.456***
18 「支援機関のひきこもり理解不足」および 19 「支援機関相互の連携の難しさ」	.472***
22 「居場所支援の資源不足」および 23 「就労支援の資源不足」	.539***
25 「ひきこもり問題の複合性」および 26 「ひきこもりによる悪循環状況」	.561***

*=p<.05　**=p<.01　***=p<.001　　　　　　　　　　　　　　　　　n=327

注：ピアソンの相関係数rは、0.4以上をもって比較的強い相関があるとみなした。
　　質問項目については、内容を要約している。

表4－14　下位尺度間の相関

	ひきこもり本人の項目	家族の項目	地域環境の項目	ひきこもり問題の性質の項目
ひきもり本人の項目	–	.378***	.285***	.250***
家族の項目		–	.237***	.235***
地域環境の項目			–	.364***
ひきこもり問題の性質の項目				–

*=p<.05　**=p<.01　***=p<.001

3）量的調査の分析結果

　支援機関を対象とした全国的な質問紙調査によって、中高年齢期のひきこもり本人について、質問項目4「本人は、友人や他者との関係に支障はありますか」と質問項目5「本人は、コミュニケーションに不器用さはありますか」等の平均値が高く、相関係数も r=.411（p<.001）にて比較的強い相関もみられた。全般的にひきこもり本人の対人関係の不得手さがあることが確認できた。

　また、地域環境として、質問項目22「居場所等の安心して集う資源が不足していると思いますか」と質問項目23「就労支援等の働くための資源が不足していると思いますか」も平均値が高く、相関係数も r=.539（p<.001）にて比較的強い相関もみられた。ひきこもりの地域支援において、社会資源が不足している

ことが明白になったと考えられる。

　他方で、家族の質問項目については想定よりも平均値が低かった。その理由として、支援者の所属機関や職種によってひきこもりの家族要因の認識に相違があると考えられる。支援者の経験年数によっても同様の差があるとも推測される。

　下位尺度群間では、「ひきこもり問題の性質」の平均値3.40と「ひきこもり本人」の平均値3.22が高く、「地域環境」についても平均値は2.97であった。また一要因分散分析、と下位尺度間の多重比較においても統計学的に有意な差であった。

　本調査結果からは、中高年齢期のひきこもり要因として、ひきこもり本人要因と地域環境による影響がつよいことが確認できた。また、そこにはひきこもりの性質として質問項目25「いくつかの問題が重なり合っていると思いますか」、質問項目26「問題が悪循環して、より複雑な問題になっていると思いますか」が関連していることが示唆された。

　量的分析の結果からは、ひきこもりには地域環境要因の影響があり、またひきこもりの性質要因が媒介していることが確認できた。

４．ひきこもりによる悪循環のメカニズム

１）探索的因子分析による５因子

　福祉ニーズの分析として、ひきこもりの悪循環メカニズムを明らかにするために、探索的因子分析により抽出された５つの因子は表４－15の通りである。

　第１因子は、「閉じた不安定な家庭」因子と命名した。４項目で構成されており、「13　家族は、暴力等による本人への萎縮はありますか」、「3　本人は、家族との関係に支障がありますか」、「17　本人や家族が、支援機関の対応に失望した経験がありますか」、「16　家族自身が孤立しているように感じますか」に高い負荷量を示していた。

　第２因子は、「支援資源の不足」因子と命名した。３項目で構成されており、「22　居場所等の安心して集う資源が不足していると思いますか」、「23　就労支援等の働くための資源が不足していると思いますか」、「21　医療機関等の治療のための資源が不足していると思いますか」に高い負荷量を示していた。

　第３因子は、「関係機関の無理解」因子と命名した。２項目で構成されており、「18　他の支援機関が、ひきこもりへの理解が不足していると感じますか」、「19　他の支援機関と連携することの難しさを感じますか」に高い負荷量を示していた。

表4－15　生活困難を構成する因子

n=327

	1	2	3	4	5
第1因子「閉じた不安定な家庭」					
13　家族は、暴力等による本人への委縮はありますか	.746	-.043	-.021	-.024	-.121
3　本人は、家族との関係に支障はありますか	.635	-.023	-.146	.112	.041
17　本人や家族が、支援機関の対応に失望した経験がありますか	.432	.080	.193	-.118	.040
16　家族自身が孤立しているように感じますか	.422	.031	.050	-.023	.158
第2因子「支援資源の不足」					
22　居場所等の安心して集う資源が不足していると思いますか	.072	.821	-.045	-.011	-.072
23　就労支援等の働くための資源が不足していると思いますか	-.124	.685	-.011	.002	.113
21　医療機関等の治療のための資源が不足していると思いますか	.098	.387	.173	.008	-.031
第3因子「関係機関の無理解」					
18　他の支援機関が、ひきこもりへの理解が不足していると感じますか	-.018	-.052	.930	-.022	.024
19　他の支援機関と連携することの難しさを感じますか	-.033	.078	.487	.112	-.082
第4因子「悪循環するひきこもり状況」					
25　いくつかの問題が重なり合っていると思いますか	-.049	.040	-.009	.747	-.005
26　問題が悪循環して、より複雑な問題になっていると思いますか	.051	-.026	.074	.724	.007
第5因子「対人的な不適応経験」					
6　本人は、過去に学校になじむことができなかった経験がありますか	-.065	.010	-.006	.017	.655
7　本人は、過去に職場になじむことができなかった経験がありますか	-.008	.048	-.067	-.062	.559
5　本人は、コミュニケーションに不器用さはありますか	.141	-.052	.040	.072	.492

因子相関係数	1	2	3	4	5
1	–				
2	.306	–			
3	.389	.369	–		
4	.330	.393	.283	–	
5	.312	.211	.155	.204	–

因子抽出法：主因子法、回転法：Kaiserの正規化を伴うプロマックス法

　第4因子は、「悪循環するひきこもり状況」因子と命名した。2項目で構成されており、「25　いくつかの問題が重なり合っていると思いますか」、「26　問題が悪循環して、より複雑な問題になっていると思いますか」に高い負荷量を示していた。

　第5因子は、「対人的な不適応経験」因子と命名した。3項目で構成されてお

り、「6 本人は、過去に学校になじむことができなかった経験がありますか」、「7 本人は、過去に職場になじむことができなかった経験はありますか」、「5 本人は、コミュニケーションに不器用さはありますか」に高い負荷量を示していた。

各因子内の観測変数の間でどの程度相関があるかを示す内的整合性を確認するために Cronbach の α 信頼係数を算出した。第 1 因子「閉じた不安定な家庭」α =.66、第 2 因子「支援資源の不足」α =.67、第 3 因子「関係機関の無理解」α =.64、第 4 因子「悪循環するひきこもり状況」α =.71、第 5 因子「対人的な不適応経験」α =.59 であった。各因子において α =.50（小塩 2018:170）を下回らず、また尺度作成が目的でない因子分析は必ずしも信頼係数を重視しなくてもよい（松尾ら 2002:163）ことから、共分散構造分析を実施する一定の内的整合性は担保していると判断した。また、5 因子すべての間で正の相関がみられた（r=.16 〜 .39）。

なお、探索的因子分析によって除外された 12 の質問項目は、ひきこもり本人に関する項目は 7 つであり、「1 本人は、気分や感情をコントロールすることに問題を抱えていますか」、「2 本人は、体調を維持することに問題を抱えていますか」、「4 本人は、家族との関係に支障はありますか」、「8 本人は、現在どこにも居場所がないという気持ちをもっていますか」、「9 本人は、今の状況を変えたくないという気持ちをもっていますか」、「10 本人は、はっきりとした理由はないが不安感を感じていますか」、「11 本人は、自ら決定をすることの難しさはありますか」であった。

また、家族に関する 3 項目は「12 家族は、本人がひきこもることへの理解がありますか」、「14 家族は、支援者に対する協力はありますか」、「15 家族の経済的な困難がありますか」であった。地域環境に関する 1 項目は「20 アウトリーチによる支援が不足していると思いますか」、ひきこもり問題の性質に関する 1 項目は「24 支援することに対する負担感を感じますか」であった。

第 1 因子「閉じた不安定な家庭」は、家族のひきこもり本人への萎縮、家族関係の支障、支援機関への失望、家族自身が地域で孤立していることを表す項目から構成されている。ひきこもりにおいて家族支援の必要性（牟田ら 2017:19-23）は言うまでもないが、これまでの先行研究からは「親の対応が変わっただけでは、必ずしもひきこもり状態の改善につながるとはいえない」（日吉 2020:26-8）と指摘される。福定（2021:53-4）は、8050 問題と近接する高齢者と未婚の子世帯について質的分析を行い、その中核的課題は世帯としての社会的孤立であることを述べ、世帯の固い境界に介入する視点について論じている。本調査においても、

中高年齢期のひきこもりには家庭内での関係性の悪化と同時に地域からも閉ざされた関係となることが推測され、ひきこもり本人とその家族の孤立化が課題になり因子として収束したと考えられる。

第2因子「支援資源の不足」は、居場所・就労支援の資源、治療資源の不足を表す項目から構成されている。実状としてひきこもり支援の資源は乏しく、医療のみではなく地域資源との連携の重要性が強調されている（斎藤 2015:1556-7）。また、中高年齢期のひきこもりにある人やその家族を含めた支援の在り方を調査した東京都（2020:42-3）は、関係機関の回答から今後必要になる支援として「身近な地域における相談体制充実」が最も多い回答となっている。さらに、平野（2021:30-1）は「マクロ的に見れば、ひきこもり当事者は将来的に福祉の対象者になる」と述べている。このように、現状における中高年齢期のひきこもりを対象にした社会資源の不足が挙げられ、因子として収束したと考えられる。

第3因子「関係機関の無理解」は、地域の支援機関によるひきこもりへの理解不足や連携の難しさを表す項目から構成されている。例えば、既に偏見と社会規範による相互の影響が社会福祉サービスの社会的拒否（スティグマ）に影響を与える（Spicker,P 1987=226-7）ことが指摘されている。さらに池上ら（2019:36-42）は、8050問題を含めひきこもりは制度の狭間に置かれた状態像であり、従前の自立や就労支援という定式化された支援規範に疑問を投げかけている。地域の支援機関としても、昨今になって急速に社会問題化されてきた中高年齢期のひきこもりについての価値意識が多様である実態を反映し因子として収束したと考えられる。

第4因子「悪循環するひきこもり状況」は、ひきこもりが複合する問題から成り立ち、それらが負の連鎖を引き起こしていることを表す項目から構成されている。斎藤（1998:92-108）は、個人・家族・社会というシステム単位のストレス関係が相互コミュニケーションの乖離を助長し、ひきこもりシステムとして悪循環を生み出していることを明らかにしている。さらに、ひきこもりの長期化や高齢化においては、メンタルヘルスの問題等も含めて「複合的な生活問題を抱えた本人や家族がそれらのニーズを自ら表現することは難しい」（川北 2020:353）という実情もある。中高年齢期ひきこもりの性質として、外部への支援希求もなく家庭内のなかで複合している問題、そして同問題の悪循環が並立していることから因子として収束したと考えられる。

第5因子「対人的な不適応経験」は、学校や職場での挫折体験、またコミュニケーションの不器用さを表す項目から構成されている。若年層のひきこもりとの

大きな相違点として、中高年齢期のひきこもりについての内閣府調査（2019:35）では73.1%が正社員、39.1%が非正規従業員として就労した経験を有している。また、中河内（2007：49-50）によれば、大人のひきこもりにある人は「職業生活で挫折した強い心的外傷体験があり、個別対応が必要になる」という臨床的様相を報告している。山下ら（2019：705）は、精神保健福祉センターにおける中高年齢期のひきこもり相談履歴の分析を行い、最終学歴は高く就労歴がある者が多数であり、ひきこもりの契機として職場不適応が最も多いことを述べている。ひきこもり本人の暮らしの問題として、学校生活や就労による失敗や挫折体験が強い自己否定を生み、より対人関係の不安定さにも影響を及ぼすことから因子として収束したと考えられる。

2）共分散構造分析によるメカニズムモデル

探索的因子分析で抽出された５つの因子「閉じた不安定な家庭」「支援資源の不足」「関係機関の無理解」「悪循環するひきこもり状況」「対人的な不適応経験」について、分析課題に基づく各因子の関連性を考慮しながら共分散構造分析を行った。モデル構築にあたっては、ひきこもり本人の問題が家族を含む複雑な暮らしの問題に拡大し、それらがひきこもり状況の悪循環を生み出すこと、またそこには社会的要因が関わるプロセスがあると仮定した。統計解析の結果、図４－２で示す多重指標モデルが最もデータとの適合性が良く、妥当性が高いと判断して採用した。

同モデルの適合度指標は、GFI=.946、AGFI=.918、CFI=.925、RMSEA=.052であった。RMSEAは僅かに.050を上回るが、モデルを採用する統計学的な基準（豊田 2007:18）に照らして妥当性あるモデルだと評価した。

潜在変数である各因子の関連においては、第５因子「対人的な不適応経験」から第１因子「閉じた不安定な家庭」へのパス係数が.31（p<.01）、第１因子「閉じた不安定な家庭」から第４因子「悪循環するひきこもり状況」へのパス係数が.26（p<.01）、第１因子「閉じた不安定な家庭」から第３因子「関係機関の無理解」へのパス係数が.28（p<.01）であった。また、第４因子「悪循環するひきこもり状況」から第３因子「関係機関の無理解」へのパス係数が.19（p<.05）、第３因子「関係機関の無理解」から第２因子「支援資源の不足」へのパス係数が.28（p<.01）であった。さらに、第２因子「支援資源の不足」から第４因子「悪循環するひきこもり状況」へのパス係数が.28（p<.01）、第２因子「支援資源の不足」から第１因子「不安定な閉じた家庭」へのパス係数が.21（p<.05）、第２因子「支

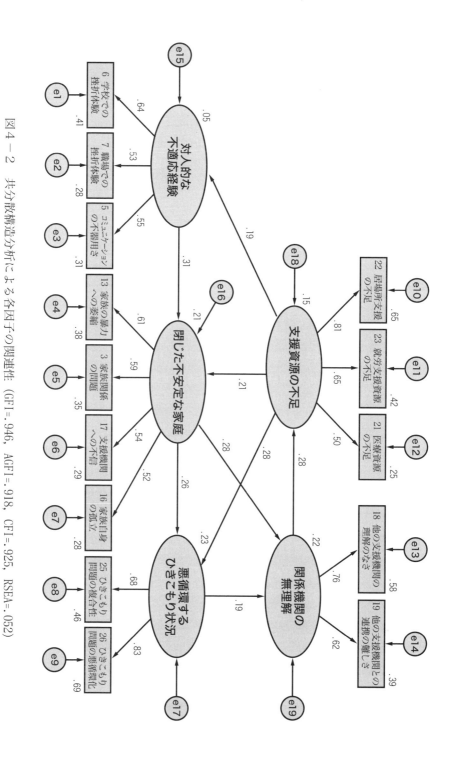

図4-2 共分散構造分析による各因子の関連性（GFI=.946, AGFI=.918, CFI=.925, RSEA=.052）

援資源の不足」から第5因子「対人的な不適応経験」へのパス係数が.19 (p<.05)であった。抽出された5因子から各観測変数への影響指数を表すパス係数は、すべて.50以上であった。

　また、高い値である.70以上のパス係数は、第4因子「悪循環するひきこもり状況」から「26　ひきこもり問題の悪循環化」（観測変数は、図4－2の記載と同様に質問項目の要点を記載している。以下同じ。）へのパス係数が.83、第3因子「関係機関の無理解」から「18　他の支援機関の理解のなさ」へのパス係数が.76、第2因子「支援資源の不足」から「22　居場所支援の不足」へのパス係数が.81であった。なお、5つの因子から各観測変数に向かうすべての単方向パス図において、p<.001にて有意であった。

　さらに、図4－2で示すひきこもりの悪循環を生み出すメカニズムとして次の2点が示唆された。

　ひとつは、ひきこもりの悪循環状況を生み出す直線的な因果関係である。第5因子「対人的な不適応経験」から暮らしの問題といえる第1因子「不安定な閉じた家庭」に影響を与え、第1因子「不安定な閉じた家庭」が第4因子「悪循環するひきこもり状況」に影響を与えていることが分かった。即ち、ひきこもり本人のコミュニケーション不全が家庭全体にも不安定な影響を及ぼし、さらに多様な暮らしの問題によって家庭自体が地域から孤立していくことが考えられた。

　加えて、第2因子「支援資源の不足」が第4因子「悪循環する状況」に影響を与えていることも分かった。アウトリーチ等による地域支援による介入がなければ、時間の経過とともにひきこもり状況が悪化していくといえるであろう。ひきこもりシステムの悪循環（斎藤　1998:100-2）として、中高年齢期のひきこもり本人の挫折体験や家庭内外の暮らしの問題の複合化による状況形成が考えられた。

　もうひとつのメカニズムは、社会資源の少なさが直接的にひきこもり本人、その家庭、悪循環の状況形成に影響を与えていることである。第2因子「支援資源の不足」は、第5因子「対人的な不適応経験」、第1因子「不安定な閉じた家庭」、第4因子「悪循環するひきこもり状況」に影響を及ぼしていた。斎藤（2020）は、中高年齢期のひきこもり支援において、福祉サービスと無関係に治療プランは策定できず、福祉サービスの利用支援がしばしば最重要課題になることを指摘している。ひきこもりへの生活支援が欠かせないことが示唆されている。

　また、社会的要因として第3因子「関係機関の無理解」があることも分かった。分析結果においては、第3因子「関係機関の無理解」が第2因子「支援資源の不足」に影響し、さらに先にも述べたとおり第2因子「支援資源の不足」が第4因

子「悪循環化するひきこもり状況」に影響するトライアングルを形成していた。また、第１因子「閉じた不安定な家庭」が第３因子「関係機関の無理解」にも影響を与えている。支援困難な家庭や社会資源の不足といった要因が、支援機関による無理解を形作ることが示されている。これまでのひきこもり研究において社会的要因の影響に関する研究は限定されていたが（林・竹島・羽藤ら：2017）、中高年齢期のひきこもりを対象とした本調査からは社会資源の不足や支援機関による偏見が具体的な社会的要因となることが考えられた。

　社会的排除には、「社会関係の危うさや切断による参加の欠如と様々な複合的で不利な経験」（岩田 2008:22-6）が蓄積されているが、本研究によるメカニズムの可視化からも、ひきこもりがある家庭が地域から孤立し、またそこには社会資源の有無やひきこもりへの無理解が社会的要因として影響する社会的排除の側面があることが考えられた。

　本量的調査の結果において、アンケート調査項目の基礎となる平塚ら（2005）の狭間概念との関連においては、とくに、狭間の類型１「資源配分やサービス供給に関する制度上の未整備などの欠落による関係」、類型２「制度の欠損による関係」、類型３「制度機構（機関・組織）の諸価値観の葛藤・逆機能」、類型４「ソーシャルワーカーや他専門職、関係者による逆機能」、類型５「ソーシャルワーカーと関係機関との関係（協力・連携・協働）」との関連性が示唆された。つまり、ひきこもりの社会的排除には、社会資源の不足とともに、そこに従事する支援者等がもつ価値規範が影響していることが考えられた。

　また、福祉ニーズと分析課題（図３－７）との関連では、「暮らしの問題の複雑化」には、おもに「支援資源の不足」との関連性が示唆された。地域の社会資源の不足によって、「暮らしの問題の複雑化」に影響していることが考えられた。

　辻本（2020:23）は、ひきこもりの地域支援について、ひきこもりにある人の社会参加は様々であって他人や社会と繋がりながら生活することを続けていくことが基本になることを述べている。中高年齢期ひきこもりに伴う生活困難の地域生活支援のためには、まずはひきこもりがある家庭をあらゆる側面から支えるための地域資源とそのネットワークを充実させていくことが課題になろう。また、支援者がもつひきこもり観がどのようなものかが重要になってくると考えらえる。

３）福祉ニーズの定量的分析と仮説検証

　第４章においては、全国の生活困窮者自立支援相談機関、およびひきこもり地域生活支援センターに所属する支援者327名によるアンケート回答データを分析

対象にして、おもに福祉ニーズに関わる多変量解析（探索的因子分析および共分散構造分析）を行った。探索的因子分析の結果、第1因子「閉じた不安定な家庭」、第2因子「支援資源の不足」、第3因子「関係機関の無理解」、第4因子「悪循環するひきこもり状況」、第5因子「対人的な不適応経験」が抽出された。さらに、抽出された5つの各因子の関連性を分析するため共分散構造分析を実施し、ひきこもりの悪循環メカニズムの解明を図った。同モデルの適合度指標は、GFI=.946、AGFI=.918、CFI=.925、RMSEA=.052であり、統計学的に妥当性あるモデルだと評価できた。

　福祉ニーズの分析課題においては、探索的因子分析によって抽出された5つの因子より、〔課題2〕悪循環する状況形成がある、〔課題3〕家庭内での抱え込みがある、〔課題4〕地域からの孤立が生じている、という福祉ニーズを明らかすることができたと考える。

　また、仮説検証においては、研究仮説である〔仮説1〕「アウトリーチは、見えづらいニーズをキャッチする」は、探索的因子分析によって、ひきこもり家庭内における第1因子「閉じた不安定な家庭」、第5因子「対人的な不適応経験」が抽出されたことで、量的要因としての見えづらいニーズが検証された。

　〔仮説2〕「アセスメントは、社会関係の狭間を可視化する」は、探索的因子分析によって、地域における第2因子「支援資源の不足」、第3因子「関係機関の無理解」が抽出されたことで、量的要因としての社会関係の狭間が検証された。さらに、共分散構造分析では、第5因子「対人的な不適応経験」から第1因子「閉じた不安定な家庭」に向かう因子間の関連性（p<.01）が示され、続けて第1因子「閉じた不安定な家庭」から第4因子「悪循環する状況」に向かう因子間の関連性（p<.01）が示されたことによって、ひきこもりの悪循環状況が形成される社会関係の狭間の関連性が量的に検証された。

　〔仮説3〕「ネットワークは、社会資源の活用を促進する」は、共分散構造分析によって、第2因子「支援資源の不足」は、第5因子「対人的な不適応経験」に向かう因子間の関連性（p<.05）、ならびに第1因子「閉じた不安定な家庭」に向かう関連性（p<.05）、そして第4因子「悪循環する状況」に向かう関連性（p<.01）が確認された。このように、第2因子「支援資源の不足」は、広範囲に影響している関連性が示されたことによって、社会資源が不足する背景にはネットワークが機能していないことが量的に検証された。加えて、第3因子「関係機関の無理解」は、第2因子「支援資源の不足」に向かう関連性（p<.05）が示されたことから、社会資源の活用が促進されない背景には、連携等によるネットワークが不

第4章 混乱のシーンの書き分け方

十分であることが確認された。

第5章　福祉ニーズの質的分析

1．質的調査の目的および対象と方法

1）質的調査の目的

　本章では、福祉ニーズの分析課題である「暮らしの問題の複雑化」や「悪循環する状況形成」がいかに形成されているのかについて質的（定性的）分析を行う。中高年齢期のひきこもりにある人々を支援しているソーシャルワーカーより事例の提供を受けたうえで、その事例についての詳細な語りから生活困難の要因と構造について分析する。

　質的調査によって、第1に、複数の中高年齢期ひきこもり事例の共通性を探り、生活困難を抱える世帯の特性を検討する。第2に、各事例のソーシャルワーカーによる語りのデータ分析によって中高年齢期のひきこもりの生活困難の構造について検討する。

2）インタビュー調査の対象と方法
（1）インタビュー調査の協力者

　インタビュー調査の対象となるソーシャルワーカーの選定は、次のように個人的要件と職務上の要件という2つの要件を設定した。

　個人要件としては、①ひきこもり支援機関に所属していること、②社会福祉士、もしくは精神保健福祉士の国家資格を保持していること、③10年以上の相談援助の実務経験があること、④所属内にて指導的役割を有していること、を条件とした。

　また、職務上の要件としては、①生活困窮者支援や地域定着支援、成年後見等の全国的にも先駆的なソーシャルワーク実践を展開している職能団体のA機関（ソーシャルワーカー5名）、それ以外のワーカーとしては、②支援困難事例やスーパーバイズを担当している生活困窮者自立支援制度に規定されている主任相談支援員（それぞれ別機関に所属する3名）とした。

　2020（令和2）年6月〜同年9月に、研究に同意が得られた8名のソーシャル

ワーカーを対象として事例を提示してもらい、半構造化インタビューを実施した。調査協力者8名の属性は、表5－1の通りである。なお、インタビュー時間はソーシャルワーカー1名あたり平均78分程度であった。事例数は、合計15事例である。

表5－1　調査協力者の一覧

調査協力者	性別	年代	相談援助経験年数	国家資格	インタビュー時間	事例数
A	女性	30歳代	12年	社会福祉士	約100分	2事例
B	女性	30歳代	18年	社会福祉士	約135分	3事例
C	男性	50歳代	23年	社会福祉士	約55分	1事例
D	女性	30歳代	10年	社会福祉士 精神保健福祉士	約70分	2事例
E	男性	40歳代	10年	社会福祉士	約65分	1事例
F	男性	30歳代	10年	社会福祉士	約65分	2事例
G	男性	30歳代	10年	社会福祉士	約70分	2事例
H	女性	50歳代	15年	社会福祉士 精神保健福祉士	約70分	2事例

注：上記は、インタビュー対象者の選定要件を満たしている。

（2）インタビューの質問項目

　ソーシャルワークにおける生活問題の分類（平塚2002：30）を参考とした。加えて、ひきこもり主要文献の先行研究レビュー（矢ヶ部 2019）を実施したうえで、ソーシャルワーカー10名による質問項目の内容的妥当性について検討してもらった。さらに、一定の経験があるソーシャルワーカー2名にインタビューのプレテストを実施した結果を踏まえて、次のように質問項目を整理した。

　インタビューの質問項目は、①ケースの概略（ケース選定の理由・相談に至った経過・本事例の特徴・相談の経過）、②ひきこもりである本人の状態（精神疾患等）、③本人と家族等の周囲の人との関係、④経済的な困窮状態、⑤本人の過去の挫折体験（いじめ、仕事等）、⑥本人や家族が孤立している理由、⑦様々な問題が重なっている悪循環状況の背景について、半構造的に自由に語ってもらった。

　なお、インタビューを実施する前に、事例に関するフェイスシートやエコマップ等の提示を受けて事例概要について確認を行った。

（3）事例の定義と選定基準

インタビューにあたって、中高年齢期のひきこもりの操作的定義として、先行研究である内閣府（2019:2-12）を基本として、さらに事例について深い語りを得るために、ソーシャルワーカー2名へのプレテストの結果を反映させた。すなわち、①40歳から64歳の年齢であり、②コンビニに行く等の外出は行うが家族以外との他者との交流がないこと、③ひきこもり状態が3年程度以上、④統合失調症等により入院治療が優先されるような精神障害の影響下でない、とした。

ソーシャルワーカーによる事例の選定にあたっては、中高年齢期の操作的定義に該当し、支援担当者として困難に感じた事例、また印象に残った事例について2事例程の提示を依頼した。その理由として、専門家インタビューにおいて限られた時間内でいかに特定の焦点に的を絞り、研究方法的なコントロールが維持できるかが課題になるからである（U.Flick=2017:204-205）。半構造化面接が調査対象者の省察につながるようなインタビュー構成であり、かつ生活困難について詳細なエピソードとその具体的背景を聞き取ることができるインタビュー内容となるようにした。

なお、調査対象となるソーシャルワーカーの所属機関にも同意を得て、個人情報に留意したうえで事例に関するフェイスシート等についても提示を受けた。ソーシャルワーカーによって提供され、語られた15事例の概要については表5－2のとおりである。

3）研究倫理の配慮

インタビュー調査にあたって西九州大学研究倫理委員会の審査を得ている（2020（令和2）年2月10日；承認番号19KFM32）。本調査の対象となるソーシャルワーカー、ならびにその所属機関に調査目的や個人情報保護等の研究倫理について説明し書面で同意を得たうえで、インタビュー内容についてICレコーダーを用いて録音を行った。開示すべき利益相反はない。

なお、事例等の記述にあたっては、個人情報保護のためにフェイスシートやエコマップ等の詳細な情報は控えており、語られた事例の文脈を損なわない範囲で内容の修正を行っている。

表5-2　インタビュー事例の概要

事例	性別	年代	世帯	相談経路	ひきこもり期間	疾患	職歴	ひきこもり状態の誘因
事例1	男性	60歳代前半	単身	民生委員からの相談	3年以上	なし	5年以上	離職
事例2	男性	60歳代前半	単身(途中より)	母親のケアマネが相談	30年以上	軽微な内科疾患	アルバイト程度	離職による帰郷
事例3	男性	40歳代	単身	家族からの相談	20年以上	なし	自営業	家族との衝突
事例4	女性	50歳代	弟との2人世帯	本人が相談	10年以上	整形外科疾患	12年以上	体調不良
事例5	男性	50歳代	単身(途中より)	母親のケアマネが相談	3年以上	整形外科疾患	20年以上	交通事故による怪我
事例6	男性	50歳代	単身	行政からの依頼	3年以上	なし	あり(複数年)	離職
事例7	男性	40歳代	6人世帯	行政からの依頼	15年以上	なし	あり(複数年)	パワハラによる離職
事例8	男性	50歳代	単身	本人が相談	9年以上	なし	20年以上	借金
事例9	男性	40歳代	単身	行政からの依頼	10年以上	精神疾患	5年以上	離職
事例10	男性	40歳代	3人世帯	他機関からの依頼	3年以上	抑うつ状態	8年程度	過労による離職
事例11	男性	50歳代	単身	行政からの依頼	4年以上	なし	25年以上	解雇
事例12	男性	40歳代	単身	他機関からの依頼	3年以上	なし	10年以上	借金
事例13	男性	40歳代	母親との2人世帯	他機関からの依頼	4年以上	知的障害疑い	10年以上	離職
事例14	男性	50歳代	母親との2人世帯	行政からの依頼	10年以上	なし	20年以上	離職
事例15	女性	50歳代	母親との2人世帯	家族からの相談	20年以上	不明	5年以上	借金

注：上記の各事例は、操作的定義の要件に即している。

4）質的研究を用いる意義

　ここで、改めて社会福祉学とソーシャルワークの視点から、質的研究の意義について整理しておきたい。秋山（2011）は、ソーシャルワークにおいて昨今のEBP（Evidence Based Practice）の潮流によるエビデンスの科学性を丹念に整理したうえで、ソーシャルワークの難しさとして「斉一性がみられない多様な変数を抱える人間を対象としているところから始まる。ソーシャルワークは基本的に個人、家族、グループ、地域に働き掛け援助・支援を行うが、クライエントが社会に適応し自立を目指していることから、ミクロのみならず、メゾ・マクロの視点から全体を俯瞰することが求められる」（秋山 2011:35-36）と述べている。そして、「人か環境かではなく、人と環境となったのと同様に、モダンかポストモダンかではなく、科学重視と人間尊重に帰着するのではないか（秋山 2011:39）」

と指摘し、実践科学における量的研究と質的研究の相補性を強調している。エビデンスに基づく実践においても、数量化による統計的分析のみならず質的研究ならびに事例研究の意義は再評価されていくといえるであろう。

　質的研究の特徴としては、研究対象の複雑性に対して開かれた研究方法を用い、対象は変数に還元されるのではなく、複雑な姿のまま自然な日常の文脈を分析する（Flick=2017）。また、リアリティの社会的構築性や対象者との関係性、状況制約的条件をもち、社会経験がどのようにつくられ意味づけられるかに重点を置くとされる（Denzin et al.=2006）。また事例研究については、多くの文脈変数、媒介変数を含んだ特定の条件下での因果メカニズムの探求（Alexander et al.=2005）、現象と文脈の境界が明確でない場合に、現実の文脈で起こる現在の現象を探求する長所をもつ（Yin=2011）。量的研究が厳密な変数の操作化を行いその定量的関連を統計学的に検証するのに比べて、質的研究や事例研究は多様な変数を含みつつその全体的な文脈性や状況性をある一定の角度から捉えるものだということができる。生活困難を対象とするソーシャルワークにおいて、定性的な側面からの分析も求められるであろう。

　ただし、根本（2000）によれば、ソーシャルワークの事例研究においては、事例内容や分析結果の信頼性や妥当性の検証手続きは確立されているとはいえず、結果の一般化には限界があるといわれる。一方で、反復して現れる現象について例証への可能性は開かれており、そこから問題や傾向の抽出が可能になると述べている。また、臨床心理学や看護学に比して事例検討や事例分析に留まることが多く、事例研究を通したモデル構成の方法が十分に論じられなかった面もある（副田 2010）。本章においては、それらの指摘を踏まえて事例を深く分析し、一定の妥当性や信頼性が検証されている質的データ分析を用いて事例の分析を図る。

　また、本研究のテーマであるひきこもりについては、「対人関係を含む社会との関係に生じる現象をあらわしている言葉」（齊藤ら 2010）、即ち疾患や家族関係、社会関係等の複雑な変数を多数含む現象概念であると指摘される。このような事象としてのひきこもりの分析において、変数を操作する量的研究に加えて、事例研究による角度から定性的にひきこもりの質的な特性を分析することも欠かせないと考える。

2．事例研究

1）事例研究の方法

　本章での事例研究においては、社会福祉実践における事例報告（Case report）を通して実践者の支援過程を事後報告的にまとめている。既存理論の検証や事例という具体的事実の積み重ねによる仮説生成や検証、既存理論の検証を行う事例研究法（中村　2004）を試みた。具体的には、ソーシャルワーカー（以下、本章ではSwrと表記する）に複数事例を提供してもらい、それら事例の相談概況について比較分析を行った。

　事例を分析する視点として、ひきこもりが長期化・高齢化する事例の特性を探るため、Swrより提示を受けた事例の相談概要について比較検討する。相談概要として、①「相談の経緯」、②「ひきこもり状態となる家族関係や生活状況」、③「Swrが抱く事例の印象や困難性」を中心に記述し、ひきこもりに陥る状況性について整理を行った。また、川北（2019）による8050問題の支援困難性を参照してその対応関係を確認したうえで、各事例に共通する特性の分析を行ったうえで、その支援方法についても考察した。

2）15事例のひきこもり概況

　以下、ソーシャルワーカーによって提示を受けた事例の概要について示す。なお、事例の記述においては、インタビュー調査によって提供を受けた相談概要をまとめたものを記述している。また、ひきこもり状態である本人を「本人」と表記している。

（1）事例1　「民生委員の不安」

　親族と民生委員から相談に至った。自宅を訪ねても応答がない。60歳代前半の本人は無職であり、年金給付も受けていないため、生活を維持できるのかどうか周囲が心配している。以前は就業しており、家族と同居していたが、同居者が病死してからは単身生活となっている。ひきこもり状態になってからは、数カ月に一度程度、親族が様子を伺っているが会えないことも多い。周囲との関係を断っている。滞納のためライフラインである電気、水道等がストップしていた時期もある。親族が税金等の滞納をフォローしている。

　Swrの訪問も望まず、とくにかく他者と接することを拒否し、一人で静かに生活している。

（2）事例2「母親への依存」

　高齢の母親が入院となるまでは、家事や金銭管理等のすべての生活を支えていた。60歳代前半の本人は家事も行っていない。しかし、その後母親が施設入所となると、1人では生活を送ることができずに行政機関を経由して相談に至る。もともと学業は優秀であり関東の有名大学に進学したが、突如理由もはっきりせず自主退学しアルバイトを行っていた。だが次第に生活が成り立たなくなり、両親が連れ戻す形で帰郷した。詳細は不明である。それ以降、自宅でひきこもりが続いている。これまで本人や家族が支援機関に相談することはなかった。

　単身生活となった後は、両親の資産にて生計をたてているが、自宅の清掃は行われておらずゴミ屋敷となっている。食事のための買い物もままならない状態だった。Swrが介入を行い親族の援助を取り付けることで何とか生活を維持している。

（3）事例3「金銭トラブル」

　遠方に居住する親族からの相談。ひきこもり状態である本人は40歳代であり、もともと自営業で資産家である両親が健在であったころは、父親の手伝いを行っていた。しかし、父親が亡くなり、母親が入院すると生活は一変する。家業は成り立たなくなり、母親の入院費の支払いも滞るようになる。本人は就労する意欲はなく、両親の資産で生計を立てている。自宅は荒れ、滞納のためライフラインもストップしている。

　親族からは、金銭の無心もあるとの相談も寄せられている。Swrも本人と関係をとることを難しく感じている状況である。専門職も含めて、本人とは金銭管理等について話し合いが続いている。

（4）事例4「就労拒否」

　別件をとおして、50歳代の本人からの相談があった。10年以上就労しておらず家族の収入で暮らしているが、このままでは経済的にも限界が来てしまうと感じている。しかし、身体が弱いためあまり負担のかかる仕事はできない。

　Swrは丁寧に就労支援を行うも、勧められた職場はことごとく拒否となる。家族との関係も険悪であり、これまでの職場でも人間関係がうまくいかないことが多かった。同居の家族ともコミュニケーションがない。Swrは幾度となく面談を行うが、平行線のままこのような状況が続いている。Swrとは関係はとれている

が、支援を受け入れるというわけではない。様々な提案に否定的である。他に社会的なつながりはなく孤立状態は続いている。

（5）事例5「母親へのネグレクト」

高齢の母親との2人世帯。50歳代の本人は就労しておらず、母親の年金で生活している。しかし母親が認知症となり、施設入所が必要な状態となったが、本人が入所手続きを拒否している。そのため、親族と行政機関がネグレクトとして介入に至った。本人は10数年前の交通事故をきっかけに、それ以降は就労していない。収入がないため、現在は親族からの支援で生活を保っている。

本人の物腰は柔らかく、大人しい印象を受けるが、親族からの金銭的援助を期待して就労には至っていない。Swr は就労支援を行うもモチベーションは低く反応はない。経済的に厳しい状況であるが、ひきこもり状態が続いている。

（6）事例6「フードバンクの利用」

地域の民生委員より、きちんと食事をとっているかもわからなく心配しているとの声があり、行政経由で相談に至った。50歳代の本人は単身生活であり、両親は他界している。もともと地域では大規模な農家であった。親族である兄弟は他都市に居住していて、あまり交流はない。これまで様々な職を転々としていたが、人間関係や失敗等が重なりどれも継続することはできなかった。収入はないが、両親が残した貯蓄で何とか生活を送っている。

地域の人が自宅を訪ねても応答することがないが、Swr が同行しフードバンクの支援を行うことで何とか繋がりを保っている。ただし、その他の就労等の支援には消極的であり反応は薄い。Swr の印象では、対人関係をもつことが苦手なように見受けられる。行政機関と地域の民生委員等にて見守りを行っている。

（7）事例7「パワハラによる離職」

家賃滞納を契機に行政を経由して、母親より相談があった。40歳代の本人は借金が数百万円あり、その整理のために法律相談を受けたいが了承してくれない。母親は本人を除く他の家族には心配をかけたくないと話し、借金の存在は家族には知らせてはいない。以前、本人は就労していたが、10年以上前に職場でパワハラを受け、それをきっかけにひきこもり状態となっている。家族も本人とコミュニケーションをとることも難しい状況であり、借金の経緯や本人の意思についても詳細はわからない。

Swr は他の家族を含めての面談や訪問を提案するが、相談者は近隣の存在を気にして前向きにはなれない。まずは借金の債務整理を行う必要性を説明するも、相談者の意向も曖昧であり介入できない状態が続いている。

（8）事例8「ギャンブルによる借金」

50歳代の本人が行政に赴いたことで、相談につながった事例。10年以上前までは就労していたが、ギャンブル依存から借金を重ね仕事を辞めざるえない状況となった。それをきっかに人と関わることが苦痛となり、ひきこもり状態となる。これまで母親の年金で生活を送っていたが、母親が要介護状態になってしまう。福祉サービスを利用せずに本人が介護を行ってきた。しかし、病気で母親が亡くなり、収入が断たれたことにより生活ができなくなった。

Swr との面談では、本人は対人恐怖が強く当初はコミュニケーションをとることが難しかった。また、家賃滞納、数百万単位での借金があったが、何の対応もなされずにいた。Swr の介入により借金の債務整理を行いつつ、現在は何とか生活を立て直している。

（9）事例9「ゴミ屋敷」

行政を介して相談につながった事例である。40歳代の本人はこれまで不安定な就労を繰り返しており、その後ひきこもり状態となっていた。以前は精神疾患の治療歴もあり、周囲に対する暴力的な行為もみられていた。自宅はゴミ屋敷であり、とても居住ができる状態ではなかった。

高校卒業後は一時期就労していた時期もあったが、20歳代後半からは人間関係を理由に職を転々とするようになる。もともと両親は資産家だったため、経済的には困窮することはなかった。しかし両親が他界した以降は、生活が成り立たなくなった。財産をめぐって親族との関係も崩れている。対人トラブルも多く本人も情緒不安定となり、周囲との摩擦を繰り返している。

（10）事例10「過労による離職」

親族より40歳代の本人のひきこもり相談ということで、他機関からの紹介より相談に至った。国立大学を卒業しシステムエンジニアとして働いていたが、過労により身体を壊す。復職し同業の他社に就職するも、再び過労により体調を崩してしまう。離職を重ねたことにより妻との関係も悪くなり、現在は子ども含めて別居中である。精神疾患ではないが、医療機関でカウンセリングを受けている。

家族と別居後は実家で暮らしており、両親の年金で生活している。同居家族との会話等のコミュニケーションは全くなく関係は良くない。本人も働きたいとは言っているが、その意思は明確ではなく両親もどう接してよいか悩んでいる。復職する自信もなく、Swrが継続的に家族も含め支援を展開している。

(11) 事例11「アルコール関連問題」

アルコール依存症ではないが飲酒や対人関係の問題が強く、行政機関を介して相談があった事例である。50歳代の本人は、毎日飲酒する日々を送っている。自宅はゴミや空き缶が散乱している状態であり、飲酒とたばこで時間を費やしている。

高校卒業後は就業し、その後自営業である実家の仕事を切り盛りしていた。しかし、家族が亡くなった後から、職場で人間関係のトラブルが頻発するようになった。他の会社に就職するも体調不良が続き、そのままひきこもり状態となる。本人は就職活動を行わなければと思っているが、行動に移せない状態が続いている。

(12) 事例12「自殺企図」

他機関から紹介を受けた事例。40歳代の本人は、これまで正社員、派遣社員、アルバイト等の職を転々としてきた。数年前までは遠隔地にて派遣業務に従事していた。ところが、ギャンブル等により100万円以上の借金を重ね、突如家族との連絡も途絶えてしまう。家族が何とか探し出し、実家に連れ戻す。借金も両親が精算した。以後、自宅でゲームに没頭しひきこもり状態となっている。家族との会話も最小限の生活が続いている。

支援が開始されてからはSwrとの面接もスムーズであるかのように思われ、就労にも意欲をみせていた。しかし、前触れもなく多量服薬を図って入院してしまう。本人はそのことについては明確な理由は示さず、いったん支援は中断し療養を行う。退院後も支援は続いているが、本人の感情や意思は定かではなくSwrも戸惑いを隠せない。

(13) 事例13「支援困難」

支援が難しい事例ということで他機関から紹介されてきた。40歳代の本人は、両親の年金で生活している。別居している兄弟とも金銭関係をはじめとして衝突している。また、家族の介護を巡って親族や他機関とのトラブルも抱えている。

これまでも職場でトラブルが多く、長く就労が続いたことはなかった。Swr とも建設的なコミュニケーションを図ることが難しい。支援機関以外との関わりはなく、地域で孤立している状況である。本人は、経済的にも厳しく就労したい、だが家族の介護があるのでそれができないと話し本意は定かではない。Swr への反発も強い。

Swr としては、本人は言葉だけで、実際は就労を望んでいないのではないかという印象をもっている。ひきこもり状態に加えて、知的障害の疑いや家族関係等の様々な問題を抱えながら支援を続けている。

(14) 事例 14「母親の認知症」

50 歳代本人の母親が認知症で施設入所したため、行政機関より相談があった事例。もともと安定した職業につき、結婚をして子どもとも暮らしていた。しかし、借金によるトラブルが発覚し離婚、仕事が続けられなくなってしまう。その後実家に戻るも、心労によってひきこもり状態となる。両親の年金で生活しており、10 年以上就労していない。

Swr は、本人に対して非常に真面目だという印象をもっている。両親の年金で生活しているが、決して無駄使いはせず質素な生活を送っている。経済的な搾取等はない。また、無職にも関わらず通勤するかの如く毎日同じ時間に外出する生活習慣を続けている。公園で時間を潰している。ただし、支援に対しては前向きというわけではなく、Swr としても支援方針を定めることができない状況となっている。

(15) 事例 15「長期間のひきこもり」

20 年以上のひきこもりということで、近隣に住む親族から相談があった。50 歳代の本人は、母親の年金や貯金を浪費している。そのため母親は借金までしている状態である。本人、母親ともに親族の話に聞く耳をもたない。

高校卒業後は都市部で一人暮らしをしていたが、家賃を滞納してしまい食事もままならずに実家に連れ戻された。その後再び就職することはなく、自営業である母親の手伝いをして過ごしている。母親がずっと本人を支えているが、最近は母親の認知症が疑われている。本人は母親以外の親族とは関係が悪く取りつく間もない。母親自身も本人を責めることはしない。

本人や母親は支援を望んでいないが、親族としてはこのまま浪費や借金が続く生活は限界がくると考えている。Swr としては介入できないが、親族への支援を

続けている状況である。

3）ひきこもり事例の特性

（1）事例の困難性

　川北（2019）は、KHJ全国ひきこもり家族会連合会による40歳以上のひきこもり事例調査に携わり、全国の生活困窮者自立支援法による支援機関においての「窓口における支援困難」に関して次のように分類している。①「支援に時間を要する」、②「状態像の多様さ」、③「本人が問題を感じていない」、④「家族が支援を受けることに消極的」という4区分である。

　本節では表5−3に示すように、Swrによって提供された15事例と川北（2019）による分類との対応関係を確認した。①「支援に時間を要する」については、すべての事例で該当すると考えられ、どの事例においても数年単位での支援を必要とするものが多かった。また、②「状態像の多様さ」も、同様にほとんどの事例において該当すると思われた。各事例において本人の発達障害や精神疾患の履歴や疑い、またコミュニケーションの困難、家族関係の不安定さも挙げられた。③「本人が問題を感じていない」についても、本人の動機を明確に確認できない3事例（不明としている）を除き、同様に該当すると考えられるケースが多数であった。本人が自身の問題として受け止めることが難しい、加えて支援を受ける動機が明確でなく援助関係を構築する困難さが大半であることが伺えた。

　一方で、④「家族（同居）が支援を受けることに消極的」については、一部の事例を除いてその有無を確認することができなかったが、概して家族が支援を受けることに消極的であったと考えられる。なぜならば、本調査が対象とした事例では、ほとんどが同居の家族が施設入所、他界する等により不在となった後に他機関等による相談に至った場合であった。つまり、川北（2019）による調査は同居家族が健在である対象事例であることに比して、本調査では同居家族が不在となってから顕在化する事例が多数であった。

　本調査によるSwrによる15事例による語りの文脈から考えても、同居家族が支援を受けることに消極的であったと考えられる。そのため、家族が外部に相談することがなく時間が経過し、不在となった後に何らかの形で顕在化しているものだと推測される。昨今は8050問題と呼ばれる80歳代の両親と50歳代の子どもの同居世帯に生じる問題が社会化しているが、本調査の事例のように長期化・高齢化したひきこもり事例として隠れた地域課題となっているといえるであろう。

　また、若年齢期ひきこもりの特徴である心理状態の不安定さ、ひきこもり状態

表5－3　事例における支援困難性

	支援に時間を要する	状態象の多様さ	本人が問題を感じていない	同居だった家族が支援を受けることに消極的
事例1	○	不明	○	○
事例2	○	○	○	○
事例3	○	○	○	○
事例4	○	○	○	○
事例5	○	○	○	○
事例6	○	○	○	○
事例7	○	○	○	○
事例8	○	○	○	○
事例9	○	不明	不明	○
事例10	○	○	○	○
事例11	○	○	不明	○
事例12	○	○	不明	○
事例13	○	○	○	○
事例14	○	○	○	○
事例15	○	○	○	○

※事例の語りにおいて、対応を確認できない項目は不明とした。

参考：川北 稔（2019）「ひきこもり状態にある人の高年齢化と『8050問題』
生活困窮者相談窓口の調査結果から」『愛知教育大学研究報告人文・
社会科学編』68, 131-2.

に陥る背景として、対人関係に伴う葛藤や挫折、傷つき体験の影響が強い特徴に
比して、中高年齢期はよりひきこもり本人の家庭も含めた複合した生活上の問題
も作用していると考えられる（矢ヶ部 2019）。なぜ、ひきこもりの中高年齢化が
進展しているのだろうか。次項は、ひきこもりとなる社会的要因を含めた状況性
とその支援や介入の糸口についても考察する。

（2）ひきこもりに陥る事例の特性とその支援

これまでの事例1～15を概観しても、その背景となる状態像、生活歴、家族

の関係性等は様々であり、当然ながらひきこもりの長期化や高齢化に至る理由や経緯は多種多様だといえる。他方で、本調査におけるひきこもり事例に共通する状況性もみられた。

ひとつは、ひきこもりに移行する契機である。ひきこもりの長期化事例として、若年齢期にひきこもり状態に陥り、そのまま中高年齢期のひきこもり状態に移行するケースがみられた（5事例に該当）。本調査においては学齢期からひきこもり状態が継続している事例は見当たらなかったが、20歳代〜30歳代に何らかのきっかけでひきこもりになり、それが現在まで継続している事例がみられた。この場合は、ひきこもり期間が20年を超えることが多く、ひきこもり状態の長期化が特徴である。本人の社会に対する不信が深く、ひきこもりが発覚後はそれだけ支援の困難性も大きいといえる。

また、中高年齢期になって何らかのきっかけでひきこもり状態になるケースがみられた（10事例に該当）。本調査においては中高年齢期になって、主に職場の人間関係や借金等をきっかにしてひきこもり状態に陥る事例が多数であった。この場合は、ひきこもり期間が10年を超えることもあるが、若年齢期からのひきこもり事例に比べてひきこもり期間は短くなる。支援によってひきこもり状態から脱する事例もある。類型化まで至らないが、ひきこもりに陥る契機として失業や過労、それに伴う家族関係の悪化等の社会的要因が作用しているようにも考えられる。

もうひとつは、各事例に共通する状況として、客観的には支援が必要にも関わらず家族が支援を求めず家族内で本人をフォローし続ける事例が大半であった。つまり、ひきこもりの本人を抱えていても相談を求めずにそのまま長い年月が経過し抱える問題が複雑化している。そして、家族のケアや支援がなくなった後にはじめてひきこもりの存在が露呈する場合が多い。金子（2019）は、支援を求めない子どもとその家庭の特徴として、「第1に孤立しセルフネグレクトの状況であること、第2に周囲はそれを感じていても家庭の拒否にあって地域での介入が困難なこと、第3に閉じられた家庭内の情報は漫然として介入ができないこと」を挙げているが、それは中高年齢期ひきこもりにおいても同様の世帯状況だと考えられた。

そして、このような特性をもつがゆえに、表5－3の事例における支援困難性で示したように、地域から孤立したひきこもり世帯への介入や支援は困難であると認識されることが多いといえる。しかしながら、本調査においては、エキスパートともいえるソーシャルワーカーによる事例の提供であり、その実践事例にお

いては表出されにくいニーズをキャッチし、さらにそこから本人や家族と支援関係を築き、その後の支援も展開していた。

　具体的な支援の糸口としては、15事例のうち、事例4と事例15を除く13事例について、支援につながった経緯として相談を受けたソーシャルワーカーが所属する機関以外の他支援機関が関わっていた。すなわち、調査事例の実践地域において「利用者ニーズ中心の多機関多職種連携」（神山 2019:119）が機能していたといえるであろう。この13事例においては、その後の支援展開においても多機関・多職種連携を通した連携が図られ、またケアマネジメントや就労支援等の介入が実践されている事例もみられた。川島（2011:170-1）は、このようなネットワークが形成された支援において、実践力が高いソーシャルワーカーは「ハブの存在」として、「つなぐ・つなげる」役割としてネットワーク上のキーパーソンとして存在していると指摘している。本事例研究においても、事例の語り手であるソーシャルワーカーが支援展開のために、日々の業務におけるネットワーク形成の実践が社会資源として機能し、ひきこもり支援を図っていることが示唆された。

　以上のように、事例研究から、中高年齢期のひきこもり世帯の特質として、①中高年期からひきこもりになった場合は、とくに失業や借金等の社会的要因の影響が強いこと、②本人や家族による家庭内からの支援希求がないこと、③ひきこもりという隠された地域課題が、家族のサポートがなくなった後に顕在化することが確認できた。そして、事例研究の15事例のうち14事例について、④支援につながった経緯として多機関・多職種連携があり、さらにその後の支援展開としても地域連携によるネットワーク型の介入が行われていた、ことが分かった。

4）福祉ニーズの事例分析と仮説検証

　第5章2節においては、一定の要件を満たしたエキスパートである8名のソーシャルワーカーから、15のひきこもりの事例を提示してもらい、福祉ニーズの事例研究を行った。

　分析においては、ひきこもり事例の特質を探るために15事例に共通する状況性を抽出した。事例研究の結果、次の4点が見出された。「①中高年期からひきこもりになった場合は、とくに失業や借金等の社会的要因の影響が強い」こと、「②本人や家族による家庭内からの支援希求がない」こと、「③ひきこもりという隠された地域課題が、家族のサポートがなくなった後に顕在化する」。また、事例研究の15事例のうち14事例について、「④支援につながった経緯として多機関・

多職種連携があり、さらにその後の支援展開としても地域連携によるネットワーク型の介入が行われていた」ことが分かった。

　事例分析からは、とくに、①の失業や借金等の社会的要因から〔課題１〕暮らしの問題の複雑化がある、②の支援希求がないことから〔課題３〕家庭内での抱え込みがある、そして②と③の世帯自らがひきこもりを潜在化させることから〔課題４〕地域からの孤立が生じている、の様態を明らかにしたと考える。

　また、仮説検証においては、研究仮説である〔仮説１〕「アウトリーチは、見えづらいニーズをキャッチする」は、事例研究によって、②「本人や家族による家庭内からの支援希求がない」、③「ひきこもりという隠された地域課題が、家族のサポートがなくなった後に顕在化する」が事例の共通性として挙げられたことによって、質的要因としての見えづらいニーズが検証された。

　研究仮説である〔仮説２〕「アセスメントは、社会関係の狭間を可視化する」は、事例研究によって、①「中高年期からひきこもりになった場合は、とくに失業や借金等の社会的要因の影響が強い」特性が事例の共通性として挙げられたことによって、質的要因として社会関係の狭間の可視化が検証された。

　研究仮説である〔仮説３〕「ネットワークは、社会資源の活用を促進する」は、事例研究によって、④「支援につながった経緯として多機関・多職種連携があり、さらにその後の支援展開としても地域連携によるネットワーク型の介入が行われていた」という事例の共通性が挙げられたことによって、質的要因として社会資源の活用促進が検証された。

３．ソーシャルワーカーによる語りの質的データ分析

１）質的データ分析の方法

　佐藤（2008a:27-8）は、質的研究における「現場の言葉」と「理論の言葉」をつなぐためには、図５－１のような３つの意味世界の関係のコーディングを示している。研究者を通して、この「現場の言葉」と「理論の言葉」の意味世界を何度なく往復を繰り返し、丹念な意味の解読の方法を質的データ分析とする。

　本研究では、ソーシャルワーカーによる事例の語りについて、質的データ分析法（佐藤 2008a；佐藤 2008b）に基づき次のように行った。

　①録音データを逐語録として文書化し、ひきこもりに伴う生活困難に関する語

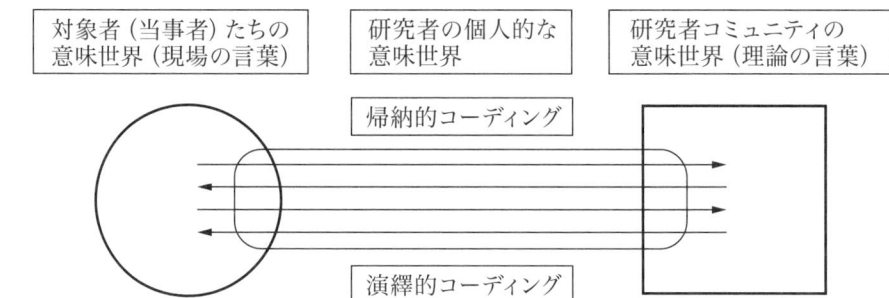

図5－1　質的記述における3つの意味世界の関係

出典：佐藤郁哉（2008）『質的データ分析　原理・方法・実践』新曜社，28.

　り（文書セグメント）を抽出した。

②その語りの意味内容について要約し、コード化を行った。

③15事例を読み込みながらコード間の関係性や先行研究との比較を行いつつ、作成したコードをより抽象度の高いコードに集約しカテゴリー化を行った。

④さらに、事例コードマトリックスを用いて、文脈的に共通、類似するコードとカテゴリーについて整理検討を行った。

⑤事例コードマトリックスを踏まえて、②と③を繰り返す継続的比較によるコーディングを行い、コアカテゴリー、カテゴリー、コードを生成した（図5－2参照）。

　以上の①～⑤による質的データ分析は、図5－2のような分析プロセスとなる。逐語禄データの縮約が行われる一方で、オリジナルであるソーシャルワーカーによる事例の語りへの文脈への参照を何度となく繰り返した。同じ質的分析であるテキストマイニングやKJ法が原データからコードへの変換が一方的であるのに比して、何度もオリジナルのデータ文脈に立ち帰って参照しながら行為や語りの意味を探求するところに特徴がある（佐藤　2008a:56-7）。

　また、佐藤（2008a:169）は、事例コードマトリックスの特徴として「複数の文字テキスト資料を共通のコード（概念的カテゴリー）によって分析を行い、複数のデータ間、データとコードの間、さらにコード間で何度となく比較検討を繰り返すことにより、物事や出来事における一定のパターンやある種の規則性を割り出していく」という質的分析の方法論的な有用性を示している。本研究におい

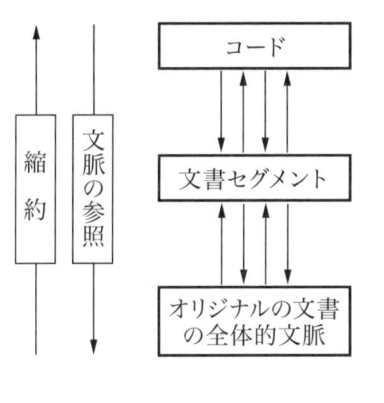

コード化のプロセス

(1) 脱文脈化（セグメント化）
　※テキストから切り出されたもの

(2) 再文脈化（①データベース化）
　　　　　　　（②ストーリー化）

※他の質的分析はいったん集約が終わると元の文脈に立ち返ることが少ないが、質的データ分析はデータの集約が行われる一方でオリジナルの文脈への参照が何度となく繰り返される。

図5－2　質的データ分析法によるデータ分析

出典：佐藤郁哉（2008）『質的データ分析　原理・方法・実践』新曜社，56.の図を一部筆者が加筆修正した。

てもソーシャルワーカーによる事例の語りをデータ対象とすることから、事例コードマトリックスを用いて語られた事例に即した定性的分析を行うことで[1]、より妥当性がある質的分析の実施が可能になると考えた。

　録音した音声データの逐語録を作成したところ、文字数は 115,993 文字であった。また、データ分析においては、村社（2012）を参考にしてカテゴリー、コード、データ（語り）の一覧表とコアカテゴリー間等の説明図式を作成し理論生成と分析プロセスの明示を図った。

　同時にこれらの一連の分析において、質的研究を経験した社会福祉研究者の確認と助言、ならびに大学院修士課程在籍以上のキャリアをもつ複数参加者で構成する研究会での討論をいずれも複数回実施することで客観性と妥当性を担保するように努めた。

　以上のように、インタビューデータについて定性的（質的）分析を実施した結果[2]、41 のコードと 18 のカテゴリー、5 のコアカテゴリーが生成された。以下、コアカテゴリーの『見えづらい内面的脆弱さ』、『生活する力の脆弱さ』、『閉鎖的な家族コミュニケーション』、『地域における狭間』、『一般就労の壁』に分けて示す。なお、コアカテゴリーは『　』、カテゴリーは【　】、コードは〔　〕と表記している。

2）見えづらい内面的脆弱さ

『見えづらい内面的脆弱さ』は、本人の【困る感覚がない】、【挫折による喪失体験】、【自己否定感】、【隠れたニーズ】の5つのカテゴリーより構成される。

【困る感覚がない】は、本人がひきこもり状態であることに困っていないことを表している。そもそも本人が困る感覚がない〔困り感がない〕、他者や周囲に助けを求める意思がない〔助けを求める感覚がない〕の2つのコードから構成された。

【挫折による喪失体験】は、本人が社会的体験のなかで挫折し心理的な拠り所を失ったことを表している。失敗や役割喪失により自信を失う〔自信の喪失〕、仕事でのトラブルによる挫折である〔仕事での挫折〕の2つのコードから構成された。

【自己否定感】は、本人が後悔や自己嫌悪により自分自身を否定する心理が強いことを表している。就職失敗や家族関係を何度も思い返す〔後悔する気持ち〕、自分自身を阻害する気持ちが強い〔自己嫌悪の積み重ね〕の2つのコードから構成された。

【隠れたニーズ】は、一見すると本人のわかりづらい隠されたニーズを表している。発達障害や知的障害の特性が危惧される〔発達障害等の可能性〕、本人が希死をもつことや自殺未遂を図ってしまう〔死にたいという気持ち〕の2つのコードから構成された。

3）生活する力の脆弱さ

『生活する力の脆弱さ』は、本人による【コミュニケーションの不安定さ】、【自己コントロールが難しい】、【金銭的なトラブル】、【支援の拒否感】の4つのカテゴリーより構成される。

【コミュニケーションの不安定さ】は、本人の対人関係形成の困難さを表している。人と関わることに不安が強い〔対人不安〕、他者と安定的な関係を築くことが難しい〔人間関係の不安定さ〕、常識的なコミュニケーションが図れない〔社会性の欠如〕の3つのコードから構成された。

【自己コントロールが難しい】は、本人が日常生活において自分を律することの困難さを表している。食事や通院、スケジュール等の管理が不十分な〔行動のコントロールが難しい〕、怒りや衝動性等の管理が不十分な〔感情のコントロールが難しい〕、生活リズムや整容の管理が不十分な〔乱れた生活〕の3つのコードから構成された。

【金銭的なトラブル】は、本人による借金等があり、金銭管理が不十分なことを表している。本人が計画的な収支の管理が難しい〔金銭管理ができない〕、ギャンブル等により借金をしてしまう〔借金がある〕の2つのコードから構成された。

【支援の拒否感】は、本人が支援者とのコンタクトを明確に避けていることを表している。非常に厳しい生活状況であるのにも関わらず支援を希求できない〔支援を求めることがない〕、支援者が訪問等を行っても対面できない〔会うことができない〕、ひきこもり状態を打開するための支援を受け入れない〔ひきこもる理由をつくる〕の3つのコードから構成された。

4）閉鎖的な家族コミュニケーション

『閉鎖的な家族コミュニケーション』は、【家族の不安】、【家族との共依存関係】、【家族関係の悪化】、【ひきこもりの隠蔽】の4つのカテゴリーより構成される。

【家族の不安】は、家族の本人に対する不安を表している。家族が本人との接近を避けている〔家族の回避〕、家族が本人とどう接したらよいか逡巡する〔家族の困惑〕の2つのコードから構成された。

【家族との共依存関係】は、家族が本人に対してひきこもりを助長させる関りを行っていることを表している。家族が本人の行動すべきことを先取りしてしまう〔家族との依存的関係〕、本来ならば本人が責任をもたなければならないことを尻ぬぐいしてしまう〔家族による肩代わり〕の2つのコードから構成された。

【家族関係の悪化】は、家族と本人の関係が崩れてしまうことを表している。家族がこれまで行ってきた本人へのサポートが限界を迎える〔家族援助の限界〕、本人が家族に経済的虐待を行うことや家族自身が精神疾患に陥ってしまう〔家族関係の病理〕の2つのコードから構成された。

【ひきこもりの隠蔽】は、家族が周囲に対して本人の存在を隠してしまうことを表している。家族が親族や近所にひきこもり本人が生活していることを隠している〔ひきこもりの存在を隠す〕、家族が周囲や専門機関に壁をつくってしまう〔境界をつくる〕の2つのコードから構成された。

表5-4　見えづらい内面的脆弱さ

カテゴリー	コード	データ（語り）の一部
困る感覚が ない	困り感がない	困っているのは周囲であって、本人は困っていない。全くもうシーンとされているので（B）。本人にとってはあまり困ってはいない。でも、相談者の兄からするととても困っていますね（H）。
	助けを求める 感覚がない	本人もどうしたらいいと言える人がいれば、ここまでになっていなかったというのはありますね（A）。大丈夫だからもういいですという感じで、何とか自分でやっているので、大丈夫ですみたいな（B）。
挫折による 喪失体験	自身の喪失	家族が亡くなり自分の役割がなくなって上手くいかなくなった。そういうことが重なって、ひきこもりになってしまって（F）。やっぱり外での失敗の連続じゃないですかね。憶測ですが、どこか歪みがでてしまって（G）。
	仕事での挫折	仕事はされていたのですが、長くは続かないというのは聞いています。転々とされています（C）。15年前に働かれていたのですが、そこでパワハラを受けてその後ひきこもり状態でお仕事をされていないということですね（D）。
自己否定感	後悔する 気持ち	最後の就労後に、何社も受けてほとんど落とされたっていうのは、その心のダメージって少なからずあるのではないかと思います（G）。昔撮った家族写真を見せてもらって、どうしてこうなったのかなあ、やり直せるのかなあって繰り返し言われてます（H）。
	自己嫌悪の 積み重ね	社会から必要とされていないという気持ちや、今の自分が嫌でたまらないと言われています（F）。就職するまではよかったけど、そこから先が違った時に自分のことを認められない、認めたくない、本人も家族も認められない（H）。
隠れたニーズ	発達障害者等 の可能性	普通だったら15分のところを1時間以上かかるところを選ばれる、やっぱりそういうところに特性を感じるですよね（C）。手帳はもっていないですけど、ドクターは能力的には知的障害だと言われていましたね（F）。
	死にたいと いう気持ち	常に考えていたのがいつ死のうか、一番人に迷惑をかけない死に方は何だろうか、考えることはそういうことばかりだったと言われてました（F）。ご本人が途中自殺未遂を図られました、最初お会いしたときは全くそんな気がしなかった（G）。

注：「データ（語り）の一部」は、インタビューの逐語記録によるものである。個人情報配慮のため、文脈を損なわないように修正している。「データ（語り）の一部」のアルファベットは、調査協力者を表している。

表5−5 生活する力の脆弱さ

カテゴリー	コード	データ (語り) の一部
コミュニケーションの不安定さ	対人不安	当初自分から対人恐怖症ですと言われて、小さく自信がない感じでした (D)。何が不安かとおっしゃられたのは、面接を受けているのだけども、質問されたときにどう応えてよいか不安だ、固まるというか、言葉につまるというか (G)。
	人間関係の不安定さ	人間関係が上手くいかない。けっこう自分の意見をずばっと言われるのですね。それで居づらくなったとか (B)。こちらからの問いかけにもぱっと答えるのではなく、ぽつりぽつり、ぼそぼそと話をされて、どうしたいということも言われない (D)。
	社会性の欠如	買い物に行った経験があんまりないそうです。買いにいかなければならないといったとき、何を食べたいかわからないとおっしゃっていました (A)。相手がこういうことを言ったら困る、あまりそういうところまで思いをよせて発現することはないような(E)。
自己コントロールが難しい	行動のコントロールが難しい	本人さんもセルフネグレクトではないかという話もでていて、食事もとらないでいい、病院も行かないというようなことが、見えてきたこともあったので (A)。なんでも一遍にやらなくちゃいけないという考えから、一歩を踏み出せずにいらっしゃる (G)。
	感情のコントロールが難しい	自分の意見や思いを直で言われる方だったので、どっちかというと攻撃的、威圧的な行動に出られるタイプという印象でした (A)。もういいです、あなたのところには相談しませんと言って、電話をガチャンと切られました (B)。
	乱れた生活	だらっとした感じで、お風呂入ってらっしゃるかなという。やせてらっしゃって、気軽に話しかけれないという感じですね (D)。梅雨時とか雨が降ったら、ぐっと状態が悪くなって、出て来なくなって、お風呂にも入らなくなって未だにそれはですね (E)。
金銭的なトラブル	金銭管理ができない	生活はできているんですけど、経済面はですね、親の貯蓄を切り崩して生活をされているというか (B)。家賃が払えなくなって、家族に連絡が来て、びっくりして見に行ったらご飯も食べていないような状態で (H)。
	借金がある	借金をされて逃げ回り会社にも居られなくなって、人と関わるのができなくなりひきこもり状態になられました (D)。職場の仲間とパチンコにはまって、そこで借金をつくってしまって (G)。
支援の拒否感	支援を求めない	本人が望んでいるというか、関りを拒否しているっていうところかもしれないです (B)。十数年間のあいだにゴミ屋敷になったんでしょうねえ。お金も入ったから働かなくてもいいしということで (E)。
	会うことができない	まずは訪問してみましょうっていうことで、行ったんですね。でも、お会いできなかったんですよ (B)。本当に苦労しました。私も苦労したんですけど、民生委員さんも、行っても行っても会えないと。電話してもでないと (C)。
	ひきこもる理由をつくる	日常生活に支障があるわけではないけれど、いろんな理由から仕事はやりたくてもやれないということを主張されていました (G)。通院とか、買い物とかは、自分が車を運転して母を連れていく。だから、私は面倒をみて役割を果たしていると (H)。

注：「データ (語り) の一部」は、インタビューの逐語記録によるものである。個人情報配慮のため、文脈を損なわないように修正している。

表5-6　閉鎖的な家族コミュニケーション

カテゴリー	コード	データ (語り) の一部
家族の不安	家族の回避	暴力があったとか、お金を無心することがあって、家族が非難されていました (E)。会話がほとんどなく、全部手紙でのやりとりになってらっしゃいます (F)。
	家族の困惑	本人に対してどうしたらよいかわからなく困ってらっしゃいます。私たちには協力的です (F)。切羽詰まった内容で、これから先どうすればよいのか、父親の思いとは裏腹にそういうことになってしまって (G)。
家族との共依存関係	家族との依存的関係	とにかく何もさせてなかったそうです。ゴミ捨て行ってきてというのも何もさせてなくて (A)。家族も積極的に外に出てほしいというところもなかったからですね。年金で何とか生活はできられていて (D)。
	家族による肩代わり	本人の義理の家族が金銭的に支援されていたみたいで。お金の無心もされていたみたいなんですね (A)。家族が土地を売って借金していた。そういうのを見たくないと別の家族は言っておられました (B)。
家族関係の悪化	家族援助の限界	自分の難病があるからいつまで元気かはわからない。本人には働いてもらえたらと思うけどどうなるかはわからない (F)。ご親族も子どもに障がいかあられるということでそこで手一杯で (H)。
	家族関係の病理	本人さんが年金や通帳に頼っていて、やっぱりこのままいくと経済的虐待になってしまうので (B)。再婚した後の父親だそうです。その方がアルコールを飲んで家族や本人に暴力を奮っていたそうです (F)。
ひきこもりの隠蔽	ひきこもりの存在を隠す	従兄弟も電話してきたけど、まさかこんな生活をしているとは思わなかったと言われて (A)。家族も周りに知られたくない。他の家族にも言っていないというとこで。相談はしたいけど周りに知られたくない (D)。
	境界をつくる	だんだん疎遠になりたいというのは本音でしょうね。家族はどこかに相談されたというのはなかったようですね (E)。家族は周囲と線を引く感じだったのかあという気がしますね。誰にも相談しなかった (H)。

注：「データ (語り) の一部」は、インタビューの逐語記録によるものである。個人情報
　　配慮のため、文脈を損なわないように修正している。

5）地域における狭間

『地域における狭間』は、【地域からの孤立】、【地域の視線】、【制度的な障壁】、【支援困難】の4つのカテゴリーより構成される。

【地域からの孤立】は、本人が対人関係を避ける、逆に周囲から避けられることを表している。本人が他者との関係をとることがない〔人間関係を避ける〕、周りの人から良く思われなくて距離を置かれる〔周囲から避けられる〕の2つのコードから構成された。

【地域の視線】は、本人が近隣から負の眼差しを感じ、自分自身が苦しんでいることを表している。近所からのひきこもりへの偏見を感じる〔近隣の視線が苦しい〕、ひきこもっている自分自身を責める〔偏見が内面化される〕の2つのコードから構成された。

【制度的な障壁】は、本人や家族の制度利用が困難であり、制度に該当しないことを表している。本人や家族だけではサービス手続きができない〔制度を利用できない〕、既存のサービスが当てはまらない〔制度が該当しない〕、本当は治療が必要だと思われるが受診ができていない〔未受診の状態〕の3つのコードから構成された。

【支援困難】は、支援者が中高年齢のひきこりの支援を困難に感じていることを表している。ひきこもりの長期化や複合化した問題が背景にある〔問題の複雑化〕、キーパーソンが不在や本人との関係維持が優先される〔アセスメントが困難〕、関係機関や家族の協力を得ることが難しい〔連携できない〕の3つのコードから構成された。

6）一般就労の壁

『一般就労の壁』は、【就労支援の限界】、【就労する力の低下】の2つのカテゴリーより構成される。

【就労支援の限界】は、本人が就労することを否定することや、就労につながっても働くことができないことを表している。本人が働くこと自体を望んではいない〔仕事へのネガティブなイメージ〕、時間を守る、連絡を行う等の常識的なことを守ることができない〔ルールの反故〕の2つのコードから構成された。

【就労する力の低下】は、以前は可能であった就労が何らかの理由でできなくなることを表している。ある日を境に過労や意欲低下等で仕事ができなくなってしまう〔精神的な疲労〕、長期の離職や精神的な負荷から仕事を続けることができない〔仕事の継続が難しい〕の2つのコードから構成された。

表5－7　地域における狭間

カテゴリー	コード	データ (語り) の一部
地域からの孤立	人間関係を避ける	人に頼らず自分一人で生活をされているのだったら、人に会わない権利というのもあるのかなあと思いました (B)。以前はよく連絡をとったりしていたらしいですが、今の状況になってからは全く連絡をとらない (F)。
	周囲から避けられる	ひきこもりで一人で住んでいて、ご親戚もできれば関わりたくないという生活状態が続いていたからですね (E)。年齢の割には子供っぽく感じました。わがまま言ったり、自分の都合を通したりとかですね (G)。
地域の視線	近隣の視線が苦しい	あそこの息子さんがコンビニまで歩いていたよとか、そういう話はあったそうです (A)。家の方には来てほしくないと言われるのですよ。近所の方に私たちや支援者が関わっていることを知られたくない (B)。
	偏見が内面化される	一回言われたのは、支援を受けていると思われることも情けないんだと言われてました (F)。抵抗があるみたいです (F)。コンプレックスというか、何か認められないという苦しさがあるのだろうなあと思います (H)。
制度的な障壁	制度を利用できない	いっしょに同行支援を行ってますね。家賃とか、法律相談とか、未支給年金の手続きとか。当初はお一人では無理だったと思います (D)。課題って何なのというと必要なサービスにつながっていなかったんではないかと (G)。
	制度が該当しない	ステップアップはなかなか幅が狭いのかなと思います。とりあえずは外に出ることというようにもっていかないと (E)。やっぱり誰かが深く入っていけるみたいなものがあればよかったと」思います (G)。
	未受診の状態	なかなか病院受診されていないので、ちょっとわからずじまいです (C)。依存症ではないですが、アルコールを朝から飲んだりとかご飯もあまり食べない生活を4年間ほどされていた方なので (F)。
支援困難	問題の複雑化	1～2年のひきこもりなら、復帰も早いと思うのですよ。長ければ長くなるほど本当に難しい (E)。本人の就労の問題、母親の介護の問題、父親の今後のケアや手続きの問題、住まいの問題などがあります (G)。
	アセスメントが困難	そっから先がどういう生活をされていたのか。父親、母親が亡くなってからはわからないですね (A)。細かいアセスメントしようとなってくると、話されようとしないから、聞きだしたら関係崩れますしね (E)。
	連携できない	こういう方がいても支援対象としてみてくれてなくて。こっちだけ働いているというのが現状です (C)。そこのとこを聞けてなく。母親に連絡をしても、電話をとれれなくなって。そこで相談が終わっているのですね (D)。

注：「データ (語り) の一部」は、インタビューの逐語記録によるものである。個人情報配慮のため、文脈を損なわないように修正している。

表5-8　一般就労の壁

カテゴリー	コード	データ（語り）の一部
就労支援の限界	仕事への ネガティブな イメージ	仕事に対するイメージがすごくネガティブ。多分嫌なことがあったからと思うのですけど。仕事はつらいもの、きついものという（B）。仕事することについていろいろな条件を出されるのですよ。無理難題じゃないですけれど（G）。
	ルールの反故	就労調整したら、時間になっても連絡もない、来ない日もあったりする（A）。多分今のままでは、すぐに離職してしまうことを繰り返されると思います。なかなか難しいと思います（C）。
就労する力の 低下	精神的な疲労	寮のようなところで生活をしていたけれども、そのときに部屋から出れなくなったということで（F）。人と対立するような感じでもないのですね。ただ意欲、気力そこが一番弱まっているのかなと思います（H）。
	仕事の継続が 難しい	仕事をしていない期間は、けっこう長かったと思いますよ。仕事も最短で3日、2カ月で辞めるとか（C）。本当に能力が高い方で、だけど過失もあって仕事が上手くいかなくなって、そこから精神的にもダメージを負ったと思います（F）。

注：「データ（語り）の一部」は、インタビューの逐語記録によるものである。個人情報
　　配慮のため、文脈を損なわないように修正している。

4．質的分析による生活困難の構造

1）生活困難の質的構造

　中高年齢期のひきこもりにある人々の生活困難を定性的（質的）に分析した結果、本人の『見えづらい内面的脆弱さ』と『生活する力の脆弱さ』の要因に加えて、『閉鎖的な家族コミュニケーション』、『地域における狭間』、『一般就労の壁』の環境的要因による構造が明らかにされた。

　図5-3は、生成したコアカテゴリー、カテゴリー間の関連性について分析課題（図3-7）を踏まえながら図示したものである。ミクロ領域的な本人要因として、【困る感覚がない】、【挫折による喪失体験】、【自己否定感】、【隠れたニーズ】により構成される『見えづらい内面的脆弱さ』、同じく【コミュニケーションの不安定さ】、【自己コントロールが難しい】、【金銭的なトラブル】、【支援の拒否感】により構成される『生活する力の脆弱さ』が対となって連動する関係を示している。

　さらに、メゾ的な家族要因として、【家族の不安】、【家族との共依存関係】、【家

族関係の悪化】、【ひきこもりの隠蔽】により構成される『閉鎖的な家族コミュニケーション』があり、本人要因である『見えづらい脆弱さ』と『生活する力の脆弱さ』の双方に負の相互作用の関係があることを示している。

　また、マクロ的領域である地域要因として【地域からの孤立】、【地域の視線】、【制度的な障壁】、【支援困難】により構成される『地域における狭間』があり、本人要因の『見えづらい内面的脆弱さ』と『生活する力の脆弱さ』、ならびに家族要因の『閉鎖的な家族コミュニケーション』それぞれに負の相互作用の関係があることを示している。

　そして、これらの中心的課題として、ひきこもり状態からの自立をテーマとする『一般就労の壁』が浮上している。個人の内外や家族に起因するミクロ・メゾ的領域と地域の狭間におけるマクロ的領域との負の関係性において、【就労支援の限界】や【就労する力の低下】が出現するスパイラルへと展開していることを表している。

　岡村（1983:97-99）は、生活困難の把握において「全体性の原理」について述べ、生活は不可分割性であり個人が生活のなかで現実に切り結ぶ社会関係の複数性とその関連性を捉えることを基本とした。また平塚ら（2005:459-460）は、岡村が示した社会関係の類型のみでは説明できない生活困難が形成されるメカニズムと形態もまた存在することを述べ[3]、今日的な事例から生活困難を具体化する実践科学としての課題を提示している。これら社会関係論の論点からは、福祉的事象に対応する個別具体性、またそれらの関連性について把握するために、社会福祉実践のなかから生活困難を帰納する実践の科学化（岡本　2010:13-14）が求められる。

　質的データ分析においては、以上のような生活困難の対象化の到達点と課題を踏まえ、ソーシャルワーカーによる事例の語りから、従来のひきこもり研究では明らかにされてこなかった生活困難の質的要因とその構造について分析した。とくにひきこもりに関する先行研究において、環境的要因についての実証分析がみられないなかで、中高年齢期のひきこもりの生活困難としてコアカテゴリー『見えづらい脆弱さ』、『生活する力の脆弱さ』、『閉鎖的な家族コミュニケーション』、『地域における狭間』、『一般就労の壁』によって生活困難が形作られていることの示唆を得た。また、これら生活困難の要因は、ミクロ・メゾ・マクロ的要因による負の相互作用によって構造化されていると考えられた。

　次の図5−3で示すように、社会構造的な要因からみた場合、ひきこもり本人による脆弱性について、閉鎖的な家族コミュニケーションや地域での狭間が作用

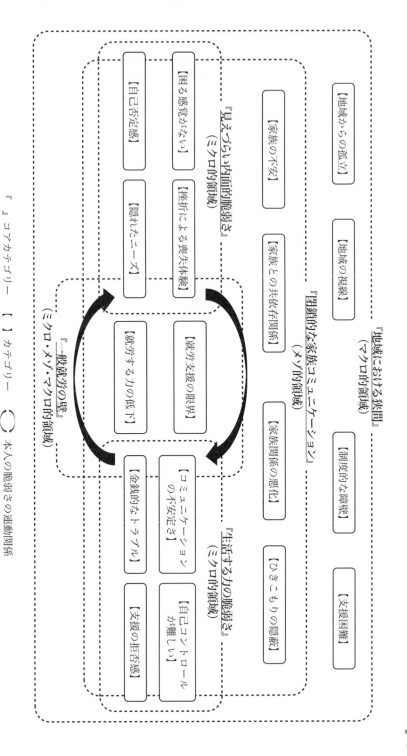

図5-3 質的分析による生活困難の構造

し、社会的排除としてのひきこもりを生み出してしまうと考えられる。一方、マクロ的な観点からは、個人、家族、そして社会制度的にも、一般就労という価値規範が内在化されていることが考えられ、既存の支援システムとしての不備や限界となっていることが示唆された。

2）福祉ニーズの定性的分析と仮説検証

第5章3節と4節においては、一定の要件を満たすソーシャルワーカー8名によるひきこもり事例の語りを対象にして、福祉ニーズの質的データ分析を実施した。質的データ分析の結果、5つのコアカテゴリーが抽出された。本人要因（ミクロ領域）である『見えづらい内面的脆弱さ』と『生活する力の脆弱さ』、家族要因（メゾ領域）である『閉鎖的な家族コミュニケーション』、地域要因（マクロ領域）である『地域における狭間』、ミクロ・メゾ・マクロ領域に重なる『一般就労の壁』である。

この質的データ分析からは、具体的に先に示したカテゴリーによる〔課題1〕暮らしの問題の複雑化がある、ことが明らかにされた。また、それらカテゴリーが負の相互作用として〔課題2〕悪循環する状況形成がある、ことも明らかになった。さらに、カテゴリー「地域における狭間」も影響して、〔課題3〕家庭内での抱え込みがある、〔課題4〕地域からの孤立が生じている、という福祉ニーズの質的側面から明らかにされた。

また、仮説検証においては、研究仮説である〔仮説1〕「アウトリーチは、見えづらいニーズをキャッチする」は、質的データ分析によって、『見えづらい内面的脆弱さ（ミクロ領域)』、『生活する力の脆弱さ』（ミクロ領域)、『閉鎖的な家族コミュニケーション』（メゾ領域）が抽出されたことで、質的要因として見えづらいニーズが検証された。

研究仮説である〔仮説2〕「アセスメントは、社会関係の狭間を可視化する」は、質的データ分析によって、『地域における狭間』（マクロ領域)、『一般就労の壁』（ミクロ・メゾ・マクロ領域）が抽出されたことで、質的要因として社会関係の狭間が検証された。

研究仮説である〔仮説3〕「ネットワークは、社会資源の活用を促進する」は、質的データ分析によって、『閉鎖的な家族コミュニケーション』（メゾ領域)、『地域における狭間』（マクロ領域)、『一般就労の壁』（ミクロ・メゾ・マクロ領域）が抽出され、これら質的要因によって社会資源の活用が制限されネットワークが機能していないことが検証された。

注
1) 事例コードマトリックス（佐藤 2008a）として、縦軸に事例1〜15、横軸にはコード、カテゴリーからなる一覧表を作成した。各事例に共通・類似するより精緻化したコーディングを実施するため、複数パターンの事例コードマトリックスを作成し繰り返しデータ分析を行った。
2) 第5章3「ソーシャルワーカーによる語りの質的分析データ」および4「質的分析による生活困難の構造」の記述内容は、日本福祉文化学会の著作権に帰属しており、日本福祉　文化学会の許可のもとに掲載するものである。また、若干の加筆修正を行った。
3) 例えば、福祉サービス等が存在しても、利用者本人が拒否することによりサービス利用に至らず生活困難に陥ることを例示している。

第6章　福祉ニーズ要因の比較分析

　本章では、アンケート調査回答について、支援者属性の比較による質問項目の回答(量的)データの分散分析等をとおして、福祉ニーズ要因の比較分析を試みる。

1．支援者属性による比較分析

1）目的および対象と分析方法

　本節における支援者属性による比較分析の目的は、支援者の所属機関やその他属性である社会福祉に関わる職種、保持資格、また経験年数等によって、ひきこもりの福祉ニーズ要因の認識について差がみられるかどうかを明らかにすることである。

　用いるデータは、第4章のアンケート調査データと同様であるが、分析目的および方法は異なる統計的解析を用いて結果を導いている。分析対象は、26の質問項目（4件法）から1項目でも無回答がある、また回答全般が極端に1や5に集中して明らかに信憑性に欠けると考えられる項目があった場合は欠損値とした（小塩 2018:20;酒井 2011:122-3）。欠損値71名を除いた327名(有効回答率16%)による質問項目の回答をデータ分析の対象とした。

　分析方法として、回答者の基本的属性9項目についての記述統計を算出した。さらに、回答者の属性群による質問項目26項目の平均値の差について統計学的な比較を行った。

　平均値の差の比較を行った属性とその下位カテゴリーとしては、所属機関（生活困窮者自立支援相談機関・ひきこもり地域支援センター）、職種（相談員・相談員以外）、基礎資格（社会福祉士の有無・精神保健福祉士の有無）、専門職経験年数（3年未満・3～4年・5～9年・10年以上）、現職の担当年数（1年未満・1～2年・3～4年・5年以上）、担当する40歳以上のひきこもり事例数（5ケース未満・5～9ケース・10～14ケース・15ケース以上）の6属性である。

　なお、比較分析については、とくにひきこもりの家族的・地域的要因の認識を

表6-1 アンケート回答者の属性

n=327

	カテゴリー	度数 (%)		カテゴリー	度数 (%)
性別	男性	123 (37.6)	所属機関	生活困窮者自立支援相談機関	244 (74.6)
	女性	204 (62.4)		ひきこもり地域支援センター	83 (25.4)
年齢	20歳代	23 (7.0)			
	30歳代	69 (21.1)	(複数回答)	カテゴリー	度数 (%)
	40歳代	110 (33.6)	職種	相談員	245 (74.9)
	50歳代	70 (21.4)		就労支援員	42 (12.8)
	60歳代以上	55 (16.8)		心理士	26 (8.0)
最終学歴	専門学校	43 (13.1)		その他	23 (7.0)
	短期大学	33 (10.1)		無回答	2 (0.6)
	4年生大学	187 (57.2)	基礎資格	社会福祉士	110 (33.6)
	大学院	32 (9.8)		精神保健福祉士	54 (16.5)
	その他	31 (9.5)		公認心理師	28 (8.6)
	無回答	1 (0.3)		臨床心理士	25 (8.0)
専門職経験年数	3年未満	73 (22.3)		保健師	24 (7.3)
	3〜4年	39 (11.9)		介護支援専門員	48 (14.7)
	5〜9年	74 (22.6)		相談支援専門員	31 (9.5)
	10年以上	135 (41.3)		その他	91 (27.8)
	無回答	6 (1.8)		(その他の主な内訳)	
現職務の担当年数	1年未満	53 (16.2)		社会福祉主事	23 (7.0)
	1〜2年	91 (27.8)		キャリアコンサルタント	17 (5.2)
	3〜4年	83 (25.4)		介護福祉士	15 (4.6)
	5年以上	97 (29.7)		保育士	9 (3.8)
	無回答	3 (0.9)		産業カウンセラー	9 (3.8)
担当する40歳以上のひきこもり事例数	5ケース未満	238 (72.8)		教員免許	9 (3.8)
	5〜9ケース	53 (16.2)		無回答	61 (18.7)
	10〜14ケース	11 (3.4)			
	15ケース以上	23 (7.0)	注:複数回答の総数は一致しない。		
	無回答	2 (0.6)			

明確化するために次のような分析上の視点を設けた。①職種と基礎資格については、回答度数が上位1・2位の職種である社会福祉専門職である相談員とその他の職種、また国家資格である社会福祉士と精神保健福祉士の有無について比較した。さらに、②支援者の経験年数や担当事例数等による実践経験によって同要因の認識の相違があるかも比較した。このように、社会福祉の属性と実践経験の蓄積のふたつの視点から比較分析を試みた。

統計解析においては、先の6属性とその下位カテゴリーにおけるひきこもりの家族的、地域的要因に関する26項目による平均値の比較において、所属機関と職種、基礎資格は2群の平均値比較のため対応なしのt検定を実施した。また、専門職経験年数と現職の担当年数、担当する40歳以上のひきこもり事例数については、3群以上の平均値比較のため対応なしの一元配置分散分析を実施した。

t検定を行うにあたり等分散性の検定を実施し、所属機関は11項目（質問項目1, 4, 6, 7, 12, 13, 14, 17, 18, 20, 25）、職種は5項目（質問項目2, 15, 17, 19, 22）に有意差があった。そのため、有意であった項目については等分散を仮定しないウェルチの検定を実施し、それ以外の有意差がない項目については等分散を仮定するt検定を実施した。

また、一元配置分散分析を行うにあたり、同様に等分散性の検定を実施し、専門職経験年数は5項目（質問項目1, 5, 6, 13, 19）、現職の担当年数は7項目（質問項目5, 11, 15, 16, 18, 19, 25）、40歳以上のひきこもり事例数は8項目（質問項目1, 9, 12, 14, 15, 16, 24, 26）に有意差があった。そのため、下位項目の多重比較による検定において、等分散性の検定が有意であった項目についてはGames-Howell法を実施し、それ以外の有意差がない項目についてはTukey HSD法を実施した（平井 2017:66）。

以上の統計解析においては、IBM SPSS27 Statistiscs Baseを用いた。なお、表6-2から表6-6における網掛け部分は、統計学的に有意差がある項目を示している。

2）所属と基礎資格による要因認識の比較

t検定によって有意差がみられたのは、所属機関（生活困窮者自立支援相談機関・ひきこもり地域支援センター）による属性比較では6項目だった（表6-2参照）。

質問項目1「本人は、気分や感情をコントロールすることに問題を抱えていますか」は、生活困窮者自立支援相談機関の平均値が有意に高かった（p<.05）。質

表6-2 支援機関と職種による要因認識（t検定の結果）

	質問項目	支援機関 生活困窮者自立支援相談機関 (n=244)		支援機関 ひきこもり地域支援センター (n=83)		t値	職種 相談員 (n=245)		職種 相談員以外 (n=80)		t値
		平均	標準偏差	平均	標準偏差		平均	標準偏差	平均	標準偏差	
個人的要因	質問項目1　本人が、気分や感情をコントロールすることに問題を抱えていますか	3.22	0.71	3.02	0.68	2.21*	3.22	0.66	3.01	0.82	2.30*
	質問項目2　本人は、体調を維持することに問題を抱えていますか	2.91	0.75	2.84	0.76	0.70	2.93	0.70	2.79	0.88	1.32
	質問項目3　本人は、家族との関係に支障はありますか	3.37	0.75	3.43	0.61	0.71	3.41	0.68	3.30	0.83	1.22
	質問項目4　本人は、友人や他者との関係に支障はありますか	3.55	0.64	3.73	0.50	2.73**	3.59	0.60	3.61	0.65	0.26
	質問項目5　本人は、コミュニケーションに不器用さはありますか	3.66	0.55	3.65	0.48	0.20	3.66	0.52	3.65	0.55	0.16
	質問項目6　本人は、過去に学校になじむことができなかった経験がありますか	3.26	0.72	3.14	0.65	1.34	3.26	0.66	3.15	0.83	1.18
	質問項目7　本人は、過去に職場になじむことができなかった経験がありますか	3.43	0.70	3.34	0.55	1.15	3.44	0.65	3.34	0.69	1.16
	質問項目8　本人は、現在どこにも居場所がないという気持ちをもっていますか	2.83	0.70	2.98	0.78	1.49	2.83	0.71	2.74	0.78	1.37
	質問項目9　本人は、今の状況を変えたくないという気持ちをもっていますか	2.81	0.76	2.76	0.64	0.57	2.83	0.73	2.74	0.69	1.85
	質問項目10　本人は、はっきりした理由はないが不安感や緊張感をもっていますか	3.16	0.72	3.35	0.61	2.21*	3.24	0.66	3.10	0.77	1.63
	質問項目11　本人は、自ら決定することの難しさを感じていますか	3.21	0.72	3.10	0.67	1.29	3.16	0.71	3.24	0.73	0.81
家族的要因	質問項目12　家族は、本人がひきこもることへの理解があります	2.64	0.72	2.52	0.53	1.41	2.63	0.66	2.53	0.75	1.23
	質問項目13　家族は、暴力等による本人への委縮がありますか	2.31	0.97	2.31	0.75	0.18	2.37	0.86	2.14	0.94	2.02*
	質問項目14　家族は、支援者に対する協力がありますか	2.18	0.68	2.01	0.55	2.26*	2.18	0.63	1.99	0.70	2.35*
	質問項目15　家族自身の経済的な困難があるように感じますか	2.93	0.77	2.75	0.66	1.90	2.91	0.71	2.81	0.84	0.90
	質問項目16　家族自身が孤立しているように感じますか	2.73	0.74	2.80	0.68	0.76	2.74	0.71	2.78	0.80	0.39
地域環境的要因	質問項目17　本人や家族は、支援機関の対応に失望した経験がありますか	2.55	0.72	2.72	0.55	2.24*	2.63	0.65	2.49	0.76	1.49
	質問項目18　他の支援機関が、ひきこもりへの対応への理解が不足していると感じますか	2.60	0.72	2.71	0.60	1.28	2.61	0.67	2.69	0.77	0.89
	質問項目19　他の支援機関と連携することの難しさを感じていますか	2.75	0.74	2.72	0.63	0.25	2.77	0.68	2.65	0.83	0.89
	質問項目20　アウトリーチによる支援が不足していると思いますか	3.15	0.74	3.04	0.69	1.29	3.12	0.74	3.13	0.75	0.03
	質問項目21　医療機関等の治療のための資源が不足していると思いますか	3.04	0.80	2.94	0.76	0.97	3.04	0.76	2.93	0.87	1.18
	質問項目22　居場所の安心して集う資源が不足していると思いますか	3.35	0.71	3.30	0.71	0.52	3.40	0.65	3.15	0.86	2.39*
	質問項目23　就労支援等の働くための資源が不足していると思いますか	3.39	0.74	3.13	0.75	2.73**	3.35	0.73	3.26	0.80	1.05
問題の質	質問項目24　支援することに対する負担感を感じますか	2.96	0.79	2.71	0.79	2.51*	2.94	0.82	2.76	0.72	1.76
	質問項目25　いくつかの問題が重なり合っていると思いますか	3.79	0.51	3.87	0.34	1.62	3.82	0.46	3.76	0.51	1.02
	質問項目26　問題が悪循環して、より複雑な問題になっていると思いますか	3.50	0.62	3.49	0.57	0.78	3.44	0.61	3.44	0.61	1.04

*p<.01, *p<.05

※質問項目1と3は、逆転項目である。

※職種の選択は複数回答であり、無回答2を除く。

表6-3 社会福祉専門職の保持資格による要因認識（t検定の結果）

		質問項目	社会福祉士					精神保健福祉士				
			有 (n=110)		無 (n=156)			有 (n=54)		無 (n=212)		
			平均	標準偏差	平均	標準偏差	t値	平均	標準偏差	平均	標準偏差	t値
個人的要因	質問項目1	本人は、気分や感情をコントロールすることに問題を抱えていますか	3.21	0.68	3.13	0.71	0.86	3.19	0.65	3.16	0.71	0.23
	質問項目2	本人は、体調を維持することに問題を抱えていますか	2.95	0.67	2.86	0.82	1.08	3.02	0.66	2.87	0.76	1.33
	質問項目3	本人は、家族との関係に支障はありますか	3.42	0.68	3.35	0.68	0.82	3.48	0.57	3.35	0.74	1.23
	質問項目4	本人は、友人や他者との関係に支障はありますか	3.62	0.58	3.59	0.64	0.38	3.57	0.60	3.61	0.61	0.37
	質問項目5	本人は、コミュニケーションに不器用さはありますか	3.65	0.55	3.62	0.55	0.57	3.56	0.63	3.65	0.53	1.14
	質問項目6	本人は、過去に学校などでむつかしかった経験がありますか	3.32	0.68	3.21	0.68	1.34	3.33	0.67	3.23	0.68	0.99
	質問項目7	本人は、過去に職場などでむつかしかった経験がありますか	3.50	0.66	3.40	0.62	1.30	3.46	0.72	3.43	0.62	0.30
	質問項目8	本人は、現在こどもは居場所がないという気持ちがありますか	2.86	0.70	2.86	0.73	0.05	2.96	0.70	2.83	0.73	1.17
	質問項目9	本人は、今の状況を変えたくないという気持ちをもっていますか	2.96	0.65	2.73	0.76	2.69**	2.80	0.68	2.83	0.73	0.35
	質問項目10	本人は、はっきりした理由はないが不安感を感じていますか	3.23	0.66	3.19	0.67	0.42	3.39	0.66	3.16	0.66	2.27*
	質問項目11	本人は、自ら決定することの難しさがありますか	3.17	0.72	3.11	0.71	0.72	3.19	0.73	3.12	0.71	0.56
家族的要因	質問項目12	家族は、本人がいきることへの理解がありますか	2.62	0.68	2.58	0.66	0.42	2.74	0.64	2.56	0.67	1.77
	質問項目13	家族は、暴力等による本人への萎縮はありますか	2.36	0.81	2.31	0.86	0.53	2.48	0.82	2.30	0.84	1.30
	質問項目14	家族は、支援者に対する協力はありますか	2.14	0.64	2.14	0.65	0.06	2.09	0.67	2.15	0.65	0.59
	質問項目15	家族の経済的に困難さがありますか	2.95	0.76	2.84	0.71	1.16	2.96	0.70	2.86	0.74	0.90
	質問項目16	家族自身が孤立しているように感じますか	2.76	0.68	2.74	0.72	0.23	2.74	0.62	2.75	0.72	1.31
地域環境的要因	質問項目17	本人や家族が、支援機関の対応に失望した経験がありますか										1.16
	質問項目18	他の支援機関が、ひきこもりへの理解が不足していると感じますか	2.63	0.69	2.63	0.69	0.09	2.65	0.65	2.63	0.70	0.20
	質問項目19	他の支援機関と連携することの難しさを感じますか	2.83	0.67	2.70	0.70	1.47	2.76	0.67	2.75	0.72	0.86
	質問項目20	アウトリーチによる支援が不足していると思いますか	3.21	0.74	3.06	0.76	1.62	3.09	0.73	3.13	0.76	0.30
	質問項目21	医療機関等の治療のための資源が不足していると思いますか	3.05	0.81	3.05	0.75	0.06	3.02	0.84	3.06	0.76	0.32
	質問項目22	居場所等の安心して集うための資源が不足していると思いますか	3.46	0.66	3.26	0.72	2.32*	3.35	0.71	3.34	0.70	0.70
	質問項目23	就労支援等の働くための資源が不足していると思いますか	3.45	0.73	3.19	0.75	2.86**	3.20	0.83	3.33	0.72	1.07
問題の要因管	質問項目24	支援することに対する負担感を感じますか	2.95	0.76	2.88	0.77	0.80	2.87	0.80	2.92	0.76	0.43
	質問項目25	いくつかの問題が重なりあっていると思いますか	3.85	0.43	3.81	0.41	0.72	3.89	0.32	3.81	0.44	1.56
	質問項目26	問題が連鎖して、より複雑な問題になっていると思いますか	3.55	0.59	3.47	0.60	0.97	3.57	0.54	3.49	0.60	0.98

**p<.01、*p<.05

※質問項目1と3は、逆転項目である。

※資格の選択は複数回答であり、無回答61を除く。

※各資格の国家ヘニ本国　京の叛

問項目4「本人は、友人や他者との関係に支障はありますか」は、ひきこもり地域支援センターの平均値が有意に高かった（p<.01）。質問項目14「家族は、支援に対する協力はありますか」は、生活困窮者自立支援相談機関の平均値が有意に高かった（p<.05）。質問項目17「本人や家族が、支援機関の対応に失望した経験がありますか」では、ひきこもり地域支援センターの平均値が有意に高かった（p<.05）。また、質問項目23「就労支援等の働くための資源が不足していると思いますか」は、生活困窮者自立支援相談機関の平均値が有意に高かった（p<.01）。質問項目24「支援することに負担感を感じますか」は、生活困窮者自立支援相談機関の平均値が有意に高かった（p<.05）。

　また、職種（相談員・相談員以外）による属性比較では、4項目で有意差があった（表6－2参照）。質問項目1「本人は、気分や感情をコントロールすることに問題を抱えていますか」は、相談員の平均値が有意に高かった（p<.05）。質問項目13「家族は、暴力等による本人への萎縮はありますか」では、相談員の平均値が有意に高かった（p<.05）。質問項目14「家族は、支援者に対する協力はありますか」は、相談員の平均値が有意に高かった（p<.05）。また、質問項目22「居場所等の安心して集う資源が不足していると思いますか」においても、相談員の平均値が有意に高かった（p<.05）。

　社会福祉士資格の有無による属性比較において、t検定によって有意差がみられたのは3項目であった（表6－3参照）。質問項目9「本人は、今の状況を変えたくないという気持ちを持っていますか」は、社会福祉士の有資格者において有意に平均値が高かった（p<.01）。質問項目22「居場所等の安心して集う資源が不足していると思いますか」は、社会福祉士の有資格者において有意に平均値が高かった（p<.05）。また、質問項目23「就労支援等の働くための資源が不足していると思いますか」でも、社会福祉士の有資格者において有意に平均値が高かった（p<.01）。

　さらに、精神保健福祉士資格の有無による属性比較においては、t検定によって有意差がみられたのは1項目であった。質問項目10「本人は、はっきりした理由はないが不安感を感じていますか」にて、精神保健福祉士の有資格者において有意に平均値が高かった（p<.05）。

3）専門職経験年数と現職の担当年数、および担当する40歳以上のひきこも
り事例数による要因認識の比較

表6－4で示すとおり、専門職経験年数（3年未満・3～4年・5～9年・10
年以上）による属性比較において、一元配置分散分析によって有意差がみられた
のは、質問項目20「アウトリーチによる支援が不足していると思いますか」の
1項目であった（p<.05）。

Tukey HSD法（等分散性が有意でない）による多重比較の結果は、有意差があ
る項目はみられなかった。南風原（2002:283-4）は、分散分析で有意差がみられ
ても多重比較では有意な水準対がないことも分析上起こりうることを指摘してい
る。専門職経験年数の多重比較では有意差はあるが、その具体的な項目間の差は
確認できなかった。

また、表6－5で示している現職の担当年数（1年未満・1～2年・3～4年・
5年以上）による属性比較では、一元配置分散分析によって有意差がみられたの
は、質問項目6「本人は、過去に学校になじむことができなかった経験があります
か」（p<.05）、質問項目11「本人は、自ら決定することの難しさがありますか」
（p<.05）、質問項目15「家族の経済的な困難がありますか」（p<.05）、質問項目
16「家族自身が孤立しているように感じますか」（p<.05）、質問項目17「本人や
家族が、支援機関の対応に失望した経験がありますか」（p<.05）、質問項目18「他
の支援機関が、ひきこもりへの理解が不足していると感じますか」（p<.05）、質
問項目20「アウトリーチによる支援が不足していると感じますか」（p<.05）、質
問項目23「就労支援等の働くための資源が不足していると思いますか」（p<.05）
の6項目であった。

これらの項目の多重比較にあたり、等分散性が有意であった項目はGames-
Howell法を実施し、等分散性が有意でなかった項目はTukey HSD法を実施した。
質問項目6「本人は、過去に学校になじむことができなかった経験がありますか」
では、「1～2年」よりも「3～4年」の平均値が有意に高かった。質問項目
11「本人は、自ら決定することの難しさがありますか」では、「1年未満」より
も「1～2年」、「5年以上」の平均値が有意に高かった。質問項目15「家族の
経済的な困難がありますか」では、項目間の有意な差は確認できなかった（南風
原 2002:283-4）。質問項目16「家族自身が孤立しているように感じますか」では、
「1年未満」よりも「1～2年」、「3～4年」の平均値が有意に高かった。質問
項目17「本人や家族が、支援機関の対応に失望した経験がありますか」では、「1
年未満」よりも「3～4年」、「5年以上」の平均値が有意に高かった。質問項目

18「他の支援機関が、ひきこもりへの理解が不足していると感じますか」では、「1年未満」よりも「3〜4年」の平均値が有意に高かった。質問項目20「アウトリーチによる支援が不足していると感じますか」では、「1〜2年」よりも「3〜4年」の平均値が有意に高かった。質問項目23「就労支援等の働くための資源が不足していると思いますか」では、「1〜2年」よりも「3〜4年」、「5年以上」の平均値が有意に高かった。

　表6−6で示すとおり、一元配置分散分析による担当する40歳以上のひきこもり事例数（5ケース未満・5〜9ケース・10〜14ケース・15ケース以上）による属性比較において、一元配置分散分析によって有意差がみられたのは、質問項目10「本人は、はっきりした理由はないが不安感を感じていますか」（p<.05）の1項目であった。等分散性が有意でなかったため、Tukey HSD法による多重比較を実施した。その結果、「5ケース未満」よりも「15ケース以上」の平均値が有意に高かった。

4）支援者属性による比較分析の結果

　所属機関の属性差として、市町村域のひきこもり支援を担う生活困窮者自立支援相談機関においては、ひきこもり本人の要因として、感情コントロールの問題や支援の負担感の項目得点が有意に高かったことから、ひきこもり支援への困難感を抱えていることが示唆された。また、家族的・地域的要因として、家族からの協力が得られない、また就労支援のための社会資源の不足に関する項目得点が有意に高かったことから、ひきこもり世帯の支援希求が少ない状況下において、アウトリーチ支援とその出口を含む就労等の広範な生活支援を実施していることが考えられた。さらに、生活困窮者自立支援相談機関の支援方針としては、基本的に就労支援が重視されていることが推測された。

　一方で、県域のひきこもり支援を担うひきこもり地域支援センターでは、ひきこもり本人が対人関係に支障があり、当事者やその家族が支援機関に不信感を感じているという項目得点が有意に高かったことから、市町村域での支援関係がより複雑化した事例に関わっていることが推測される。太田（2004:34）は、ひきこもり支援において生活困窮者自立支援相談機関が第一次相談窓口になり、ひきこもり地域支援センターは第二次的な専門窓口になっていくことを指摘しているが、本調査からもその傾向がみてとれる。

　職種の属性差においては、相談員の認識として、ひきこもり本人の感情コントロールの問題、また家族の本人への萎縮、家族からの協力が得られない、居場所

となる社会資源の不足についての項目得点が有意に高かったことから、相談員の職種において支援希求が少ないひきこもり世帯への第一次的支援を担い、さらに社会資源を活用する生活支援を実施していることが推測された。

基礎資格の属性差においては、社会福祉士の資格を保持している支援者は、ひきこもり本人の今の状況を変えたくない気持ち、さらに居場所や就労支援の社会資源の不足についての項目得点が有意に高かったことから、他の資格保持者に比してひきこもり状況を変化させるための社会資源の活用に関する認識が深いことが考えられた。

一方で、同じ社会福祉専門職である精神保健福祉士の保持者の場合は、ひきこもり本人の不安感についての得点項目が有意に高かったことから、ひきこもり支援の第1段階となる社会資源を活用するための精神障害の治療等への認識が深いことが推測された。

本調査による職種としての相談員、保持資格としての社会福祉士等の実践基盤となるソーシャルワークは、人と環境との接点を捉える環境の中の人（person in environment）という対象認識をもつ。システムとして、人と環境との間のインターフェイス（境界面）を接点として相互作用と交互作用が生じる。この作用に不均衡や不調和が起こった場合に、ソーシャルワーク介入の焦点となる（Johnson,L.C. et al. ＝ 2005:205-6）。すなわち、ひきこもり支援においても、当事者を取り巻く環境要因とのインターフェイスを含めたアセスメントを重視する。

以上のような統計学的な属性差より、ひきこもり支援の家族的・地域的要因において、生活困窮者自立支援相談機関、相談員の職種、社会福祉士の保持者は、当事者と家族、そして地域との社会関係を重視する生活支援を展開していることが考えられた。

また、専門職経験年数による属性差は、アウトリーチ支援の不足のみの項目得点が有意に高かったことから、対人援助職としての実践経験を重ねる程に共通してひきこもりへのアウトリーチ支援が必要になってくることが推測された。

一方で、現職の担当年数による属性差では、ひきこもりの個人的要因として、本人の過去に学校になじむことができなかった経験、自己決定することの難しさの項目得点が有意に高かった。また、家族的要因においては、家族の経済的困難、家族自身の孤立の項目得点が有意に高かった、また地域的要因においては、当事者やその家族が支援機関に不信感を感じている、他機関によるひきこもり理解の不足、アウトリーチ支援の不足、就労支援のための社会資源の不足に関する得点項目が有意に高かった。

表6-4 専門職経験年数による要因認識(一元配置分散分析の結果)

	質問項目	専門職の経験年数								F値	多重比較
		3年未満(n=73)		3〜4年(n=39)		5〜9年(n=74)		10年以上(n=135)			
		平均	標準偏差	平均	標準偏差	平均	標準偏差	平均	標準偏差		
個人的要因	質問項目1 本人は、気分や感情をコントロールすることに問題を抱えていますか	3.14	0.63	3.00	0.61	3.23	0.77	3.24	0.69	1.42	
	質問項目2 本人は、体調を維持することに問題を抱えていますか	2.88	0.78	2.82	0.64	3.00	0.68	2.90	0.79	0.61	
	質問項目3 本人は、家族との関係に問題を抱えていますか	3.36	0.78	2.82	0.64	3.38	0.70	3.49	0.66	0.61	
	質問項目4 本人は、友人や他者との関係に支障はありますか	3.58	0.58	3.41	0.68	3.55	0.64	3.67	0.58	2.10	
	質問項目5 本人は、コミュニケーションに不器用さはありますか	3.64	0.59	3.74	0.44	3.57	0.60	3.69	0.48	1.22	
	質問項目6 本人は、学校になじむことができなかった経験がありますか	3.29	0.74	3.05	0.69	3.23	0.61	3.26	0.72	1.10	
	質問項目7 本人は、過去に職場になじむことができなかった経験がありますか	3.33	0.73	3.33	0.62	3.38	0.61	3.50	0.63	1.41	
	質問項目8 本人は、現在にどこになじめないかという気持ちをもっていますか	2.84	0.75	2.92	0.70	2.78	0.76	2.93	0.73	0.83	
	質問項目9 本人は、過去に職場を変えたいという気持ちをもっていますか	2.71	0.68	2.92	0.81	2.69	0.69	2.90	0.69	2.14	
	質問項目10 本人は、はっきりした理由はないが不安感を感じていますか	3.16	0.71	3.26	0.64	3.23	0.63	3.24	0.73	0.27	
	質問項目11 本人は、自ら決定することの難しさがありますか	3.11	0.68	3.28	0.79	3.16	0.74	3.19	0.70	0.51	
家族的要因	質問項目12 家族は、本人がひきこもることへの理解がありますか	2.55	0.71	2.69	0.61	2.59	0.66	2.63	0.66	0.45	
	質問項目13 家族は、暴力等による本人への委縮はありますか	2.58	0.95	2.26	0.88	2.27	0.80	2.46	0.85	2.23	
	質問項目14 家族は、支援者に対する協力はありますか	2.15	0.74	2.13	0.74	2.20	0.66	2.07	0.61	0.83	
	質問項目15 家族の経済的な困難がありますか	2.75	0.81	3.08	0.58	2.91	0.74	2.87	0.72	1.71	
	質問項目16 家族自身が孤立しているように感じますか	2.67	0.73	2.95	0.76	2.59	0.70	2.79	0.70	2.60	
地域環境的要因	質問項目17 本人や家族が、支援機関の対応に失望した経験がありますか	2.48	0.67	2.64	0.74	2.55	0.60	2.66	0.70	1.26	
	質問項目18 他の支援機関が、ひきこもりへの理解が不足していると感じますか	2.58	0.71	2.62	0.59	2.59	0.70	2.60	0.68	0.29	
	質問項目19 他の支援機関と連携することの難しさを感じますか	2.70	0.68	2.97	0.67	2.78	0.80	2.68	0.67	1.94	
	質問項目20 アウトリーチによる支援が不足していると思いますか	3.00	0.73	3.33	0.70	3.01	0.82	3.19	0.70	2.71*	多重比較は有意差なし
	質問項目21 医療機関等の治療のための資源が不足していると思いますか	3.01	0.72	2.97	0.84	2.88	0.79	3.10	0.79	1.36	
	質問項目22 居場所等の安らぎが不足していると思いますか	3.27	0.68	3.31	0.72	3.14	0.82	3.41	0.71	2.24	
	質問項目23 就労支援等の働くための資源が不足していると思いますか	3.30	0.68	3.41	3.14	0.72	3.14	3.40	0.75	2.24	
問題の性質	質問項目24 支援することに対する自身の負担感を感じていますか	2.93	0.82	2.87	0.80	3.03	0.79	2.83	0.80	1.02	
	質問項目25 いくつかの問題が重なり合っていると思いますか	3.75	0.58	3.54	0.72	3.54	0.53	3.49	0.62	0.62	
	質問項目26 問題が悪循環になって、より複雑な問題になっていると思いますか	3.45	0.58	3.54	0.72	3.54	0.53	3.49	0.62	0.62	

**p<.01, *p<.05

※質問項目1と3は、逆転項目である。 ※無回答6を除く。

表6-5 現職の担当年数による要因認識の差（一元配置分散分析の結果）

	質問項目	1年未満 (n=53) 平均	標準偏差	1~2年 (n=91) 平均	標準偏差	3~4年 (n=83) 平均	標準偏差	5年以上 (n=97) 平均	標準偏差	F値	多重比較
個人的要因	質問項目1 本人は、気分や感情をコントロールすることに問題を抱えていますか	3.11	0.73	3.15	0.71	3.13	0.66	3.23	0.73	0.41	
	質問項目2 本人は、体調を維持することに問題を抱えていますか	2.91	0.74	2.99	0.78	2.78	0.68	2.87	0.77	1.14	
	質問項目3 家族との関係に支障はありますか	3.28	0.74	3.43	0.67	3.29	0.73	3.45	0.77	1.51	
	質問項目4 本人は、友人や他者との関係に支障はありますか	3.28	0.60	3.63	0.59	3.47	0.63	3.67	0.61	1.75	
	質問項目5 本人は、コミュニケーションに不器用さはありますか	3.60	0.60	3.64	0.57	3.75	0.44	3.63	0.53	1.11	
	質問項目6 本人は、過去に学校になじむことができなかった経験がありますか	3.23	0.72	3.38	0.63	3.08	0.75	3.22	0.70	2.71*	1~2年>3~4年
	質問項目7 本人は、過去に職場になじむことができなかった経験がありますか	3.40	0.66	3.37	0.63	3.36	0.73	3.47	0.65	0.54	
	質問項目8 本人は、現在どこにも居場所がないという気持ちをもっていますか	2.83	0.73	2.89	0.78	2.82	0.65	2.91	0.75	0.29	
	質問項目9 本人は、今の状況を変えたくないという気持ちをもっていますか	3.17	0.64	3.16	0.69	2.82	0.72	2.82	0.78	1.75	
	質問項目10 本人は、はっきりした理由はないが不安感をもっていますか	2.92	0.73	3.24	0.57	3.16	0.72	3.28	0.79	3.22*	1~2年>3~4年
家族的要因	質問項目11 本人は、自ら決定することの難しさがありますか	2.46	0.77	2.82	0.63	2.81	0.72	2.77	0.76	3.57*	1~2年>1年未満 3~4年>1年未満
	質問項目12 家族は、本人がひきこもっていることへの理解がありますか	2.60	0.86	2.96	0.70	2.92	0.67	2.93	0.77	2.98*	1~2年>1年未満 5年以上>1年未満
	質問項目13 家族は、暴力等による本人への委縮はありますか	2.06	0.60	2.20	0.72	2.10	0.66	2.14	0.61	0.64	
	質問項目14 家族は、支援者に対する協力はありますか	2.11	0.93	2.30	0.86	2.39	0.94	2.37	0.83	1.24	
	質問項目15 家族の経済的な困難さがありますか	2.41	0.66	2.67	0.68	2.61	0.64	2.64	0.71	1.76	
地域環境的要因	質問項目16 家族自身が孤立しているように感じますか	2.36	0.59	2.58	0.62	2.71	0.74	2.66	0.69	3.34*	3~4年>1年未満
	質問項目17 本人や家族は、支援機関の対応に失望した経験がありますか	2.24	0.54	2.58	0.73	2.73	0.63	2.68	0.76	2.70*	3~4年>1~2年
	質問項目18 他の支援機関が、ひきこもりへの理解が不足していると感じますか	2.24	0.59	2.70	0.72	2.84	0.65	2.69	0.80	3.34*	3~4年>1年未満
	質問項目19 アウトリーチによる支援機関と連携することの難しさを感じますか	3.02	0.72	2.98	0.75	3.31	0.73	3.13	0.73	0.83	
	質問項目20 医療機関等の治療のための支援が不足していると思いますか	2.83	0.73	3.04	0.76	3.06	0.82	3.03	0.82	3.41*	3~4年>1~2年
	質問項目21 居場所等の安心して集う資源が不足していると思いますか	3.26	0.63	3.23	0.76	3.41	0.66	3.42	0.73	1.11	
	質問項目22 就労支援等の働くための資源派遣が不足していると思いますか	3.28	0.60	3.14	0.85	3.43	0.68	3.42	0.75	1.64	
問題の性質	質問項目23 支援することに対する負担感を感じますか	2.75	0.68	3.02	0.79	2.93	0.82	2.85	0.85	3.04*	5年以上>1~2年
	質問項目24 いくつかの問題が重なり合っていると思いますか	3.77	0.47	3.82	0.41	3.75	0.58	3.86	0.43	0.91	
	質問項目25 問題が悪循環して、より複雑な問題になっていると思いますか	3.38	0.56	3.49	0.57	3.49	0.71	3.57	0.58	1.48	

**p<.01, *p<.05

※質問項目1と3は、逆転項目である。　　　※無回答6名除く。

表6-6 担当する40歳以上のひきこもり事例数による要因認識の差（一元配置分散分析の結果）

	質問項目	担当する40歳以上のひきこもり事例数								F値	多重比較
		5ケース未満 (n=208)		5～9ケース (n=53)		10～14ケース (n=11)		15ケース以上 (n=20)			
		平均	標準偏差	平均	標準偏差	平均	標準偏差	平均	標準偏差		
個人的要因	質問項目1 本人は、気分や感情をコントロールすることに問題を抱えていますか。	3.17	0.74	3.11	0.58	3.09	0.54	3.26	0.69	0.28	
	質問項目2 本人は、体調を維持することに問題を抱えていますか。	2.87	0.77	2.98	0.69	2.92	0.60	2.91	0.73	0.34	
	質問項目3 本人は、家族との関係に支障はありますか。	2.35	0.76	2.43	0.63	3.64	0.51	3.48	0.77	0.77	
	質問項目4 本人は、友人や他者との関係に支障はありますか。	3.57	0.62	3.64	0.62	3.73	0.47	3.70	0.60	0.60	
	質問項目5 本人は、コミュニケーションに不器用さはありますか。	3.66	0.55	3.66	0.48	3.82	0.41	3.61	0.50	0.40	
	質問項目6 本人は、過去に学校になじむことができなかった経験がありますか。	3.34	0.74	3.17	0.64	3.27	0.47	3.39	0.50	0.54	
	質問項目7 本人は、過去に職場になじむことができなかった経験がありますか。	3.44	0.67	3.32	0.61	3.27	0.47	3.52	0.59	0.84	
	質問項目8 本人は、現在どこにも居場所がないと感じている経験がありますか。	2.82	0.72	2.89	0.75	3.27	0.65	3.13	0.59	2.62	
	質問項目9 本人は、今の状況を変えたくないという気持ちをもっていますか。	2.77	0.75	2.81	0.68	3.00	0.63	3.00	0.78	0.78	
	質問項目10 本人は、はっきりした理由はないが不安感を感じていますか。	3.13	0.71	3.28	0.66	3.55	0.52	3.52	0.59	3.63*	15ケース以上>5ケース未満
	質問項目11 本人は、自ら決定することの難しさがあります。	3.16	0.72	3.09	0.69	3.64	0.67	3.39	0.66	2.54	
家族的要因	質問項目12 家族は、本人がひきこもることへの理解がありますか。	2.59	0.70	2.66	0.62	2.82	0.60	2.57	0.59	0.53	
	質問項目13 家族は、暴力等による本人への委縮はありますか。	2.30	0.71	2.26	0.65	2.45	0.69	2.74	0.62	0.60	
	質問項目14 家族は、支援者に対する協力はありますか。	2.17	0.92	2.08	0.84	2.55	0.70	2.48	0.59	1.26	
	質問項目15 家族の経済的な困難があります。	2.85	0.69	2.94	0.58	2.09	0.70	1.91	0.29	0.65	
	質問項目16 家族自身が孤立しているように感じます。	2.69	0.79	2.83	0.63	3.09	0.30	2.96	0.56	1.26	
地域環境的要因	質問項目17 本人や家族が、支援機関に失望した経験がありますか。	2.55	0.75	2.79	0.67	2.91	0.70	3.00	0.52	1.80	
	質問項目18 他の支援機関が、ひきこもりへの理解が不足していると感じますか。	2.62	0.71	2.64	0.63	2.64	0.51	2.65	0.49	1.98	
	質問項目19 他の支援機関と連携することの難しさを感じますか。	2.76	0.70	2.81	0.65	2.82	0.60	2.74	0.62	0.45	
	質問項目20 アウトリーチによる支援が不足していると思いますか。	3.15	0.75	3.11	0.74	2.73	0.79	2.35	0.71	2.61	
	質問項目21 医療機関等の治療のための資源が不足していると思いますか。	2.97	0.79	3.15	0.73	3.27	0.65	2.83	0.72	1.51	
	質問項目22 居場所の安心して集いてくる資源が不足していると思いますか。	3.29	0.72	3.51	0.64	3.00	0.89	3.04	0.83	1.60	
	質問項目23 就労や支援等の働くための資源が不足していると思いますか。	3.31	0.74	3.49	0.70	3.36	0.92	3.43	0.66	0.77	
問題の質	質問項目24 支援することに対する負担感を感じますか。	2.91	0.76	3.00	0.86	2.73	0.91	2.57	0.90	1.82	
	質問項目25 いくつかの問題が重なり合っていると思いますか。	3.77	0.52	3.87	0.34	3.91	0.30	4.00	0.00	2.27	
	質問項目26 問題が還循環して、より複雑な問題になっていると思いますか。	3.46	0.63	3.62	0.49	3.55	0.69	3.61	0.50	1.37	

**p<.01, *p<.05

※質問項目1と3は、逆転項目である。

※無回答6を除く。

これらのことから、ひきこもり支援の実践経験を重ねる程、ひきこもり本人のいじめ等の挫折体験、また自己決定することの難しさを認識していることが考えられた。また、地域的な要因として、地域での家族の孤立、加えてひきこもり支援体制の不備を認識していることが考えられた。

さらに、中高年齢期のひきこもりを担当する事例数の属性差では、ひきこもり本人の不安感を表す項目得点が有意に高かった。ひきこもりの担当事例数が多い程、ひきこもり本人が抱える不安感を認識していることが推測された。

保正（2013:80-3）は、医療ソーシャルワーカーへの質的研究から、実践経験が乏しい新人期から全体状況を踏まえながら実践を行うことができる中堅期への移行期を4〜5年程と述べている。中堅期は、例えば「実践パターンができる、予測に基づく実践ができるようになる、全体のシステムのなかで実践のあり方を理解しはじめる、クライエントが主体的になれるように関わる」等の実践能力の変容を挙げている。

本調査においては、3〜4年程のひきこもり支援経験から複数の有意差がある項目得点がみられることから、中堅期に近いひきこもり支援の経験年数によって、ひきこもりの背景にある家族・地域的要因を捉えることができる傾向となることが考えられた。そして、個人的要因のみではなく、家族的・地域的要因を含めたひきこもりのアセスメントの実施が可能となるためには3〜4年の支援経験が必要になると推測された。

2．福祉ニーズ要因の比較分析

1）分析結果のまとめ

第6章の支援者327名を対象にした属性差による統計学的な比較分析では、ひきこもり支援の家族的・地域的要因において、市町村域のひきこもり支援を担う生活困窮者自立支援相談機関がアウトリーチ支援を実施しているなかで支援の困難性を認識していることが分かった。また、そのような地域支援の状況下のもと、職種としては相談員、保持資格としては社会福祉士が社会資源を活用した支援を展開していることが示唆された。

また、ひきこもり支援の経験年数が高い程に家族要因や地域的要因に着目していることが示唆された。そして多重比較の結果からは、とくに1年未満と1〜2年の実践経験よりも、3〜4年、5年以上の実践経験を得ることで、ひきこもり

の家族的・地域的要因についての認識が重視されるようになることが示唆された。

2）福祉ニーズ要因の分析と仮説検証

　本章のデータ分析においては、支援者 327 名によるアンケート回答データを用いて、支援者属性による福祉ニーズ認識の比較分析（t 検定・分散分析・多重比較）を行った。

　この量的データの比較分析からは、質問項目 20「アウトリーチによる支援が不足していると思いますか」（専門職の経験年数 p<.05、現職務の担当年数 p<.05）、質問項目 22「居場所等の安心して集う資源が不足していると思いますか」（相談員の職種 p<.01、社会福祉士の保持 p<.05）、質問項目 23「就労支援等の働くための資源が不足していると思いますか」（生活困窮者自立支援相談機関に所属 p<.01、社会福祉士の保持 p<.05、現職務の担当年数 p<.01）等に有意差があった。

　研究仮説において、支援者属性による比較分析の結果から、研究仮説である〔仮説 1〕「アウトリーチは、見えづらいニーズをキャッチする」は、分散分析によって、質問項目 20「アウトリーチによる支援が不足していると思いますか」に有意差がみられ（専門職の経験年数 p<.05、現職務の担当年数 p<.05）、さらに現職務担当年数の多重比較も有意差があった（3〜4 年＞1 年未満）ことから量的な関連が検証された。

　研究仮説である〔仮説 2〕「アセスメントは、社会関係の狭間を可視化する」は、t 検定によって、社会関係に関する質問項目 17「本人や家族が、支援機関の対応に失望した経験がありますか」（生活困窮者自立相談機関に所属 p<.01）に有意差があった。また、分散分析によって、社会関係に関する質問項目 15「家族の経済的な困難さがありますか」、質問項目 16「家族が孤立しているように感じますか」、質問項目 17「本人や家族が支援機関の対応に失望した経験がありますか」、質問項目 18「他の機関がひきこもりの理解が不足していると感じますか」（いずれの質問項目も、現職務の担当年数 p<.05）に有意差がみられた。

　さらに多重比較によって、質問項目 16「家族が孤立しているように感じますか」（1 年以上＞1 年未満）、質問項目 17「本人や家族が支援機関の対応に失望した経験がありますか」（3 年以上＞1 年未満）、質問項目 18「他の機関がひきこもりの理解が不足していると感じますか」（3〜4 年＞1 年未満）に有意差があったことから量的な関連が検証された。

　また、研究仮説である〔仮説 3〕「ネットワークは、社会資源の活用を促進する」

は、 t 検定によって、質問項目22「居場所等の安心して集う資源が不足してい
ると思いますか」(相談員の職種 p<.01、社会福祉士の保持 p<.05)、質問項目23「就
労支援等の働くための資源が不足していると思いますか」(生活困窮者自立支援
相談機関に所属 p<.01、社会福祉士の保持 p<.05、現職務の担当年数 p<.01) に
有意差がみられ、さらにひきこもり支援の担当年数の多重比較も有意差があった
(5年以上・3〜4年>1〜2年) ことから量的な関連が検証された。

終章　福祉ニーズに基づく実践モデル

　本研究においては、分析視点（生活困難）として福祉ニーズの分析課題（第3章）を参照しながら、福祉ニーズの定量的・定性的分析を実施した。量的・質的分析を併用する混合研究法を用い、量的（大きなサンプルサイズ、傾向、一般化）と質的（小さなサンプルサイズ、詳細、深さ）のそれぞれの強みを併用し、解釈にあたっては平等の重みを置いて実施するトライアンギュレーションデザイン（Creswel & Plano Clark = 2010:69）を用いることで分析の妥当性や信頼性を担保するようにした。

　終章においては、このトライアンギュレーションによる実証的研究（第4章〜6章）の分析結果をまとめ、①ひきこもりの福祉ニーズの要因と構造、②仮説検証による福祉ニーズの支援モデルを提示する。なお、本章において、筆者が重要な箇所だと強調する部分を下線部としている。

1．定量および定性的分析によるひきこもりの福祉ニーズ

　福祉ニーズの予備的分析（第3章）として、①自験例の事例分析による生活困難要因の抽出、②同事例分析から示唆された要因について、新聞記事を対象としたテキスト計量分析よる質的検証を行った。その結果、事例分析からは、①中高年期のひきこもりには、「孤立」化する状況がある。また、そこには、②「暮らしの問題」と「悪循環する状況」が複合している、ことが示唆された。さらに、これら要因について新聞記事を対象にした計量テキスト分析による検証からは、2010（平成12）年以降からは「暮らしの問題」と「悪循環する状況」の出現率が統計学的に有意となっており、社会的要因がひきこもりに作用していることが示唆された。

　これら予備的分析の結果、および近接する先行研究の検討を踏まえ、福祉ニーズの分析課題として次の4点を見出した。〔課題1〕暮らし問題の複雑化がある。〔課題2〕悪循環する状況形成がある。〔課題3〕家庭内での抱え込みがある。〔課

題４〕そのために、地域からの孤立が生じている、である。

　続いて、実証的研究として、福祉ニーズの分析課題を参照しながら、アンケート調査による定量的側面とインタビューによる定性的側面より、多面的・多角的な福祉ニーズの分析と可視化を図った。

　福祉ニーズの量的分析（第４章）においては、全国の生活困窮者自立支援相談機関、およびひきこもり地域生活支援センターの支援者327名によるアンケート回答データより、福祉ニーズの量的分析を実施した。探索的因子分析によって抽出された「閉じた不安定な家庭」「支援資源の不足」「関係機関の無理解」「悪循環するひきこもり状況」「対人的な不適応経験」の５因子が確認された。さらに、共分散構造分析によって、「支援資源の不足」因子が「閉じた不安定な家庭」因子に影響を与えていたことが確認された。

　これら量的分析の結果から、〔課題２〕悪循環する状況形成がある、〔課題３〕家庭内での抱え込みがある、〔課題４〕地域からの孤立が生じている、という福祉ニーズを明らかすることができたと考える。また、〔課題３〕家庭内の抱え込みがあって、〔課題２〕悪循環する状況形成が出現するという結果を示していることを確認することができた。

　福祉ニーズの質的分析（第５章）においては、中高年齢期のひきこもり15事例を対象にしたソーシャルワーカーへのインタビュー調査データより、福祉ニーズの質的分析を実施した。

　15の事例研究からは、中高年齢期のひきこもり世帯の特質として、①中高年期からひきこもりになった場合は、とくに失業や借金等の社会的要因の影響が強いこと、②本人や家族による家庭内からの支援希求がないこと、③ひきこもりという隠された地域課題が、家族のサポートがなくなった後に顕在化することが確認できた。事例分析からは、とくに、①の失業や借金等の社会的要因から〔課題１〕暮らしの問題の複雑化がある、②の支援希求がないことから〔課題３〕家庭内での抱え込みがある、そして②と③の世帯自らがひきこもりを潜在化させることから〔課題４〕地域からの孤立が生じている、様態を明らかにしたと考える。

　また、ソーシャルワーカー８名による中高年齢期のひきこもり15事例の語りを対象にした質的データ分析からは、ミクロ的領域のカテゴリーとして、ひきこもり本人の「見えづらい内面的脆弱さ」、「生活する力の脆弱さ」が抽出された。さらに、メゾ的領域としてのカテゴリー「閉鎖的な家族コミュニケーション」、マクロ的領域としてのカテゴリー「地域における狭間」抽出され、負の相互作用を示していることが確認できた。これらの質的データ分析からは、分析によって

抽出された先のカテゴリーのような〔課題1〕暮らしの問題の複雑化がある、ことを明らかにした。また、それらカテゴリーが負の相互作用として〔課題2〕悪循環する状況形成がある、ことも明らかにした。また、カテゴリー「地域における狭間」も影響して、〔課題3〕家庭内での抱え込みがある、〔課題4〕地域からの孤立が生じている、という福祉ニーズを質的側面から明らかにした。

　以上の定量的・定性的な実証的研究から、ひきこもりの福祉ニーズの分析課題である〔課題1〕暮らしの問題の複雑化がある。〔課題2〕悪循環する状況形成がある。〔課題3〕家庭内での抱え込みがある。〔課題4〕そのために、地域からの孤立が生じている、に対応する具体的要因を示した（表終－1参照）。

　これら要因の関連性について、量的データは共分散構造分析、ならびに質的データは質的データ分析により要因間の関連分析を行い、量的・質的の両側面から総合的なひきこもりの福祉ニーズの構造化を図った。

　図終－1は、データ分析によるミクロ・メゾ・マクロ領域の関連性を示したものである。ミクロ領域（ひきこもり個人の脆弱さ）に対して、メゾ領域（家庭内での抱えこみ）が相互に影響している。その世帯内には、内部での対人葛藤や経済的な不安定さ等の生活上の問題があり、外部に対しては地域から閉ざされ支援を求めない課題を抱えている。背景には、マクロ（地域）においては、社会資源の不備や機能不全により、ミクロ領域（ひきこもり個人の脆弱さ）とメゾ領域（家庭内での抱えこみ）に影響を与え、ひきこもり世帯の孤立化が生じている。

　また、家庭内での抱え込み（メゾ）、社会資源の不備や機能不全（マクロ）による負の交互作用によって、ひきこもりの悪循環状況が深まっていることが分かった。ひきこもりの福祉ニーズは、ひきこもり個人の問題のみではなく、家庭内にて生活上の問題を抱えこむ状況が形成されている。

　さらに、世帯のなかでひきこもりを隠そうとし、内的なスティグマ（ひきこもりを恥だとする認識、また偏見や差別に対する恐れや経験等）があり、地域から閉じられているため、支援ニーズが希求されずその深刻さが増していく。他方で、地域におけるサポートシステムが不足していることで、ひきこもりをより深める状況を生み出しているといえる。さらに、地域においてもひきこもりを遠ざけている外的なスティグマ（ひきこもりへの無関心や無知、また偏見や差別等）があり、支援の対象とはならない、または困難であるという認識が深まっていく。このように、内的・外的なスティグマの影響があり、ひきこもり世帯への支援が届かない構造があるといえる。

　スティグマという言葉は、もとはギリシャ語に端を発し、奴隷や犯罪者、謀反

表終－1　実証的研究によるひきこもりの福祉ニーズ要因

福祉ニーズの分析課題		実証的研究による福祉ニーズ要因
状態	中高年齢期のひきこもりにある人	・対人的な不適応経験（探索的因子分析） ・「困る感覚がない」「挫折による喪失体験」「自己否定感」「隠れたニーズ」による見えづらい内面的脆弱さ（質的データ分析）
課題1	暮らしの問題の複雑化がある	・失業や借金等の生活上の困難による影響が強い（事例研究） ・「コミュニケーションの不安定さ」「金銭的なトラブル」「自己コントロールが難しい」「支援の拒否感」による生活する力の脆弱さ（質的データ分析） ・「就労する力の低下」「就労支援の限界」による一般就労の壁（質的データ分析）
課題2	悪循環する状況形成がある	・悪循環するひきこもり状況（探索的因子分析） ・ミクロ（本人）・メゾ（家族）・マクロ（地域）領域における負の交互作用がある（質的データ分析）
課題3	家庭内での抱え込みがある	・閉じた不安定な家庭（探索的因子分析） ・家庭内からの支援希求がない（事例研究） ・「家族の不安」「家族関係の悪化」「家族との共依存関係」「ひきこもりの隠蔽」による閉鎖的な家族コミュニケーション（質的データ分析）
課題4	地域からの孤立が生じている	・ひきこもりは、家族のサポートがなくなった後に顕在化する（事例研究） ・支援資源の不足と関係機関の無理解(探索的因子分析) ・「地域の視線」「制度的な障壁」「支援困難」「地位からの孤立」による地域における狭間(質的データ分析)

人であることを知らしめる肉体上の徴であった。その刻印は異常さや避けられる者を象徴しており、他者からの信頼を失われる属性を表わすことを意味していた（Goffman, E 2016:13-6）。しかし、スティグマは属性のみならず、社会関係を損なうものでもあるとされる。その第1は、スティグマを負う人の身分の低下、第2には身分の否定、そして第3は人間性の否定であり、権利や社会的存在の否定による社会的アイデンティティの破壊がある（Spicker, P 1987=204-8）。また、スティグマは、社会的規範から逸脱して社会生活が困難であるというイメージを与えることで、付与された人を社会から排除する力を帯びるとする（藤澤1992:374）。

　社会福祉の観点からは、スティグマは目に見えるものと見えないものがあり、またその負の属性をあらゆる方法を用いて秘密として守る性質がある（高橋

2014:50-1)。さらには、Spicker, P（= 1987:226-7）によれば、既にスティグマを負う人々は境界によって社会から分離されており、その諸要因として権力の欠如や社会規範や偏見、そして低い地位等の相互作用を通じて社会的拒否につながっていることが例示されている。このように、スティグマは、先行研究により社会関係に影響を与えることが明らかになっている。ひきこもりを対象とした本研究においても、先に示したように内的（ひきこもり世帯内）と外的（地域のなかでのスティグマ）なスティグマが抽出されたことは、ひきこもりとスティグマが関連している証左になると考える。

　次に、これら福祉ニーズをサポートするために設定した仮説検証により、ひきこもりの地域生活支援について検討を行う。

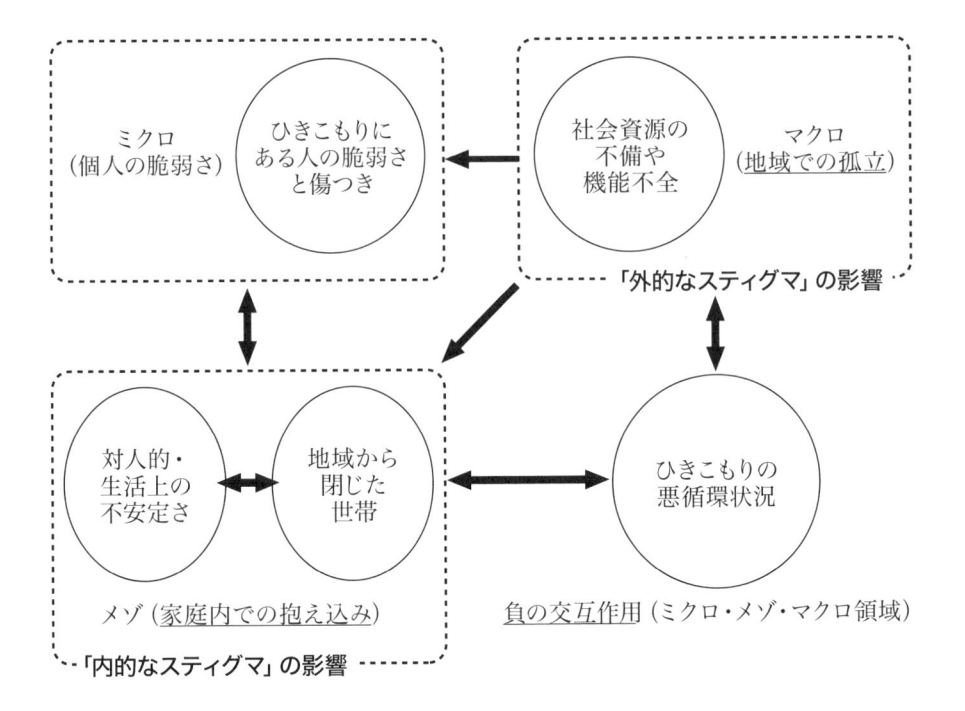

図終-1　実証的研究によるひきこもりの福祉ニーズ構造

注：実際にはミクロ（個人）・メゾ（家庭）・マクロ（地域）は重なりあっており、厳密に区分できない。図においては、象徴的な区分として示している。

２．仮説検証の結果

　仮説検証にあたって、生活困難の視点から福祉ニーズを支援するための研究仮説を確認しておく。

　そもそも、ひきこもりは精神疾患や発達障害による対人交流の困難や自己肯定感の低下、家族機能の低下や両親の高齢化による生活上の問題や将来への不安を抱えており、近年は「8050問題」等として個人・家族・地域が相互に重なりあう問題が表出している。そして、地域社会からみれば、ひきこもりは本人や家族から相談が寄せられない傾向があり、公的な福祉サービスのみでは対応できない制度の狭間や社会的孤立あるいは排除に陥りやすい課題を抱えているといえる。

　本研究では、このような地域におけるひきこもりの現状と課題を踏まえたうえで、生活上のニーズを把握し、課題を抱えている人々へ支援を展開するコミュニティソーシャルワークの機能が重要であるとの観点から、次のように仮説設定した。

　【仮説１】アウトリーチは、見えづらいニーズをキャッチする。
　【仮説２】アセスメントは、社会関係の狭間を可視化する。
　【仮説３】ネットワークは、社会資源の活用を促進する。

　仮説検証にあたっては、定量的・定性的な側面から検証を試みた。なお、仮説に示しているアウトリーチ、アセスメント、ネットワークによるひきこもりの地域支援について、調査対象となるひきこもり支援従事者（生活困窮者自立支援相談機関・ひきこもり地域支援センター）は、日々の業務実践としてこれらコミュニティアプローチの支援経験を有している（自立相談支援事業従事者養成研修テキスト編集委員会　2022；厚生労働省　2009）。実証的研究にあたっては、それら専門職による地域生活支援の経験を基盤としたアンケート調査とインタビュー調査をとおして仮説検証を行うものである。

　ここで、仮説を検証するにあたって、改めて仮説検証デザインで示した４つの研究アプローチによる分析結果の概要について示す。

　研究アプローチ１（量的分析）による検証においては、全国の生活困窮者自立支援相談機関、およびひきこもり地域生活支援センターに所属する支援者327名によるアンケート回答データを分析対象にして、福祉ニーズの多変量解析（探索的因子分析および共分散構造分析）を行った。

探索的因子分析の結果、第1因子「閉じた不安定な家庭」、第2因子「支援資源の不足」、第3因子「関係機関の無理解」、第4因子「悪循環するひきこもり状況」、第5因子「対人的な不適応経験」が抽出された。さらに、抽出された5つの各因子の関連性を分析するため共分散構造分析を実施し、生活困難メカニズムの解明を図った。適合度指標は、GFI=.946、AGFI=.918、CFI=.925、RMSEA=.052であり、統計学的に妥当性あるモデルだと評価できた。

研究アプローチ2（事例分析）による検証においては、一定の要件を満たしたエキスパートである8名のソーシャルワーカーから、15のひきこもりの事例を提示してもらい、事例研究を行った。事例の定義として、先行研究（内閣府2019：2-12）を基本として、ソーシャルワーカー2名へのプレテストの結果を反映させて次のようにした。①40歳から64歳の年齢であり、②コンビニに行く等の外出は行うが家族以外との他者との交流がないこと、③ひきこもり状態が3年程度以上、④統合失調症等により入院治療が優先されるような精神障害の影響下でない、と定義した。

分析の視点として、ひきこもり事例の特質を探るために15事例に共通する状況の分析を行った。事例研究の結果、次の4点が見出された。「①中高年期からひきこもりになった場合は、とくに失業や借金等の社会的要因の影響が強い」こと、「②本人や家族による家庭内からの支援希求がない」こと、「③ひきこもりという隠された地域課題が、家族のサポートがなくなった後に顕在化する」ことが挙げられた。また、事例研究の15事例のうち14事例について、「④支援につながった経緯として多機関・多職種連携があり、さらにその後の支援展開として地域連携によるネットワーク型の介入が行われていた」こと、が分かった。

研究アプローチ3（質的分析）による検証においては、一定の要件を満たすソーシャルワーカー8名によるひきこもり事例の語りを対象にして、福祉ニーズの質的データ分析を実施した。先行研究（平塚 2002; 矢ヶ部 2019）の検討とプレテストを基に、ソーシャルワーカーへのインタビューの質問項目は、①ケースの概略（ケース選定の理由・相談に至った経過・本事例の特徴・相談の経過）、②ひきこもりである本人の状態（精神疾患等）、③本人と家族等の周囲の人との関係、④経済的な困窮状態、⑤本人の過去の挫折体験（いじめ、仕事等）、⑥本人や家族が孤立している理由、⑦様々な問題が重なっている悪循環状況の背景についてとし、半構造的に自由に語ってもらった。

質的データ分析の結果、5つのコアカテゴリーが抽出された。本人要因（ミクロ領域）である『見えづらい内面的脆弱さ』と『生活する力の脆弱さ』、家族要

因（メゾ領域）である『閉鎖的な家族コミュニケーション』、地域要因（マクロ領域）である『地域における狭間』、ミクロ・メゾ・マクロ領域に重なる『一般就労の壁』である。

研究アプローチ４（比較分析）による検証においては、全国の生活困窮者自立支援相談機関、およびひきこもり地域生活支援センターの支援者327名によるアンケート回答データ（研究アプローチ１と同様）を用いて、分散分析・多重比較等の解析を行った。

支援者属性の比較（量的データ）分析からは、とくに家族的要因や地域環境的要因の平均値が高い質問項目として、質問項目15「家族の経済的な困難さがありますか」（現職務の担当年数 p<.05）、質問項目16「家族自身が孤立しているように感じますか」（現職務の担当年数 p<.05）、質問項目20「アウトリーチによる支援が不足していると思いますか」（専門職の経験年数 p<.05、現職務の担当年数 p<.05）、質問項目22「居場所等の安心して集う資源が不足していると思いますか」（相談員の職種 p<.01、社会福祉士の保持 p<.05）、質問項目23「就労支援等の働くための資源が不足していると思いますか」（生活困窮者自立支援相談機関に所属 p<.01、社会福祉士の保持 p<.05、現職務の担当年数 p<.01）等の項目に有意差があった。

1）仮説１の検証

〔仮説１〕「アウトリーチは、見えづらいニーズをキャッチする」は、支援希求が表明されないひきこもり本人や地域から孤立化した家庭を支援するためには、支援を届けるアウトリーチが打開策となることの検証を試みた。

研究アプローチ１の探索的因子分析によって、ひきこもり家庭内における第1因子「閉じた不安定な家庭」、第5因子「対人的な不適応経験」が抽出されたことで、量的要因としての見えづらいニーズが検証された。全国のひきこもり支援者へのアンケート調査から、アウトリーチ実践によるニーズ因子として把握することができたと考える。

研究アプローチ２の事例研究によって、「②本人や家族による家庭内からの支援希求がない」、「③ひきこもりという隠された地域課題が、家族のサポートがなくなった後に顕在化する」が事例の共通性として挙げられたことによって、質的要因としての見えづらいニーズが検証された。実際にひきこもり支援を実践しているソーシャルワーカーへのインタビュー調査から、アウトリーチ実践によって上記のようなニーズを把握することが可能ということを示すことができたと考え

る。

　また、研究アプローチ３の質的データ分析によって、『見えづらい内面的脆弱さ（ミクロ領域）』、『生活する力の脆弱さ』（ミクロ領域）、『閉鎖的な家族コミュニケーション』（メゾ領域）が抽出されたことで、質的要因として見えづらいニーズが検証された。ソーシャルワーカーのアウトリーチ実践の質的抽出として、ひきこもり本人や家族が抱える見えづらいニーズを把握していることを示すことができたと考える。

　さらに、研究アプローチ４の分散分析によって、アウトリーチに関する質問項目20「アウトリーチによる支援が不足していると思いますか」（専門職の経験年数 p<.05、現職務の担当年数 p<.05）に有意差がみられ、さらに現職務担当年数の多重比較も有意差があった（３〜４年＞１年未満）ことから量的に検証された。具体的には、アウトリーチ実践によるニーズキャッチのためには、ひきこもり支援の経験年数の蓄積が求められることが検証されたと考える。

２）仮説２の検証

　〔仮説２〕「アセスメントは、社会関係の狭間を可視化する」は、ひきこもりに陥る要因と構造の推測として、とくに、ミクロ的要因・メゾ的要因・マクロ的要因による負の関連性が、ひきこもりという悪循環状況を形成していることの検証を試みた。

　研究アプローチ１の探索的因子分析によって、地域における第２因子「支援資源の不足」、第３因子「関係機関の無理解」が抽出されたことで、量的要因としての社会関係の狭間が検証された。さらに、共分散構造分析では、第５因子「対人的な不適応経験」から第１因子「閉じた不安定な家庭」に向かう因子間の関連性（p<.01）が示され、続けて第１因子「閉じた不安定な家庭」から第４因子「悪循環する状況」に向かう因子間の関連性（p<.01）が示されたことによって、ひきこもりの悪循環状況が形成される社会関係の狭間についての関連性が量的に検証された。仮説１と同様に、全国のひきこもり支援者へのアンケート調査から、アセスメント実践による社会関係の狭間を形作る因子間の関連が確認できたと考える。

　研究アプローチ２の事例研究によって、「①中高年期からひきこもりになった場合は、とくに失業や借金等の社会的要因の影響が強い」、という特性が事例の共通性として挙げられたことによって、質的要因として社会関係の狭間の可視化が検証された。ひきこもり支援を実践しているソーシャルワーカーへのインタビ

ュー調査から、アセスメント実践によってひきこもりの背景には失業や借金等の負のライフイベントが潜んでいることを示すことができたと考える。

さらに、研究アプローチ3の質的データ分析によって、『地域における狭間』（マクロ領域）、『一般就労の壁』（ミクロ・メゾ・マクロ領域）が抽出されたことで、質的要因として社会関係の狭間が検証された。ソーシャルワーカーのアセスメント実践の質的抽出として、地域の偏見や制度的な壁、就労支援の限界があり、そこからひきこもりの孤立化が進んでいく地域における社会関係の狭間があることが示されたと考える。

研究アプローチ4のt検定によって、社会関係に関する質問項目17「本人や家族が、支援機関の対応に失望した経験がありますか」（生活困窮者自立相談機関に所属 p<.01）に有意差があった。

また、分散分析によって、社会関係に関する質問項目15「家族の経済的な困難さがありますか」、質問項目16「家族が孤立しているように感じますか」、質問項目17「本人や家族が支援機関の対応に失望した経験がありますか」、質問項目18「他の機関がひきこもりの理解が不足していると感じますか」（いずれの質問項目も、現職務の担当年数 p<.05）に有意差がみられた。さらに多重比較によって、質問項目16「家族が孤立しているように感じますか」（1年以上＞1年未満）、質問項目17「本人や家族が支援機関の対応に失望した経験がありますか」（3年以上＞1年未満）、質問項目18「他の機関がひきこもりの理解が不足していると感じますか」（3〜4年＞1年未満）に有意差があったことから量的に検証された。具体的には、アウトリーチ実践と同様に、社会関係の狭間のアセスメントについてもひきこもり支援の経験年数の蓄積が求められることが検証されたと考える。

3）仮説3の検証

〔仮説3〕「ネットワークは、社会資源の活用を促進する」は、ひきこもり本人や家族が置かれる社会関係の回復や修復を行うためには、とくに、メゾ・マクロ的要因である地域へのアプローチが必要となり、ネットワークによる多職種連携や社会資源の活用や開発等が課題となることの検証を試みた。

研究アプローチ1の共分散構造分析によって、第2因子「支援資源の不足」は、第5因子「対人的な不適応経験」に向かう因子間の関連性（p<.05）、ならびに第1因子「閉じた不安定な家庭」に向かう関連性（p<.05）、そして第4因子「悪循環する状況」に向かう関連性（p<.01）が確認された。このように、第2因子「支

援資源の不足」は、広範囲の因子に影響している関連性が示されたことによって、社会資源が不足する背景にはネットワークが機能していないことが量的に検証された。加えて、第3因子「関係機関の無理解」は、第2因子「支援資源の不足」に向かう関連性（p<.05）が示されたことから、社会資源の活用が促進されない背景には、連携等によるネットワークが不十分であることが検証された。しかしながら、研究アプローチ1による仮説3の検証は、社会資源の活用がないことはネットワークが機能してないという逆説的な論証に留まる。

とくに、研究アプローチ2の事例研究によって、「④支援につながった経緯として多機関・多職種連携があり、さらにその後の支援展開としても地域連携によるネットワーク型の介入が行われていた」という事例の共通性が挙げられたことによって、質的要因として社会資源の活用促進が検証された。ひきこもり支援を実践しているソーシャルワーカーへのインタビュー調査から、ネットワークの形成によって地域連携や社会資源の活用を示すことができたと考える。

さらに、研究アプローチ3の質的データ分析によって、『閉鎖的な家族コミュニケーション』（メゾ領域）、『地域における狭間』（マクロ領域）、『一般就労の壁』（ミクロ・メゾ・マクロ領域）が抽出され、これら質的要因によって社会資源の活用が制限されネットワークがはたらいていないことが検証された。ソーシャルワーカーによる実践の語りからは、社会資源の活用が促進されない背景にはネットワークが機能していないことが示された。また、ネットワークによって社会関係の狭間を埋めることで、社会資源の活用が可能になると考えらえる。しかしながら、上記の研究アプローチ1と同様に、研究アプローチ3による仮説3の検証は、社会資源の活用がないとことはネットワークが機能していないという対偶的な論証に留まると思われる。

研究アプローチ4のt検定によって、社会資源に関する質問項目22「居場所等の安心して集う資源が不足していると思いますか」（相談員の職種p<.01、社会福祉士の保持p<.05）、同様に社会資源に関する質問項目23「就労支援等の働くための資源が不足していると思いますか」（生活困窮者自立支援相談機関に所属p<.01、社会福祉士の保持p<.05、現職務の担当年数p<.01）に有意差がみられ、さらにひきこもり支援の経験年数の多重比較も有意差があった（5年以上・3～4年＞1～2年）ことから量的に検証された。具体的には、社会資源に関する質問項目の比較について、支援機関としては生活困窮者自立相談機関、職種としては相談員、保持資格としては社会福祉士に有意な差が確認された。このことから、ネットワークによる社会資源の活用促進には、地域に身近な相談機関によるひき

こもり支援の経験があるソーシャルワーカーが求められることが検証されたと考える。

4）仮説の統合的検証

これまで、設定した仮説を定量・定性的な４つの研究アプローチから検証を試みた。その結果として、第１に、支援希求が表明されないひきこもり本人や地域から孤立化した家族や世帯の支援を届けるためには、〔仮説１〕アウトリーチは、見えづらいニーズをキャッチする、が福祉ニーズ充足のためには必要であることが検証できたと考える。

第２に、ひきこもりは個人の疾患や障害、問題行動のみではなく、ひきこもりに陥ってしまう地域的要因と状況が影響していることを示す〔仮説２〕アセスメントは、社会関係の狭間を可視化する、が福祉ニーズ充足のためには必要であることが検証できたと考える。

第３に、ひきこもりにおいては、ミクロ（個人）・メゾ（世帯）・マクロ（地域）領域において社会関係が阻害されているため、その修復や回復のためには地域におけるアプローチが求められる〔仮説３〕ネットワークは、社会資源の活用を促進する、ことが福祉ニーズ充足のためには必要であることが検証できたと考える。

そして、これら仮説検証の過程において、３つの仮説に共通し、かつ中心となる要因について統合的検証として述べておきたい。図終－２に示すように、「ひきこもりの社会関係の狭間」が挙げられる。一連のアプローチによる仮説検証において、具体的な社会関係の狭間として、「家庭内での抱え込み」（メゾ領域）、「社会資源の不全と地域での孤立」（マクロ領域）、ミクロ（個人の脆弱さ）、メゾ（家庭内での抱え込み）、マクロ（社会資源の不全と地域での孤立）による「負の交互作用」、が見出された。すなわち、本研究においては、これらの課題がひきこもりの社会的（地域）要因として明らかになった。

設定した仮説において、この社会関係の狭間を意味する、<u>〔仮説２〕アセスメントは、社会関係の狭間を可視化する</u>が最も中心となる仮説であると考察された。ひきこもり支援においては、社会関係の狭間として、具体的にどのような背景によって家庭内での抱え込みが起きているのか、そして地域でいかに孤立化が生じているのか、をアセスメントすることが基本となる課題を表わしている。

そもそもアセスメントは、「人々と社会システムを個別化させるために、情報の収集と分析を行い、それらの意味を導き出せるように活用できる事実をつなぎ合わせること」（Johnson ＆ Yanca ＝ 2004:353）を意味している。さらに、アセ

スメントは、「役割と関係の構造、つまりは状況のなかの交互作用の特性を明らかにする方法でこれらの存在物を整理ないし序列化すること。また、状況の中でのニーズとニーズ充足のための障害を明らかにすること」（Johnson & Yanca ＝ 2004:389-40）によって、課題となる全体像を描くことである。

アセスメントにより可視化される社会関係の狭間は、量的分析（研究アプローチ1）の結果からいえば、「閉じた不安定な家庭」を形づくる「支援資源の不足」や「関係機関の無理解」等の背景である。また、質的分析（研究アプローチ3）の結果としては、「閉鎖的な家族コミュニケーション」を形づくる「地域における狭間（制度的な障壁や支援困難）」等のメゾ（世帯）・マクロ（地域）レベルであり、これらのアセスメントが中核になると結論づけられる。

さらに本研究においては、社会関係の狭間には、二重のスティグマが影響していることが確認された。ひとつは、内的（ひきこもり世帯内）なスティグマである。ひきこもり本人、家族ともに、自身や家族に対する否定感、また家族の問題だとする規範がはたらき、支援機関をはじめとする地域に支援を期待することができない、また求めることができないことを意味している。もうひとつは、外的（地域のなかでのスティグマ）である。ひきこもりに対する地域住民の視線、支援機

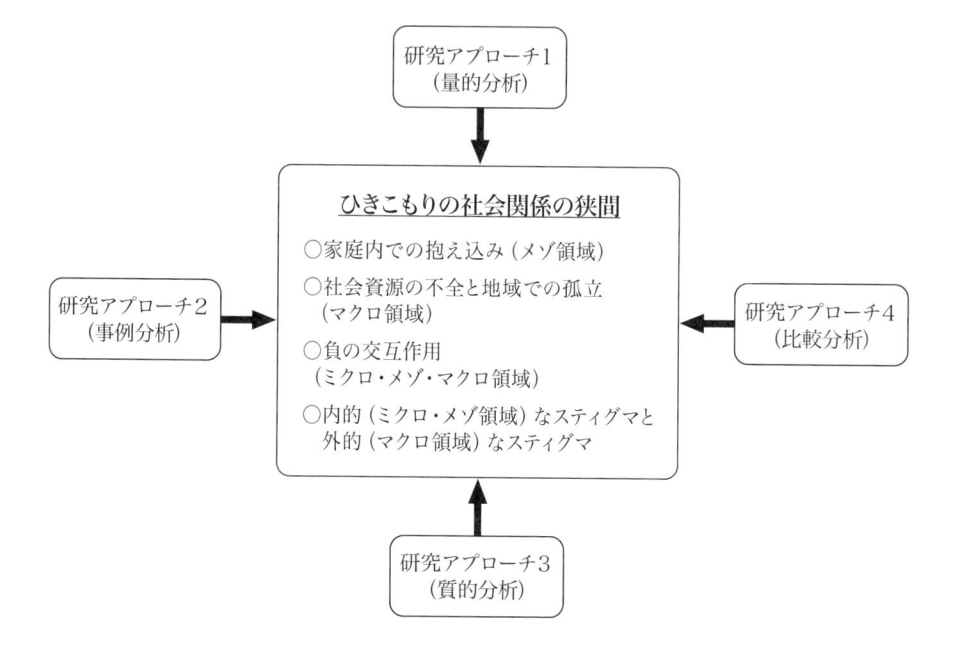

図終－2　仮説の統合的検証（ひきこもりの社会関係の狭間）

関の無理解、そういったひきこもりへの社会規範があることを示している。ひきこもりの地域生活支援においては、ひきこもり世帯内が抱えるスティグマ、そして地域社会や関係機関が抱えるスティグマのメゾ（世帯）・マクロ（地域）的構造をアセスメントすることが、ひきこもりの地域生活支援に向けた重要なアプローチになるといえる。

　ソーシャルワーク・アセスメントにおける3次元として、A. Lauffer（1982:7-11）は、「状況（here-and-now）、予測（anticipatory）、規範（normative）」を挙げている。実践的アセスメントにおいては、これらの次元が交差しており、事象を包括的かつ縦断的・横断的に捉えることが示されている。アセスメントの本質的理解として、状況に組み込まれる時間軸的な予測や価値規範の作用を読み解くことが示唆されていると考える。

　本研究によるひきこもりの社会関係の狭間においても、状況（here-and-now）としての「家庭内での抱え込み」（メゾ領域）、「社会資源の不全と地域での孤立（マクロ領域）、そして「負の交互作用（ミクロ・メ・マクロ領域）があることが確認された。また、規範（normative）として、「内的（メゾ領域）なスティグマと外的（マクロ領域）なスティグマがあることが確認された。そして、予測（anticipatory）としては、ここで示した悪循環状況や価値規範が重なることで、ひきこもりの長期・高齢化や「8050問題」等に発展していくことが考えられた。

　以上のように、福祉ニーズを充足するコミュニティアプローチにおいて、〔仮説2〕アセスメントは、社会関係の狭間を可視化するは、ひきこもりの社会関係の狭間の背景として、A. Lauffer（1982）のアセスメント要素でいうひきこもりを形づくる世帯と地域の状況性やそれらに付随する規範意識を可視化することが、支援の中心的課題となることが示唆された。

3．実践モデルの提起

　福祉ニーズの実証的分析の結果、図終－1「実証的分析によるひきこもりの福祉ニーズ構造」で示すように、定量的・定性的に共通する福祉ニーズが抽出された。はじめに、ミクロ領域として「個人の脆弱さ」があり、次に、メゾ領域として「家庭内での抱え込み」がある。そして、マクロ領域として「地域での孤立」があることが見出された。さらに、ひきこもりの福祉ニーズとして、これら要因の負の交互作用によって「ひきこもりの悪循環状況」が形成されていることが確

認された。また、そこには内的な（ひきこもり世帯内）スティグマと外的な（地域内）スティグマが影響していることが明らかとなった。

本研究では、これらの福祉ニーズを充足するために、調査研究により、研究仮説１「アウトリーチは、見えづらいニーズをキャッチする」、研究仮説２「アセスメントは、社会関係の狭間を可視化する」、研究仮説３「ネットワークは、社会資源の活用を促進する」機能が有効であることを検証した。さらに、統合的な仮説検証としてアウトリーチ・アセスメント・ネットワークによるコミュニティアプローチにおいて、ひきこもりのミクロ・メゾ・マクロ領域に底流する社会関係の狭間のアセスメントが中心的課題となることが考えられた。

以上の福祉ニーズ分析と仮説検証の結果を踏まえて、ひきこもりの福祉ニーズをサポートするモデルとして、図終－３に示す「ソーシャル・インクルーシブ（包摂的）支援モデル」を構築した。同モデルは、横軸にひきこもりシステムの単位、縦軸にひきこもりの福祉ニーズの位相を示している。この２つの軸を交差させ、ミクロ（個人）・メゾ（世帯）・マクロ（地域）の各領域におけるひきこもりの潜在的ニーズ（生活困難）と仮説検証によるひきこもりのコミュニティアプローチ、さらにソーシャル・インクルーシブ（包摂的）システムを位置づけたものである。

本モデルは、ミクロ（個人）・メゾ（世帯）領域において、「障害等による本人の脆弱さ」と「家庭内での抱え込み」による潜在的ニーズに対して、「アウトリーチによるニーズキャッチ」によるコミュニティアプローチが対応していることを表している。また、「障害等による本人の脆弱さ」と「家庭内での抱え込み」の背景には、「支援を求めにくい内的な（世帯内）スティグマ」が影響していることを表している。

メゾ（世帯）・マクロ（地域）領域において、「家庭内での抱え込み」と「社会資源の機能不全や不備」による潜在的ニーズに対して、「ネットワークによる社会資源の活用」によるコミュニティアプローチが対応していることを表している。また、「家庭内での抱え込み」と「社会資源の機能不全や不備」の背景には、「支援対象になりにくい外的な（地域）スティグマ」が影響していることを表している。

また、ミクロ（個人）・メゾ（世帯）・マクロ（地域）領域にオーバーラップする潜在的ニーズとして「社会関係の狭間」が出現していることを表している。「社会関係の狭間」は、複数の潜在的ニーズが複合したものであり、かつ「負の交互作用による孤立」を生じさせることを表している。本モデルにおいては、この「社会関係の狭間」による潜在的ニーズに対して、「アセスメントによる狭間の可視化」のコミュニティアプローチが対応していることを表している。

ひきこもり事象においては、「社会関係の狭間」よってニーズが潜在化しており、生活困難が形成されている。それらのニーズを支援するためには、「アセスメントによる狭間の可視化」を基軸とした「アウトリーチによるニーズキャッチ」と「ネットワークによる社会資源の活用」による連動的なコミュニティアプローチが必要になる。

他方で、ひきこもりの潜在的ニーズにおいては、表面化されにくい規範意識で

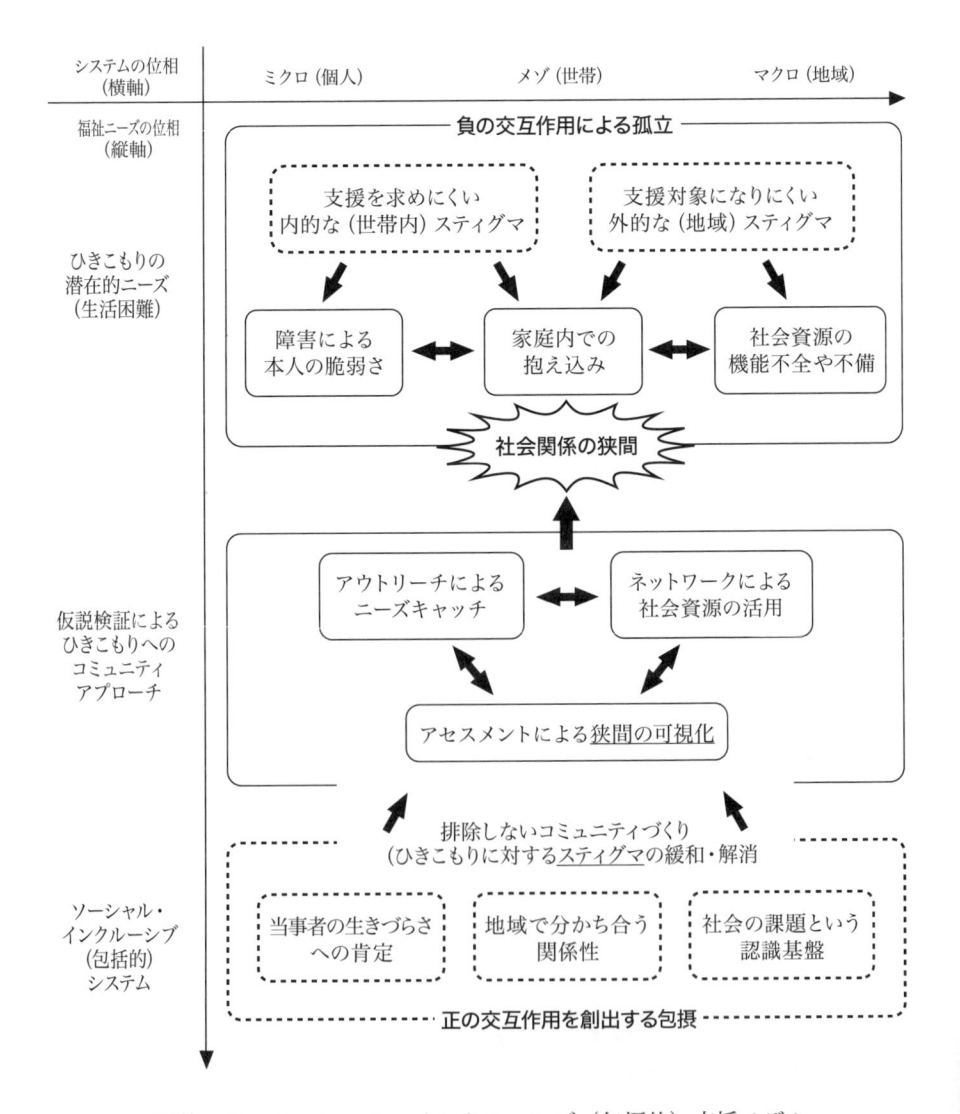

図終－3　ソーシャル・インクルーシブ（包摂的）支援モデル

ある「支援を求めにくい内的な（世帯内）スティグマ（ミクロ（個人）・メゾ（世帯）領域）」と「支援対象になりにくい外的な（地域）スティグマ（メゾ（世帯）・マクロ（地域）領域）」が内在化されている。スティグマは、先行研究において、自尊感情の低下、社会参加の制限、社会的ネットワークの減少、失業や住宅問題等が生じることで、社会的排除との深い関連性が示されている（山口ら 2011）。社会的排除とは、「主要な社会関係から特定の人々を閉め出す構造から生み出された現代の社会問題」であり、「社会関係の危うさや切断による参加の欠如と様々な複合的で不利な経験」が蓄積されていくものである（岩田 2008:20-6）。

　さらに、社会的排除は、例えば「労働からの排除が人間関係からの排除につながり、それが地域からの排除、医療からの排除等につながるといった連続性をもつ」（石田 2011:6-9）という多元性・継時的な特徴があることが指摘されている。このように、ひきこもりの背景には、スティグマの影響による社会関係の切断、そして複合的な不利な経験の蓄積が作用し社会的排除に至ることが考えられる。

　以上のスティグマや社会的排除に対応するのが、ひきこもりの福祉ニーズの底流に位置する「排除しないコミュニティづくり（ひきこもりに対するスティグマの緩和・解消）」である。すなわち、ソーシャル・インクルーシブ（包摂的）システムの価値を基盤とするコミュニティアプローチがキー概念となってくると考える。それは、ひきこもりへのスティグマが緩和・解消されれば、「負の交互作用による孤立」と「社会関係の狭間」が軽減され「正の交互作用を創出する包摂」に転換することを意味する。また、孤独・孤立にある人々は、社会から信頼してもらえないという経験の積み重ねによって、他者や社会に不信感を抱いているのではないかという問い（空閑 2022:18）に応えるものだといえる。

　ソーシャル・インクルージョン（社会的包摂）とは、近年になってソーシャル・エクスルージョン（社会的排除）に対応する形で注目されるようになったとされている。熊田（2008:28）は、「包摂される対象・内容・方法によってさまざまな理解が存在するが、少なくとも社会的に排除される状況下におて、何とどのように関係を取り結ぶのか」が焦点になると述べている。さらに、岩田（2008:166-8）は、「社会的排除の議論は、単に排除をなくすことではない。非・排除に帰結するような社会をどう統合し、安定しているかという戦略とかかわっている」と指摘する。また、社会的孤立においては、リスクが高い人へのアプローチのみではなく、その発生割合を考慮すると地域づくり・まちづくりをとおした人々がつながりやすい視点も検討が必要となる（斉藤 2022:24）。このように、ひきこもりのコミュニティアプローチにおいては、その支援価値や基盤として、ソーシャル・イン

クルーシブ（包摂的）なシステムの創出が求められると考える。

ソーシャル・インクルージョン（社会的包摂）に関して、宮本（2022:24-31）は、社会的包摂に必要な新たなサービスとして、人々が抱える多様な問題に対処し、包摂の場を選択できる「サービスの包括化」、ケアを公共の責任としてその専門性を高め、多様な人がケアに参加できる「ケアへの参加」、コミュニティが開かれており、社会的基盤として機能する条件となる「コモンズをアセットに」という３点を挙げている。また、野口（2022:110-4）は、福祉コミュニティの創出として、当事者・家族と社会福祉専門職と他の支援者および地域住民が集う場を位置づけ、その拠点づくりが多様性あるインクルーシブな地域共生社会の実現を可能にすると構想している。

本支援モデルにおいては、福祉ニーズの位相として、「排除しないコミュニティづくり（ひきこもりに対するスティグマの緩和・解消）」に対応するために、ソーシャル・インクルーシブ（包摂的）システムを想定している。すなわち、「当事者の生きづらさの肯定（ミクロ（個人）領域）」、「地域で分かち合う関係性（メゾ（世帯）領域）」、「社会の課題という認識基盤（マクロ（地域）領域」という包摂を可能にする社会的な理念系となる要因である。

「当事者の生きづらさの肯定」は、ミクロ（個人）領域の地域支援からみた場合、ひきこもりにある当事者が社会のなかで感じている生きづらさを指している。それは、地域のなかで、ひきこもりにある人に共通するもの（山本 2019:13）とも言われる。自立や就労にこだわるのみではなく、「そのままでいいから生きていこう、そのためのサポートをしたい」（池上・山本 2019:41）という地域からのメッセージでもある。また、佐賀県佐賀市のスチューデント・サポート・フェイスの先駆的な支援実践による「価値観のチャンネルを合わせるという過程」（谷口 2019:32）にも通じるものである。地域における包摂のためには、個人がもつ病や疾患のみではなく、何よりも地域全体として、ひきこもりにある人やその家族が社会から疎外されてきた生きづらさを肯定する姿勢が基本となろう。

「地域で分かち合う関係性」は、メゾ（世帯）領域の地域支援からみた場合、ひきこもりにある当事者や家族、地域住民、支援者が緩やかなつながりをもつことを指している。これは、「当事者の生きづらさの肯定」に連なるステップとなる要因でもある。ひきこもりを地域で支える先駆的実践で言う「地域で一緒に解決できる関係性」（岡山県総社市ワンタッチ 2019:29）である。そのためには、岡山県総社市の支援実践においては、まず支援者が地域住民とつながり、ひきこもりにある人々への偏見を解消する取り組みが重要であると指摘されている。こ

れからのひきこもり支援の課題は、地域のなかで解決していくという関係性をいかに広げていくかが問われてくるであろう。

「社会の課題という認識基盤」は、マクロ（地域）領域の支援展開からみた場合、ひきこもりは社会全体の課題であることを指している。「当事者の生きづらさの肯定」や「地域で分かち合う関係性」の価値規範を社会で共通認識することを意味している。和歌山県田辺市の支援実践でいう「支援のゴールは、就労ではなく社会参加」（目良 2019:23）というひきこもり認識の転換ともいうことができよう。本モデルの「正の交互作用を創出する包摂」のためには、ひきこもりは社会のなかでの課題というコミュニティを目指す方向性が欠かせないことがいえよう。

ひきこもり支援において、本研究による「ソーシャル・インクルーシブ（包摂的）支援モデル」は、社会関係の複合的狭間によるひきこもりの潜在的ニーズ（生活困難）の可視化と充足のためには、仮説検証したアウトリーチ・アセスメント・ネットワークによるコミュニティアプローチによる介入が基本となる。そして同時に、支援者は、排除しないコミュニティづくりに向けたキー概念であるソーシャル・インクルーシブ（包摂的）システムへ社会変革を目指していく支援戦略の展開が役割となる。

4．ひきこもりの地域生活支援に向けた方策と本研究の課題

2022（令和4）年12月現在、わが国のひきこもり支援体制として、厚生労働省の「ひきこもり支援推進事業」によるひきこもり地域支援センター（都道府県・指定都市域）、ひきこもり支援ステーション（令和4年度の新規事業）や、若者サポートステーション、生活困窮者自立相談支援機関等（市町村域）が支援の中軸として位置づけられている。これらの支援体制のなかで、各支援機関による市町村プラットフォームの形成（多様な支援の選択肢・多様な主体による官民連携ネットワーク）の整備に向けての計画が検討されようとしている。

39歳以下である若年齢期のひきこもり支援の特徴として、「ひきこもり状態に陥る背景として、対人関係に伴う葛藤や挫折、傷つき体験の影響があり、心理状態の不安定さが強い」（矢ヶ部 2019:72）、「自分自身の状況と向き合いたい」（境 2015:1584）というひきこもり本人へのケアが重要になろう。しかしながら、中高年齢期においては、本研究で得られた知見として、地域の社会資源や支援システムにおけるスティグマが社会関係の狭間として逆機能の影響を及ぼすなかで、

支援を望まない本人や家族にいかに支援を届けるかという特性が課題になると考えられる。また、中高年齢期のひきこもり特有の悪循環状況に介入する支援のためには、まずはひきこもりがある家庭をあらゆる面から支えるための地域資源とそのネットワークの形成がキーポイントになることが示唆された。

では、支援専門職は、わが国における昨今のひきこもりに関わる孤独や孤立の状況をアセスメントし、地域生活支援をどのように展開していけばよいだろうか。本研究によって明らかにされたひきこもりの福祉ニーズと実践モデルの観点より、とくに中高年齢期ひきこもりの地域生活支援について3つの方策を述べたい。

第1に、アウトリーチ実践の研修プログラム作成である。ひきこもり支援に携わる専門職がアウトリーチを学ぶ術をもつことが重要となる。これまでのひきこもり地域支援のなかで、積み上げられつつあるアウトリーチのスキルを体系化することが求められる。

本研究による量的分析（研究アプローチ1）においては、社会資源の不足は、ひきこもり当事者、家族、および悪循環する状況に影響することが確認された。ひきこもり支援のための社会資源は、現状においてまだまだ不足しており、そのまま制度の狭間となってしまっている。地域に埋もれたひきこもり当事者や家族のニーズを掘り起こすためにも、ひきこもり支援に携わる多専門職種のアウトリーチスキル育成が急務になる。従来の精神科治療（医療的）や問題行動等への治療的・心理的なケアに加えて、アウトリーチ研究プログラムをとおして、ひきこもり当事者や家族が暮らす世帯（家庭）へのアウトリーチや生活支援を展開しサポートしていくための専門性を確保していくことが望まれる。

第2に、地域事例検討会によるオンザジョブトレーニング（カンファレンス・スーパービジョン）のシステム化である。支援困難と見なされやすい中高年齢期ひきこもりの地域支援において、実践認識の共有が課題となる。既存の支援が上手くいかないことも多いなかで、支援が成功した事例を共有する場と機会が必要となる。

本研究による質的分析（研究アプローチ2・3）において、8050問題も含めたひきこもり世帯は、ひきこもり当事者や家族から支援希求がされにくい構造があること、また一方で、支援者側としても制度的障壁があり、支援困難と認識されやすい傾向が確認された。対人援助の中核は、支援を展開するためのアセスメントにあるといっても過言ではない。その支援の第一歩として、社会関係の狭間を共有し、実践のなかで共通基盤化させる試みが最も重要となろう。さらに、本研究の今後の展望として、新たに評価尺度等のアセスメント指標開発を試みるこ

とで、ひきこもりの地域生活支援を前進させることができると考える。

　また、これらの専門性の具体的要件としては、本研究による比較研究（アプローチ４）においては、ひきこもりに伴う状況や環境（経済・就労・生活環境）への支援、支援を担う職種（社会福祉士）や実務経験（おもに３年以上のひきこもり支援経験）が示唆された。ソーシャルワーク的支援が果たす役割が大きいことが伺える。

　第３に、生活困窮や障害者福祉、高齢者福祉等の領域を横断し、地域に介入する連携ネットワークの体制づくりである。縦割り制度の垣根を超えた連携、すなわち既にあるネットワークをリンクさせ、有機的な連携を展開することは今なお課題である。ひきこもり支援は、ミクロ（個人）・メゾ（世帯）レベルの支援のみでは十分ではない。本研究で明らかにしてきたように、理論的にも実証的にもマクロ（地域）レベルの支援が必要である。本研究による仮説検証で示したマクロ（地域）への介入が望まれる。

　例えば、既存の制度である障害者総合支援法による自立支援協議会、また介護保険法による地域包括支援センター運営協議会等とのネットワーク連結も有効であろう。その際、接続のハブとなるコーディネイト機能が重要となるが、いずれにせよ各地域に応じたネットワーク（社会資源のリンクや多職種連携）展開が実践課題となる。また、コミュニティアプローチにおいては、排除しないコミュニティ形成も視野に入れた地域づくりがキーコンセプトとなる。とくに、本研究で提示した「ソーシャル・インクルーシブ（包摂的）支援モデル」の実践が求められるであろう。

　以上のようなひきこもりの地域生活支援の方策をとおして、わが国におけるそれぞれの地域状況に応じながら「ひきこもり支援推進事業」が位置づける市町村プラットフォームの形成（多様な支援の選択肢・多様な主体による官民連携ネットワーク）をいかにデザインしていくかが問われるであろう。

　最後に、本研究の限界と課題について述べる。

　本研究の限界として、調査研究の結果はおもにひきこもりの状況を示すものであり、「ニーズ」と「状況」の概念を混合している側面がある。さらに、福祉ニーズに関する調査対象がひきこもり支援者に限定されていたことも挙げられる。本研究で分析したひきこもりの福祉ニーズは、ソーシャルワーカーを中心としたひきこもり支援専門職を調査対象として導き出した知見であった。福祉ニーズの類型として、他の対象であるひきこもり当事者や家族が認識するニーズの視点をとおして、ひきこもりの福祉ニーズを検討しなくてはならない。

また、仮説検証の妥当性も考慮しなくてはならない。本研究では３つの仮説を設定し、定量・定性的な側面から仮説検証を試みた。しかしながら、とくに生活困難を視点とした分析結果からの検証であるという制限もある。

その上で、本研究の課題としては、第１に、若年齢期ひきこもりとの実証的な比較分析をとおして、中高年齢期ひきこもりの特性を明確に示すことが重要になる。第２に、ひきこもりの見えづらいニーズを可視化するためにも、他の視点であるひきこもり当事者や家族が認識するニーズ把握が求められる。第３に、本研究で明らかにしたひきこりの社会関係の狭間に関するアセスメントツールの開発である。日常的に使用されているエコマップのみならず、地域の支援者が社会関係を共通認識する方法を考案するツールやスケール等が必要になる。第４に、「ソーシャル・インクルーシブ（包摂的）支援モデル」の検証である。とくに、「ひきこもりへのスティグマ」に対するアプローチをどのように具現化していくのか、その実践的なリサーチが求められる。また、ひきこもり支援において、いかに地域連携がなされ社会資源が創出されているのか、そのプロセスも検討課題である。

これら残された課題については、ひきこもり当事者や家族を対象とした調査研究、またわが国における先駆的なひきこもりの地域支援の実践事例への調査研究が必要になってくる。さらに、ひきこもりの地域支援ネットワークの成功事例の分析がキーとなると考えられる。例えば、全国的に著名なひきこもり支援を展開している和歌山県田辺市の地域支援や岡山県総社市の社会福祉協議会ひきこもり支援センターワンタッチ、佐賀県佐賀市の認定特定非営利法人スティーデント・サポートフェイス等の実践事例が挙げられるであろう。このような実践現場との共同研究（アクションリサーチ）を展開していくことが研究課題となる。今後は、以上に述べた課題を踏まえつつ、ひきこもりの福祉ニーズの要因と構造および実践モデルについて、多角的で実証的な検証を重ねていきたい。

おわりに

　本書は、2023（令和5）年3月、西九州大学に提出した博士学位論文『ひきこもりの福祉ニーズに関する研究－とくに中高年齢期の生活困難の視点から－』に基づくものです。書籍としての刊行にあたっては、読みやすさを重視し、本書テーマとはやや離れた記述について削除・修正を行っています。

　本書の執筆は、多く方々のご指導とご支援によるものです。

　まず、多くの業務が重なるなか、私にとって最後の在籍年度となる博士論文指導を引き受けてくださり、論文提出まで導いて頂いた田中豊治先生（西九州大学）に心より感謝申し上げます。同時に、前指導教授である滝口真先生（大分大学）、前々指導教授である平塚良子先生（大分大学　名誉教授）に感謝申し上げます。先生方のご指導によって、未熟ながらも博士論文の作成まで辿り着くことができました。

　また、ご多忙のなか、博士論文を審査いただいた宮原洋八先生（西九州大学）、坂田周一先生（西九州大学）、外部審査委員の倉田康路先生（西南学院大学）からも、懇切丁寧なご指導をいただきました。

　何より私が大学学部生時代から、折に触れご指導いただいている滝口真先生・倉田康路先生におかれては、本書の刊行を逡巡しているなか、暖かく背中を押してくださいました。先生方には、重ねて深謝申し上げます。他にも実践現場をはじめとして、私を育てて下さった方々は数多いです。お一人ずつお名前を挙げられませんが、記して感謝申し上げます。

　量的（アンケート）調査・質的（インタビュー）調査に協力頂いた多くの支援者にも御礼申し上げます。筆者もソーシャルワーカーとして、実践現場の難しさや矛盾は承知しているつもりです。本書が少しでも何らかの形で実践に寄与することができましたら幸いです。また、本研究の量的（アンケート）調査は、2020年度明治安田こころの健康財団研究助成によるものです。記して御礼申し上げます。

　博士論文に挑戦したことは、私にとって大きな転機となりました。途中、仕事の都合等でどうしても継続することが厳しい事態にも直面しましたが、それでも

何とか今日を迎えています。最後になりましたが、大学院博士後期課程に7年間在籍し、何かと心配と気苦労をかけてきた両親に感謝の意を表します。

初 出 一 覧

・矢ヶ部陽一（2018）「中高年齢に至るひきこもり概念に関する一考察―ソーシャルワーク実践対象としての検討―」『九州社会福祉研究』第43号，17-31.

・矢ヶ部陽一（2019）「長期・高齢化傾向にあるひきこもりの生活問題についての一考察 ―ソーシャルワーク実践の視点による検討―」『中九州短期大学論叢』第41巻2号，61-75.

・矢ヶ部陽一・滝口真（2019）「中高年齢のひきこもりに伴う生活困難に関する一考察―狭間概念による一事例の分析―」『西九州大学健康福祉学部紀要』第48巻，1-7.

・矢ヶ部陽一（2020）「ひきこもりの認識枠組みについての予備的考察―ソーシャルワークの対象認識の視点より―」『中九州短期大学論叢』第43巻1号，23-37.

・矢ヶ部陽一・村上義次（2020）「中高年齢期のひきこもりにある人々の生活困難についての量的研究」『研究助成論文集（明治安田こころの健康財団）』56，135-144.

・矢ヶ部陽一（2021）「中高年ひきこもりの生活困難要因に対する計量テキスト分析による検証」『九州社会福祉学（日本社会福祉学会九州部会）』第17号，29-40.

・矢ヶ部陽一（2022）「長期・高齢化に至るひきこもり事例の特性―17事例の相談概況より―」『西九州大学短期大学部紀要』第52巻，1-9.

・矢ヶ部陽一・滝口真（2022）「中高年齢期のひきこもりにある人々の生活困難の構造についての質的分析―ソーシャルワーカーへのインタビュー調査を通して―」『福祉文化研究（日本福祉文化学会）』Vol31，51-64.

・矢ヶ部陽一（2023）「中高年齢期ひきこもりの家族・地域的要因の特徴―支援者の属性比較を通した検討―」『九州社会福祉学（日本社会福祉学会九州部会）』第19号，1-16.

・矢ヶ部陽一・滝口真（2024）「中高年齢期のひきこもりを形成する悪循環のメカニズム―支援者が捉える生活困難の視点から―」『日本看護福祉学会誌』Vol29 No2，1-10.

引　用　文　献

愛知県ひきこもり支援推進会議（2018）『愛知県のひきこもり対策の推進について（報告書）』，愛知県.

秋元　美世（2007）「第1章　社会サービス・社会福祉・生活支援－視点と枠組み」古川孝順編『生活支援の社会福祉学』有斐閣ブックス，18-31.

秋山　薊二（2011）「エビデンスに基づく実践（ＥＢＰ）からエビデンス情報に基づく実践（ＥＩＰ）へ－ソーシャルワーク（社会福祉実践）と教育実践に通底する視点から－」『国立教育政策研究所紀要』140，29-44.

Alexander, L.George and Andrew Bennett（2005）*Case Studeise and Theory Development in The Social Sciences*（＝2013，泉川泰博訳『社会科学のためのケース・スタディ　理論形成のための定性的手法』勁草書房）.

Armand Lauffer（1982）*ASSESSMENT TOOLS*, Sage Publications.

Bradshaw, Jonathan（1973）Planning for Social Weldrare:Issues, models, and Tasks, Neil Gilbert, Harry Specht, *The Concept of Social Need*, Prentice Hall, Inc, New Jersy, 290-6.

江戸川区（2022）『令和3年度　江戸川区ひきこもり実態調査の調査報告書』江戸川区福祉部生活援護第一課ひきこもり施策係.

Erving Goffman（1963）Stigma：Notes on the Management of Spoiled Identity, Prentice-Hall（＝2016，石黒毅訳『スティグマの社会学──烙印を押されたアイデンティティ』

藤田　孝典（2019）『中高年ひきこもり－社会問題を背負わされた人たち－』扶桑社新書.

Francis, J.Turner（1996）*Social work treatment：interlocking theoretical approaches*（＝1999，米本秀仁監訳『ソーシャルワーク・トリートメント下－相互連結理論アプローチ』中央法規.）

Carel, B.Germain & Alex Gitterman（1996）*The life model of social work practice advances in theory & practice second edition*（＝2008，田中禮子他監訳『ソーシャルワーク実践と生活モデル（上）』ふくろう出版.）

Goldberg, E.M.and Gibbons,J. and Sinclair, I.（1985）*Problems, Tasks and Outcomes*, Geroge Allen & Unwin.

南風原　朝和（2002）『心理統計学の基礎－統合的理解のために』有斐閣アルマ.

長谷川　俊雄（2007）「『社会的ひきこもり』問題の生活問題としての位置づけと課題」『社会福祉学』48(2)，114-7.

原田　豊（2020）「地域精神保健の現場からみたひきこもりの現状と課題－8050問題の本

質を考える」『こころの化学』212，35-39.

畠中 雅子（2012）『高齢化するひきこもりのサバイバルプラン　親亡き後も生きのびるために』近代セールス社.

林 眞帆（2015）「質的データを用いたソーシャルワーク研究に関する一考察－事例研究法に焦点をあてて－」『別府大学紀要』第56号，65-74.

林 直樹・竹島 正・羽藤 邦利・ほか（2017）「ひきこもりの研究とその対策の現状－個人・家族・社会の視点から－」『臨床精神医学』46(4)，471-481.

樋口 耕一（2014）『社会調査のための計量テキスト分析　内容分析の継承と発展を目指して』ナカニシヤ出版.

平井 明代（2017）『教育・心理系のためのデータ分析入門〔第2版〕－理論と実践から学ぶSPSS活用法』東京書籍.

平野 方紹（2021）「ひきこもりに社会福祉はどう対応してきたのか－なぜ福祉はひきこもりに違和感を感じるのか－」『社会福祉研究』140，24-31.

平岡 公一（2003）「第7章　社会福祉の実施方法とその原理－ニーズ充足の過程」岩田正美・武川正吾・永岡正己・ほか編『社会福祉の原理と思想』有斐閣，134-63.

平岡 公一（2011）「第20章　社会福祉とニード」平岡公一・杉野昭博・所道彦・ほか『社会福祉学』有斐閣，424-36.

平生 尚之（2020）「家族支援」『臨床心理学』20(6)，710-18.

平塚 良子（1994）「第3章　社会福祉の対象」奥田いさよ・平塚良子編著『現代人の社会福祉　福祉・看護・保育のために』川島書店，28-43.

平塚 良子（2002）「第1章　II社会福祉援助活動の対象」米本秀仁・平塚良子・川廷宗弘・牧野田恵美子編『社会福祉選書8　社会福祉援助技術論＜上＞』建帛社，29-42.

平塚 良子（2009）「ソーシャルワークの自成理論構築のための省察」紀要（大分大学大学院福祉社会科学研究科）11，13-9.

平塚 良子（2010）「第3章第3節　家族関係を含む社会関係」岡本民夫・平塚良子編著『新しいソーシャルワークの展開』ミネルヴァ書房，61-71.

平塚 良子（2014）「ソーシャルワーク実践の認識構造　7次元統合体の意味と意義」『西九州大学健康福祉学部紀要』第45巻，17-26.

平塚 良子・根笈 美代子・橋本 美喜子・ほか（2005）「保健・医療・福祉の狭間におかれる人々の生活困難に関する研究」『社会福祉教育年報』第25集，日本社会福祉教育学校連盟，459-70.

菱沼 幹男（2019）「第2章第1節　コミュニティソーシャルワークの展開プロセスと基本スキル」宮城孝・菱沼幹男・大橋謙策『コミュニティソーシャルワークの新たな展開－理論と先進事例』中央法規出版，82-95.

日吉 真美（2020）「『ひきこもり』の家族要因に関する先行研究レビュー」『大学院研究論

集（西南学院大学）』10, 1-32.

Howe, David（2009）*A Brief Introduction to Social Work Theory*, Palgrave Macmillan,（= 2011, 杉本 敏夫監訳『ソーシャルワーク理論入門』みらい.）

藤澤 三佳（1992）「スティグマとアイデンティティに関する一考察―精神病患者会の会報の分析から―」『社会学評論』42(2), 374-89.

古川 孝順（2003）『社会福祉原論』誠信書房.

古川 孝順（2004）『社会福祉学の方法 アイデンティティの探求』有斐閣.

古川 孝順（2007）「福祉ニーズ」仲村 優一・一番ケ瀬 康子・右田 起久恵『エンサイクロペディア社会福祉学』中央法規出版, 370-3.

古川 孝順（2008）『社会福祉研究の新地平』有斐閣.

福定 正城（2021）「『高齢者と未婚の子』世帯の生活困難の構造に関する研究―介護支援専門員の視点を通して―」『ソーシャルワーク研究』46(4), 47-55.

福定 正城・斉藤 雅茂（2021）「世帯の社会的脆弱性尺度の開発および信頼性・妥当性の検討」『厚生の指標』68, 12, 27-33.

保正 友子（2013）『医療ソーシャルワーカーの成長への道のり 実践能力変容家庭に関する質的研究』相川書房.

IFSW & IASSW（2014）,（=2015, 「ソーシャルワーク専門職のグローバル定義」公益社団法人日本社会福祉士会ホームページ）（https://www.jacsw.or.jp/06_kokusai/IFSW/files/SW_teigi_01705.pdf, 2020.5.31.）

IFSW（2000）,（= 2001, 「ソーシャルワークの定義」公益社団法人日本精神保健福祉士協会ホームページ）（http://www.japsw.or.jp/international/ifsw/SW_teigi_kaitei.pdf, 2020.5.31.）

池上 正樹・山本 たつ子（2019）「ひきこもりの人への支援に求められること」『月間福祉』102(12), 36-42.

稲沢 公一（2017）『援助関係論入門 「人と人との」関係性』有斐閣アルマ.

石川 久展（2019）「わが国におけるミクロ・メゾ・マクロソーシャルワーク実践の理論的枠組みに関する一考察：ピンカスとミナハンの4つのシステムを用いてのミクロ・メゾ・マクロ実践モデル体系化の試み」Human Welfare, 11(1), 25-37.

石川 良子（2006）「『ひきこもり』と『ニート』の混同とその問題―『ひきこもり』当事者へのインタビューからの示唆―」『教育社会学研究』79, 25-45.

石川 良子（2015）「社会問題としての『ひきこもり』（1）―『朝日新聞』記事データベースを用いての検討―」『松山大学論集』27(3), 121-135.

石田 光規（2011）『孤立の社会学―無縁社会の処方箋』勁草書房.

井出 草平（2007）『ひきこもりの社会学』世界思想出版社.

伊藤 順一郎（2007）「『ひきこもり』に必要な支援は何か」『精神神経学雑誌』109 (2),

130-135.

岩間 信之 (2013)「第1章第5節　ソーシャルワーク実践におけるネットワークの定義と目的」社団法人日本社会福祉士会編『ネットワークを活用したソーシャルワーク実践事例から学ぶ「地域」実践力養成テキスト』中央法規出版，16-9.

岩崎 晋也 (2005)「第3章　ニーズの本質とは」岩崎 晋也・池本 美和子・稲沢 公一『資料で読み解く社会福祉』有斐閣，64-88.

岩田 正美 (2001)「社会福祉における対象論研究の到達水準と展望－対象論研究の視角－」社会福祉研究 80 巻，27-33.

岩田 正美 (2003)「第1章　生活と社会福祉」岩田 正美・武川 正吾・永岡 正己・ほか編『社会福祉の原理と思想』有斐閣，1-16.

岩田 正美 (2008)『社会的排除　参加の欠如・不確かな帰属』有斐閣.

岩田 正美・中谷 陽明・小林 良二・ほか (2006)『社会福祉研究法　現実世界に迫る 14 レッスン』有斐閣.

John, W. Creswell & V. L. Plano Clark (2007) *Designing and Conducting Mixed Methods Research* (= 2010, 大谷 順子訳『人間科学のための混合研究法　質的・量的アプローチをつなぐ研究デザイン』北大路書房.)

Johnson, Louise, C & Yanca, Stephen. J (2001) *Social Work Practice : A Generalist Approach 7thEd* (= 2004, 山辺 朗子・岩間 伸之訳『ジェネラリスト・ソーシャルワーク』ミネルヴァ書房.)

Kato, T. and Takeno, M. and Shinfuku, N. eds. (2012) *Does the 'hikikomori' syndrome of social withdrawal exist outside Japan?* A preliminary international investigation, Soc Psychiatry Eppidemiol, 47, 1061-75.

神山 裕美 (2019)「第2章 第3節　多機関他職種連携とコミュニティソーシャルワーク」宮城 孝・菱沼 幹男・大橋 謙策編『コミュニティソーシャルワークの新たな展開－理論と先進事例』中央法規出版，108-20.

金子 恵美 (2019)「虐待・貧困と援助希求－支援を求めない子どもと家庭にどうアプローチするか」松本 俊彦編『「助けて」が言えない―SOS を出せない人に支援者は何ができるか』日本評論社，102-110.

川上 憲人 (2007)『こころの健康についての疫学調査に関する研究』平成 16 〜 18 年厚生労働科学研究費補助金（こころの健康科学研究事業）こころの健康についての疫学調査に関する研究総合研究報告書.

川北 稔 (2019a)『8050問題の深層「限界家族」をどう救うか』NHK出版新書.

川北 稔 (2019b)「ひきこもり状態にある人の高年齢化と『8050 問題』　生活困窮者相談窓口の調査結果から」『愛知教育大学研究報告人文・社会科学編』68，125-33.

川北 稔 (2020)「長期化するひきこもり事例の親のメンタルヘルスと支援」『精神科治療学』

35(4), 349-353.

川北 稔 (2021)「第2章 第3節 セルフ・ネグレクトとひきこもり、8050問題」岸 恵美子編『セルフ・ネグレクトのアセスメントとケア』中央法規出版, 46-52.

川北 稔・伊藤 正俊・榊原 聡・ほか (2017)『長期高年齢化したひきこもり者とその家族への効果的な支援及び長期高年齢化に至るプロセス調査・研究事業報告書』(https://www.khj-h.com/wp/wp-content/uploads/2017/04/20170413kawakita.pdf, 2022.2.20).

川北 稔・伊藤 正俊・鈴木 美登里・ほか (2019)『長期高年齢化する社会的孤立者（ひきこもり者）への対応と予防のための「ひきこもり地域支援体制を促進する家族支援」の在り方に関する研究～地域包括支援センターにおける「8050」事例への対応に関する調査～報告書』(https://www.khj-h.com/wp/wp-content/uploads/2018/04/KHJ2018 Kawakita2.pdf, 2022.2.20).

川乗 賀也 (2017)「社会的ひきこもり当事者の実態および保護者のニーズについての一考察」『精神医学』59(10), 953-8.

川島 ゆり子 (2011)『地域を基盤としたソーシャルワークの展開－コミュニティケアネットワーク構築の実践－』ミネルヴァ書房.

金 吉晴 (2001)『若年者におけるひきこもり事例の有病率に関する予備調査』厚生科学研究費補助金（障害保健福祉総合研究事業）研究報告書.

北島 英治 (2016)『グローバルスタンダードにもとづくソーシャルワーク・プラクティス 価値と理論』ミネルヴァ書房.

久保 浩明 (2019)「ひきこもり者の家族を対象とした介入に関する研究動向と課題」『九州大学総合臨床心理研究』10, 69-76.

工藤 宏司・川北 稔 (2008)「『ひきこもり』と統計－問題の定義と数値をめぐる論争」荻野 達史・川北 稔他『「ひきこもり」への社会学的アプローチ－メディア・当事者・支援活動－』ミネルヴァ書房.

空閑 浩人 (2022)「孤独・孤立状態にある人への伴走型支援―人間の「生」を支え、「生きること」を諦めない実践としてのソーシャルワークの展開」『月間福祉』105(2), 15-9.

熊田 博喜 (2008)「ソーシャル・インクルージョンと地域社会」園田 恭一・西村 昌紀編『ソーシャル・インクルージョンの社会福祉－新しい〈つながり〉を求めて－』ミネルヴァ書房.

玄田 有史 (2013)『孤立無業（ＳＮＥＰ）』日本経済新聞出版社.

厚生労働省 (2009)『ひきこもり地域支援センター等設置運営事業』(https://www.mhlw.go.jp/stf/seisakunitsuite/bunya/hukushi_kaigo/seikatsuhogo/hikikomori/index.html, 2022.8.10)

厚生労働省 (2019)『「地域共生社会に向けた包括的支援と多様な参加・協働の推進に関す

る検討会」（地域共生社会推進検討会）』最終とりまとめ』

(https://www.mhlw.go.jp/stf/shingi2/0000213332_00020.html, 2021.11.15).

厚生労働省（2020）『社会福祉法の改正趣旨・改正概要（重層的支援体制事業について)』

(https://www.pref.saitama.lg.jp/documents/35522/0917juusou.pdf, 2022,10,20)

古賀　正義（2018）「第3章　『ひきこもり』問題と親たちの語り－問題認知と過失・支援の狭間で」古賀　正義・石川　良子編『ひきこもりと家族の社会学』世界思想社，75-1.

古志　めぐみ・青木　紀久代（2017）「ひきこもり状態にある本人を対象とした研究の動向と課題」『お茶の水女子大学心理臨床心理センター紀要』19,13-23.

小塩　真司（2015）『研究をブラッシュアップする SPSS と Amos による心理・調査データ解析』東京書籍.

小塩　真司（2018）『SPSS と Amos による心理・調査データ解析〔第3版〕－因子分析・共分散構造分析まで』東京図書.

近藤　直司（2017）『青年のひきこもり・その後　包括的アセスメントと支援の方法論』岩崎学術出版社.

近藤　直司（2019）『ひきこもり問題を講義する』岩崎学術出版社.

近藤　直司・小林　真理子・宮沢　久江・ほか（2009）「発達障害と社会的ひきこもり」『障害者問題研究』37(1)，21-9.

近藤　直司・山崎　正雄・服部　森彦（2015）「ひきこもりケース対する地域支援」『臨床精神医学』44(12)，1607-11.

Koyama,A. and Miyake,Y. and Kawakami,N.eds. (2010) *Liretime prevalence comorbidity and demographic correlate of "hikikomori" in a community population in Japan*, Psychiatry Research, 176, 69-74.

蔵本　信比古（2008）「社会的ひきこもりに関与する心理的特性の検討」『心理臨床学研究』26(3)，314-24.

京都府（2017）『ひきこもり実態調査結果について』，京都府.

Lyn Richards (2005) *Handling Qualitative Data A Practical Guide* (= 2009，大谷順子・大杉　卓三訳『質的データの取り扱い』北大路書房.)

松井　二郎（1992）『社会福祉理論の再検討』ミネルヴァ書房.

松尾　太加志・中村　知靖（2002）『誰も教えてくれなかった因子分析　数式が絶対に出て来こない因子分析入門』北大路書房.

三毛　美予子（2009）「社会福祉実践を支える事例研究の方法－これまでの研究成果から考えること－」『社会福祉研究』第104号，鉄道弘済会，76-87.

Minahan,A. and Becerra,R.M. and Scott,B. eds. (1987) *Encyclopedea of Social Work,18ht*, National Association of Social Workers.

三品　桂子（2013）『重い精神障害がある人への包括型地域生活支援－アウトリーチ活動の

理念とスキルー』学術出版会.

三浦　文夫 (1987)『増補　社会福祉政策研究―社会福祉経営論ノート』全国社会福祉協議会.

宮城　孝 (2021)「第1章　地方自治体における地域特性に応じた包括的支援システムの構築に向けて－基本的な視座と論点」宮城　孝編『地域福祉と包括的支援システム　基本的な視座と先進的取り組み』明石書店，15-42.

宮本　太郎 (2022)「序章　自助社会をどう終わらせるか」宮本　太郎編『自助社会を終わらせる―新たな社会的包摂のための提言』岩波書店，1-31.

村上　隆・行廣　隆次監修・伊藤　大幸編著・谷　詩織・平島　太郎著 (2018)『心理学・社会科学のための構造方程式モデリング：Mplus による実践　基礎編』ナカニシヤ出版.

村澤　和多里 (2013)「『ひきこもり』における透明な排除プロセス」『札幌学院大学人文学会紀要』第94号，81-101.

村澤　和多里 (2017)「『ひきこもり』概念の成立過程について－不登校との関係を中心に－」『札幌学院大学人文学会紀要』第102号，111-135.

村澤　和多里 (2018)「ひきこもりの心理的プロセスについての包括的理解枠組」『札幌学院大学心理学紀要』第1巻1号，19-33.

牟田　武生・斎藤　まさ子・川北　稔・ほか (2017)「第1章　ひきこもり支援に必要な視点」境　泉洋編『地域におけるひきこもり支援ガイドブック　長期高年齢化による生活困窮を防ぐ』金剛出版，15-39.

村社　卓 (2012)「チームマネジメントの未活用要因および活用条件－ケアマネジメント実践におけるチームマネジメント概念の検討」『社会福祉学』53 (2)，17-32.

目良　宣子 (2019)「ひきこもりを精神保健の視点でとらえて－保健師の実践から－」『月間福祉』102 (12)，19-23.

内閣府 (2010)『若者の意識に関する調査（ひきこもりに関する実態調査）報告書』 (https://www8.cao.go.jp/youth/kenkyu/hikikomori/pdf_index.html，2021.11.15).

内閣府 (2016)『若者の生活に関する調査報告書』(https://www8.cao.go.jp/youth/kenkyu/hikikomori/h27/pdfindex.html，2021.11.15).

内閣府 (2019)『生活状況に関する調査報告書』(https://www8.cao.go.jp/youth/kenkyu/life/h30/pdf-index.html，2021.11.15).

内閣官房　孤独・孤立対策室 (2022)『人びとのつながりに関する基礎調査（令和3年)』 (https://www.cas.go.jp/jp/seisaku/kodoku_koritsu_taisaku/zittai_tyosa/zenkoku_tyosa.html，2022.7.1)

仲村　優一・窪田　暁子・岡本　民夫・太田　義弘編著 (2002)『講座　戦後社会福祉の総括と二十一世紀への展望IV　実践方法と援助技術』ドメス出版.

中村　和彦 (2004)「第3章　事例研究・事例検討の意味」日本社会福祉実践理論学会監修『事例研究・教育法　理論と実践力の向上を目指して』川島書店，24-32.

中河内 正和（2008）『はじめてのひきこもり外来』ハート出版.

中河内 正和（2007）「大人のひきこもり現状と問題点」『月間地域保健』38（2），44-52.

中河内 正和・桑原 秀樹・増沢 菜生・ほか（2013）「日本における『ひきこもり』の構造変化について－『ひきこもり外来』218名の統計分析から－」『アディクションと家族』第29巻3号，236-43.

西元 祥雄（2012）「ひきこもり支援におけるケアマネジメント・プログラム導入の検討－ひきこもり地域支援センターの実態調査を踏まえて－」『社会福祉学』52（4），80-91.

根本 博司（2000）「理論構築のための事例研究の方法」『ソーシャルワーク研究』26（1），11-18.

日本ソーシャルワーク学会編（2013）『ソーシャルワーク基本用語辞典』川島書店.

野村総合研究所『生活困窮者の実態に関する調査研究報告書』平成27年度生活困窮者就労準備支援事業費等補助金（社会福祉推進事業分）.

野中 俊介（2020）「ひきこもりの理解　家族関係」『臨床心理学』20（6），698-709.

Nonaka, S. and Sakai, M. (2021) *A correlational study of socioeconomic factor and the prevalence of hikikomori in Japan from 2010 to 2019*, Comprehensive Psychiatry, 108, 1-8.

野口 定久（2022）「誰も排除しないコミュニティの実現に向けて――地域共生社会の再考」宮本 太郎編『自助社会を終わらせる――新たな社会的包摂のための提言』岩波書店，93-115.

Norman, K. Denzin and Lincoln (2000) *Handbook of Qualitative Research*, second edition (= 2006, 平山満義監訳『質的研究ハンドブック1巻　質的研究のパラダイムと展望』北大路書房).

岡本 民夫（2002）「第2章　戦後日本における社会福祉実践理論の展開」仲村優一・窪田暁子・岡本 民夫・太田 義弘編『戦後社会福祉の総括と二十一世紀への展望Ⅳ　実践方法と援助技術』ドメス出版，42-56.

岡本 民夫（2010）「第1章　ソーシャルワークの新しい展開」岡本 民夫・平塚 良子編『新しいソーシャルワークの展開』ミネルヴァ書房，2-27.

岡本 民夫・平塚 良子編著（2010）『新しいソーシャルワークの展開』ミネルヴァ書房.

岡村 重夫（1958）『全訂　社会福祉学（総論）』柴田書店.

岡村 重夫（1983）『社会福祉原論』全国社会福祉協議会.

岡村 重夫（2009）『地域福祉論　新装版』光生館.

小野 善郎（2020）「『ひきこもり』という記号の限界」『こころの科学』212，10-5.

大橋 謙策（2015）「第1章第2節　機能」中島 修・菱沼幹男編『コミュニティソーシャルワークの理論と実践』中央法規出版，27-37.

大橋 謙策（2019）「序章　コミュニティソーシャルワークの歴史的・思想的背景と新たな

展開」宮城　孝・菱沼　幹男・大橋　謙策編『コミュニティソーシャルワークの新たな展開－理論と先進事例』中央法規出版，2-37.

大分県生活環境部私学振興・青少年課（2018）『ひきこもり等に関する調査』，大分県.

大杉　友祐（2019）「『ひきこもり支援』の現状と課題」『月間福祉』102 (12)，15-8.

太田　順一郎（2020）「支援の枠組みに関するこの一〇年の変化」『こころの科学』212，29-34.

Pozza, A. and Coluccia, A. and Kato, T. eds. (2018) *The 'Hikikomori' syndrome : worldwide prevalence and co-occurring major psychiatric disorders : a systematic review and meta-analysis protocol, BMJ* Open, 1-8.

Robert, K. Yin (1994) Case Study Research 2/e (= 2011, 近藤公彦訳『新装版　ケース・スタディの方法〔第２版〕』千倉書房).

境　泉洋（2015）「ひきこもる若者たち－データで見る現状と心理－」『臨床精神医学』44 (12)，1581-7.

境　泉洋編著（2017）『地域におけるひきこもり支援ガイドブック　長期高年齢化による生活困窮を防ぐ』金剛出版.

境　泉洋・福薗　奈都美・野中　俊介ほか（2019）『長期高年齢化する社会的孤立者（ひきこもり者）への対応と予防のための「ひきこもり地域支援体制を促進する家族支援の在り方に関する研究」』(https://www.khj-h.com/wp/wp-content/uploads/2019/04/KHJ2018Sakai.pdf，2021.11.15).

窄山　太（2012）「人、環境、関係および状況を通して考えるソーシャルワークの焦点」『社会福祉学』53 (1)，79-90.

桜井　利行（2002）「社会的ひきこもりに関する文献的考察」『大阪大学教育学年報』7，205-18.

佐藤　郁哉（2008a）『質的データ分析法　原理・方法・実践』新曜社.

佐藤　郁哉（2008b）『QDAソフトを活用する実践質的データ分析入門』新曜社.

桜井　利行（2002）「社会的ひきこもりに関する文献的考察」『大阪大学教育学年報』7，205-218.

齊藤　万比古（2020）「発達的要因・個人要因」『臨床心理学』20 (6)，692-7.

齊藤　万比古・宇佐美　政英・早川　洋・ほか（2010）『ひきこもりの評価・支援に関するガイドライン』2007-2009年厚生労働科学研究事業「思春期のひきこもりをもたらす精神科疾患の実態把握と精神医学的治療・援助システムの構築に関する研究（主任研究者　齊藤　万比古）」報告書.

斉藤　雅茂（2022）「社会的孤立の動向と問題の所在」『月間福祉』105 (2)，20-4.

斎藤　環（1998）『社会的ひきこもり　終わらない思春期』PHP新書.

斎藤　環（2014）「不登校・ひきこもりの『長期間を経たその後の状態』について」『臨床

精神医学』43(10)，1481‐5.

斎藤 環 (2015)「『ひきこもり』をめぐる最近の動向」『臨床精神医学』44 (12)，1565-71.

斎藤 環 (2019)「ひきこもり－いかに向き合い、いかいに支援するか」『月間福祉』102 (12)，『月間福祉』102 (12)，43-7.

斎藤 環 (2020)『中高年ひきこもり』幻冬舎新書.

斎藤 環・畠中 雅子 (2012)『ひきこもりのライフプラン－「親亡き後」をどうするのか』岩波ブックレット 838.

佐賀県健康福祉部 (2017)『ひきこもり等に関する調査結果』，佐賀県.

酒井 麻衣子 (2011)『SPSS 完全活用法 データの入力と加工 (第 3 版)』東京書籍.

坂田 周一 (1996)「問題分析と福祉ニーズ」定藤 丈弘・坂田 周一・小林 良二編『社会福祉計画』有斐閣，113-26.

坂田 周一 (2012)「社会福祉学における対象認識の固有性」一般社団法人日本社会福祉学会編『対論社会福祉学 1』中央法規出版，102-31.

社会福祉法人総社市社会福祉協議会総社市ひきこもり支援センターワンタッチ (2019)「地域と取り組むひきこもり支援」『月間福祉』102(12)，24-9.

副田 あけみ (2010)「第 8 章 ソーシャルワークにおける介入研究の方法」北川 清一・佐藤 豊道編『ソーシャルワークの研究方法 実践の科学化と理論化を目指して』相川書房，121-42.

島根県健康福祉部 (2014)『ひきこもり等に関する実態調査報告書』，島根県.

関水 徹平 (2016)『「ひきこもり」経験の社会学』左右社.

ソーシャルワーク研究所監修・北川 清一・佐藤 豊道編『ソーシャルワークの研究方法 実践の科学化と理論化を目指して』相川書房.

Spicker, Paul (1984) *Stigma and Social Welfare*, Croom Helm Ltd. (＝ 1987，西尾 祐伍訳『スティグマと社会福祉』誠信書房.)

須田 誠 (2011)「ひきこもりの問題とその対応」『慶応義塾大学大学院社会学研究科紀要』No72，55-70.

鈴木 淳子 (2005)『調査的面接の技法〔第 2 版〕』ナカニシヤ出版.

鈴木 淳子 (2011)『質問紙デザインの技法』ナカニシヤ出版.

髙橋 康史 (2014)「家族が罪を犯したことによる主観的認識と社会関係の変化－『地域』との関係性に着目して－」『社会福祉学』55(1)，49-62.

鷹野 吉章 (2003)「地域福祉ニーズとその把握方法に関する研究」日本社会事業大学大学院博士後期課程 2003 年度博士論文.

鷹野 吉章 (2015)「第 3 章 1 節 福祉ニーズ」中島 修・菱沼 幹男『コミュニティソーシャルワークの理論と実践』中央法規，108-18.

Tan, M. and Lee, W and Kato, T (2021) *International experience of hikikomori (prolonged social withdrawal) and its relevance to psychiatric research*, BJPsychi International, 18(2), 34-7.

田中 英樹 (2015)「第3章 第2節 アウトリーチ」中島 修・菱沼 幹男編『コミュニティソーシャルワークの理論と実践』中央法規出版，119-26.

田中 英樹 (2015)「第3章 第6節 ネットワーク」中島 修・菱沼 幹男編『コミュニティソーシャルワークの理論と実践』中央法規出版，155-60.

田中 小百合 (2020)「中高年男性が若年無業者支援を行う動機とジェネレティヴィティとの関連－NPO での支援活動に焦点をあてて－」『産業カウンセリング研究』，21(1)，1-14.

谷口 仁史 (2019)「ひきこもり当事者や家族の状況を分析し、本人の自立まで見届け、支える」『月間福祉』102(12)，30-5.

Thayer,R. (1973) Planning for Social Weldrare:Issues,models,and Tasks,Neil Gilbert,Harry Specht,*Measuring Need in the Social Services*,Prentice Hall, Inc,New Jersy, 297-310.

東京都青少年・治安対策本部 (2008)「実態調査からみるひきこもる若者のこころ」平成19 年度若年者自立支援調査研究報告書.

特定非営利法人 KHJ 全国ひきこもり家族会連合会 (2017)『長期高年齢化したひきこもり者とその家族への効果的な支援及び長期高年齢化に至るプロセス調査・研究事業』報告書，厚生労働省平成 29 年度生活困窮者就労準備支援事業費等補助金社会福祉推進事業.

辻本 哲士 (2020)「ひきこもりに対する地域支援」『こころの科学』212, 22-8.

辻本 哲士・原田 豊・福島 昇・ほか (2020)「平成 30 年地域保健総合推進事業　保健所、精神保健福祉センターの連携による、ひきこもりの精神保健相談・支援の実践研究と、中高年層のひきこもり支援に関する調査報告書 (http://www.jpha.or.jp/sub/pdf/menu04_2_h30_02_11.pdf, 2022.2.20).

東京都 (2020)『ひきこもりに関する支援状況等調査結果』(https://www.metro.tokyo.lg.jp/tosei/hodohappyo/press/2021/04/26/documents/12_02.pdf, 2022.2.20).

豊田 秀樹 (2007)『共分散構造分析〔Amos 編〕－構造方程式モデリング－』東京図書.

上野谷 加代子 (1990)「第3章　社会福祉の対象」岡本 栄一・岡本 民夫・小田 兼三・ほか『社会福祉原論』ミネルヴァ書房，68-78.

Umeda,M and Kawakami,N and The World Mental Health Japan Survey Group 2002-2006 (2012) *Association of childhood family environments with the risk of social withdrawal ('hikikomori') in the community population in Japan*, Psychiatry and Clinical Neuroscience,66,121-9, (https://onlinelibrary.wiley.com/doi/epdf/10.1111/j.1440-1819.2011.02292.x, 2023.3.25).

Uwe, Flick (2007) Qualitative Sozialforschung (= 2017, 小田 博志監訳『新版 質的研究入門－＜人間の科学＞のための方法論』春秋社).

渡邉 秀明 (2019)「ひきこもりにおける福祉と医療との連携－生活保護制度、生活困窮者自立支援制度の利用をめぐって－」『精神科治療学』34(4)，441-6.

渡辺 裕一 (2021)「第2章 マクロソーシャルワークの射程と理論的枠組み」公益社団法人日本社会福祉士会編『社会を動かすマクロソーシャルワークの理論と実践－あたらしい一歩を踏み出すために－』中央法規出版，40-67.

矢ヶ部 陽一 (2011)「精神保健福祉相談における受診援助（通院医療）に関する一考察－支援に抵抗が見られた事例を焦点として－」『九州社会福祉研究』（西九州大学社会福祉学科）36，31-47.

矢ヶ部 陽一 (2019)「長期・高齢化傾向にあるひきこもりの生活問題についての一考察－ソーシャルワーク実践の視点による検討－」『中九州短期大学論叢』第41巻2号，61-75.

矢ヶ部 陽一・滝口 真 (2019)「中高年齢のひきこもりに伴う生活困難に関する一考察－狭間概念による一事例の分析－」『西九州大学健康福祉学部紀要』第48巻，1-7.

山口 創生・木曽 陽子・米倉 裕希子・ほか (2013)「精神障害に関するスティグマの定義と構成概念—スティグマ研究に関する今後の課題」『社会問題研究』62，53-66.

山形県子育て推進部 (2013)『困難を有する若者に関するアンケート調査報告書（概要版）』，山形県.

山本 耕平 (2021)「社会・経済的構造の問題としての『ひきこもり』と『支援』の課題」『社会福祉研究』140，32-49.

山本 たつ子 (2019)「ひきこもりの人への理解と支援—特集の視点」『月間福祉』105 (2)，13-4.

山梨県福祉保健部 (2015)『ひきこもり等に関する調査結果』，山梨県.

山下 倫明・浜田 千登勢・馬淵 伊津美・ほか (2019)「中高年層ひきこもり者の現状と課題－40歳以上ひきこもり者の相談状況から－」『精神科治療学』34 (6)，699-706.

横浜市 (2018)『横浜市子ども・若者実態調査市民生活実態調査（報告書 (https://www.city.yokohama.lg.jp/kurashi/kosodate-kyoiku/ikusei/kyogikai/jittaityousa.html，2022.2.20).

米本 秀仁 (2002)「一例が語るもの」『ソーシャルワーク研究』Vol27.No4，271-5.

自立相談支援事業従事者養成研修テキスト編集委員会 (2022)『生活困窮者自立支援法自立相談支援事業従事者養成研究テキスト 第2版』.

参 考 文 献

新　雅史・関水　徹平監修（2021）『ひきこもり白書2021　1,686人の声から見えたひきこもり・生きづらさの実態』一般社団法人ひきこもりUX会議.

Greene, Roberta. R（1999）*Human 14 Behavior Theory and Social Work Practice Second Edition*（= 2006, 三浦　雅夫・井上　深幸監訳『ソーシャルワークの基礎理論　人間行動と社会システム』みらい.）

原田　豊（2021）「精神保健現場からみた中高年ひきこもりの現状と課題　8050問題の背景にあるもの」『公衆衛生』vol85, No10, 650-654.

平塚　良子（2008）「ソーシャルワーク部門（2007年度学界回顧と展望）」『社会福祉学』49（3）, 165-77.

平塚　良子編著（2022）『ソーシャルワークを「語り」から「見える化」する―7次元統合体モデルによる解析』ミネルヴァ書房.

稲沢　公一（2005）「第12章　構成主義・ナラティブ」久保　紘章・副田　あけみ編著『ソーシャルワークの実践モデル　心理社会的アプローチからナラティブまで』川島書店, 227-50.

久保　紘章（2002）「第2章　社会福祉実践方法と人と環境への視野」仲村　優一・窪田　暁子・岡本　民夫・太田　義弘編『戦後社会福祉の総括と二十一世紀への展望Ⅳ　実践方法と援助技術』ドメス出版, 142-162.

倉田　康路（2017）『クオリティを高める福祉サービス――「苦情」から学ぶクオリティマネジメント』学文社.

倉田　康路（2023）『人を支える誠意―社会福祉実践における価値規範の探求』川島書店.

内閣府（2023）『こども・若者の意識と生活に関する調査報告書』（https://www8.cao.go.jp/youth/kenkyu/ishiki/r04/pdf-index.html, 2023.7.2）.

日本ソーシャルワーク学会監修（2019）『ソーシャルワーカーのための研究ガイドブック―実践と研究を結びつけるプロセスと方法』中央法規出版.

小橋　亮介（2020）「国内外におけるひきこもりに関する概念の整理および研究の動向と今後の課題」『名古屋大学大学院教育発達科学研究科紀要　心理発達科学』66, 41-51.

小島　蓉子（1989）「ソーシャルワーク実践における生態学とは何か」『社会福祉研究』第46号, 5-11.

近藤　直司（2014）「発達障害を背景とするひきこもりケースについて」『臨床心理学』14（1）, 36-40.

近藤　直司（2021）「『ひきこもり問題』に対する支援のこれまでとこれから」『公衆衛生』vol85, No10, 640-644.

岡本　民夫（2016）「第1部第1章　日本におけるソーシャルワーク理論と実践－過去・現在・未来－」岡本　民夫監修『ソーシャルワークの理論と実践－その循環的発展を目指して－』中央法規，2-19.

佐藤　豊道（1994）「ソーシャルワーク理論における『人：環境：時間』概念の検討」『ソーシャルワーク研究』vol20，No1，16-24.

坂田　周一（2003）『社会福祉リサーチ――調査手法を理解するために』有斐閣アルマ.

坂田　周一（2014）『社会福祉政策――現代社会と福祉　第3版』有斐閣アルマ.

田中　豊治（1986）「社会学における認識論の問題－黒川　純一論ノート－」『東邦大学医療短期大学紀要』，1，45-56.

田中　豊治（1996）「アジア社会論への社会学的視座－中国人社会学者・呉主恵の学問と生涯－」『佐賀大学教育学部研究論文集』，43(2)，1-46.

戸塚　法子（1998）「第4章　社会福祉援助活動の歴史」山崎　美貴子・北川　清一編著『社会福祉援助活動　転換期における専門職のあり方を問う』岩崎学術出版社，60-75.

著 者 略 歴

矢ヶ部　陽一（やかべ　よういち）

1981年　佐賀県生まれ。
2018年3月まで　地方自治体社会福祉職等のソーシャルワーカーとして勤務。
2023年3月　西九州大学大学院生活支援科学研究科地域生活支援学専攻修了。
　　　　　　博士（生活支援学）。
現　在　西九州大学短期大学部　幼児保育学科　専任講師
資　格　社会福祉士・精神保健福祉士・公認心理師
受　賞　日本看護福祉学会学会賞　優秀賞（2024年7月論文部門）

著　書
　『ソーシャルワークの基盤と専門職Ⅰ（基礎）』（分担執筆）ミネルヴァ書房, 2022
　『ソーシャルワークの理論と方法Ⅰ（共通）』（分担執筆）ミネルヴァ書房, 2023
　『社会福祉』（編共著）ミネルヴァ書房, 2024　ほか

ひきこもりの福祉ニーズを探る

― 中高年齢期に至る生活困難を捉えるアプローチ ―

2024 年 9 月 1 日　第 1 刷発行

著　著　矢 ヶ 部 陽 一

発行者　中 村 裕 二

発行所　㈲ 川 島 書 店

（本社）〒 165-0026
東京都中野区新井 2-16-7
電話 03-3388-5065

（営業・流通センター）電話 & FAX 03-5965-2770

© 2024
Printed in Japan　　DTP 風草工房／印刷・製本 モリモト印刷株式会社

落丁・乱丁本はお取替いたします　　　振替・00170-5-34102

＊定価はカバーに表示してあります

ISBN978-4-7610-0961-8　C3036

人を支える誠意

倉田康路 著

誠意の概念を人を支える社会福祉実践の場面にあてはめ，その取り組みに通じる誠意とは何かについて探求するものである。人を支える誠意の形成にむけて援助者と利用者との関係性の広範に渡る調査から探っていく。

ISBN978-4-7610-0957-1 A5判 184頁 定価3,300円(本体3,000円＋税)

ボランティア活動のゆくえ

松田次生 著

さまざまな紆余曲折を経てきた我が国のボランティア活動の歴史的経緯を見直し，ボランティア活動そのものが抱える潜在的な危うさを明らかにするとともに，今後の望まれる活動のあり方を考察する。ボランティア活動に携わる方，とりわけ指導的立場にある方の必携書。

ISBN978-4-7610-0959-5 A5判 192頁 定価3,080円(本体2,800円＋税)

包括的支援法の体系化を目指して

加茂 陽 著

問いかけという日常的な言葉を土台とし，生活場面での問題解決，即ち新たな知の生成への支援法を提示する。ラディカルに変容を加えた評定法，問題解決法，そして効果測定法についての語りは，既存の支援論の教科書が提示する問題解決法の曖昧さに悩む実践者の支援活動に貢献する。

ISBN978-4-7610-0954-0 A5判 236頁 定価3,850円(本体3,500円＋税)

高齢者のボランティア活動とたのしさの共有

村社 卓 著

たのしいと人は参加する。サービス利用につないでもらえるシステムは魅力的である。たのしいこととつなぐことは高齢者の孤立予防を実現する推進力である。大都市のコミュニティカフェの実践分析と定性的（質的）データの収集・分析方法，そして理論の生成について解説。定性的研究方法のガイドライン。

ISBN978-4-7610-0949-6 A5判 240頁 定価4,180円(本体3,800円＋税)

ソーシャルワークの実践モデル

久保紘章・副田あけみ 編著

ソーシャルワーク実践モデルの発展を4つに分け，第1部では，1期と2期の実践モデル，すなわちソーシャル・ケースワークの実践モデルを解説。第2部では，3期と4期の，生態学やシステム論に基づく統合実践モデルと新しく登場した実践モデルを明快に解説。

ISBN978-4-7610-0821-5 A5判 258頁 定価2,970円(本体2,700円＋税)

川 島 書 店

https://kawashima-pb.kazekusa.jp/

定価は2024年7月現在